東洋文庫 895

泰山

中国人の信仰

E・シャヴァンヌ
菊地章太 訳注

平凡社

装幀　原　弘

凡例

一、本書は、エドゥアール・シャヴァンヌ著『泰山――中国人の信仰に関する試論』一九一〇年刊（Édouard Chavannes, *Le T'ai chan: Essai de monographie d'un culte chinois*, Annales du Musée Guimet, Bibliothèque d'études, XXI, Ernest Leroux, Paris, 1910）のうち、第一章「泰山の信仰」、第二章「泰山の史跡」、第六章「泰山の民俗」および「結論」を訳出したものである。古文献と金石文のフランス語訳である第三章「封禅関係文献」、第四章「願文」、第五章「碑文」は訳出していない。詳細は解説を参照されたい。

二、原注は（　）で示した。原書には脚注のほかに本文中に括弧で示した注もある。本訳書ではどちらも一括して後注とし、通し番号を附した。

三、原注のあとに訳注を附して［　］で示した。番号はすべて原注に対応する。

四、本文および原注で訳者が補足した箇所も同じく［　］で示した。目次の細目も同様である。

五、漢文文献が典拠とされている場合、該当する原文を確認して訳注に示した。引用は最新の校訂本に依拠した。

目次

泰山（たいざん）

中国人の信仰

E・シャヴァンヌ 著

菊地章太（きくちのりたか） 訳注

LE T'AI CHAN

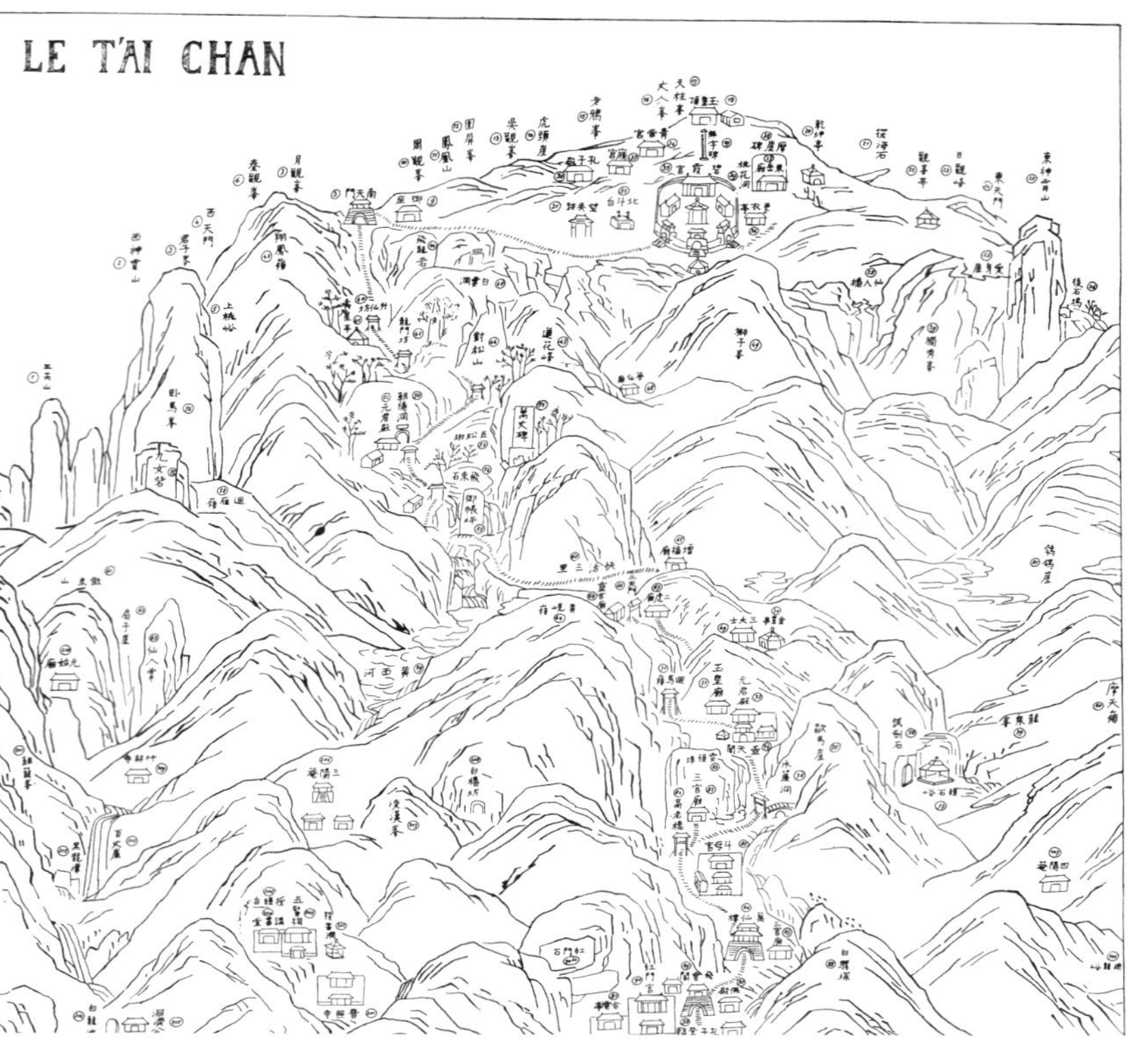

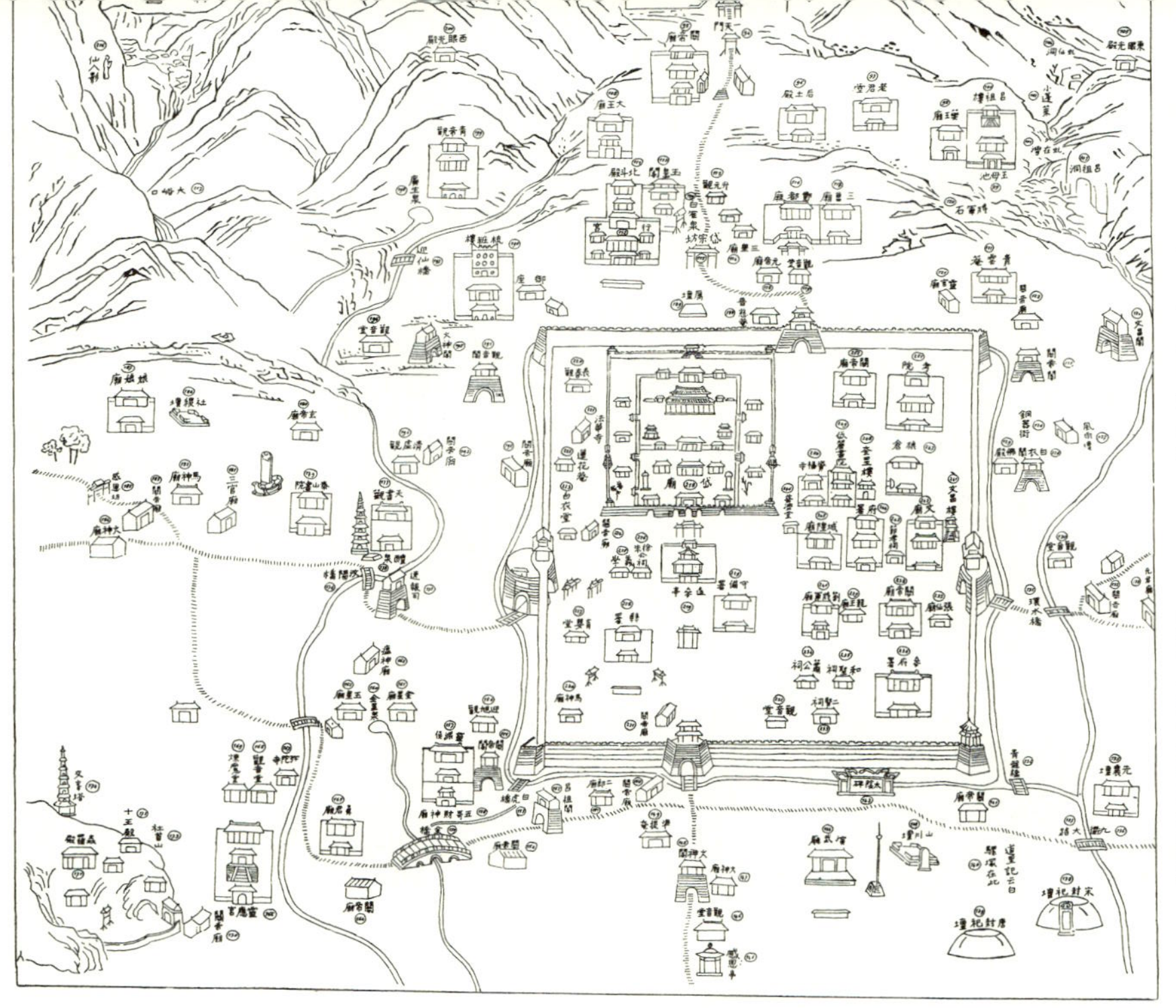

〈図1〉 泰山絵図［シャヴァンヌ原図。次頁以降は分割図］

AN

6 秦觀峯
7 月觀峯
3 南天門
9 御座
10 周觀峯
11 鳳凰山
12 圍屏峯
13 吴觀峯
14 虎頭崖
30
31
43 翔鳳嶺
44 飛龍岩
48 白雲洞
40 升仙坊
41
42 龍門坊
46 對松山
47 蓮花峯
50 朝陽洞
51 元君殿
52 萬丈碑
53 五松樹
54 飛來石
55 御帳坪

LE T'AI CHAN

⑳乾坤亭
㉑探海石
㉒観峯亭
㉓日観峯
㉔東天門
㉕東神霄山
㉖後石塢
㉗愛身崖
㉘仙人橋
㉙獨秀峯

17 天柱峯
16 丈人峯
18 玉皇頂
15 老鴉峯
14 虎頭崖
吳觀峯
34 青帝宮
19 無字碑
38 摩崖碑
20 乾坤亭
30 孔子殿
35 碧霞宮
39 桃花洞
37 東岳廟
32 北斗台
31 望吳跡
36 更衣亭
43 蓮花峯
49 獅子峯
48 夢仙廟
58 萬丈碑
65 增福廟
60 快活三里

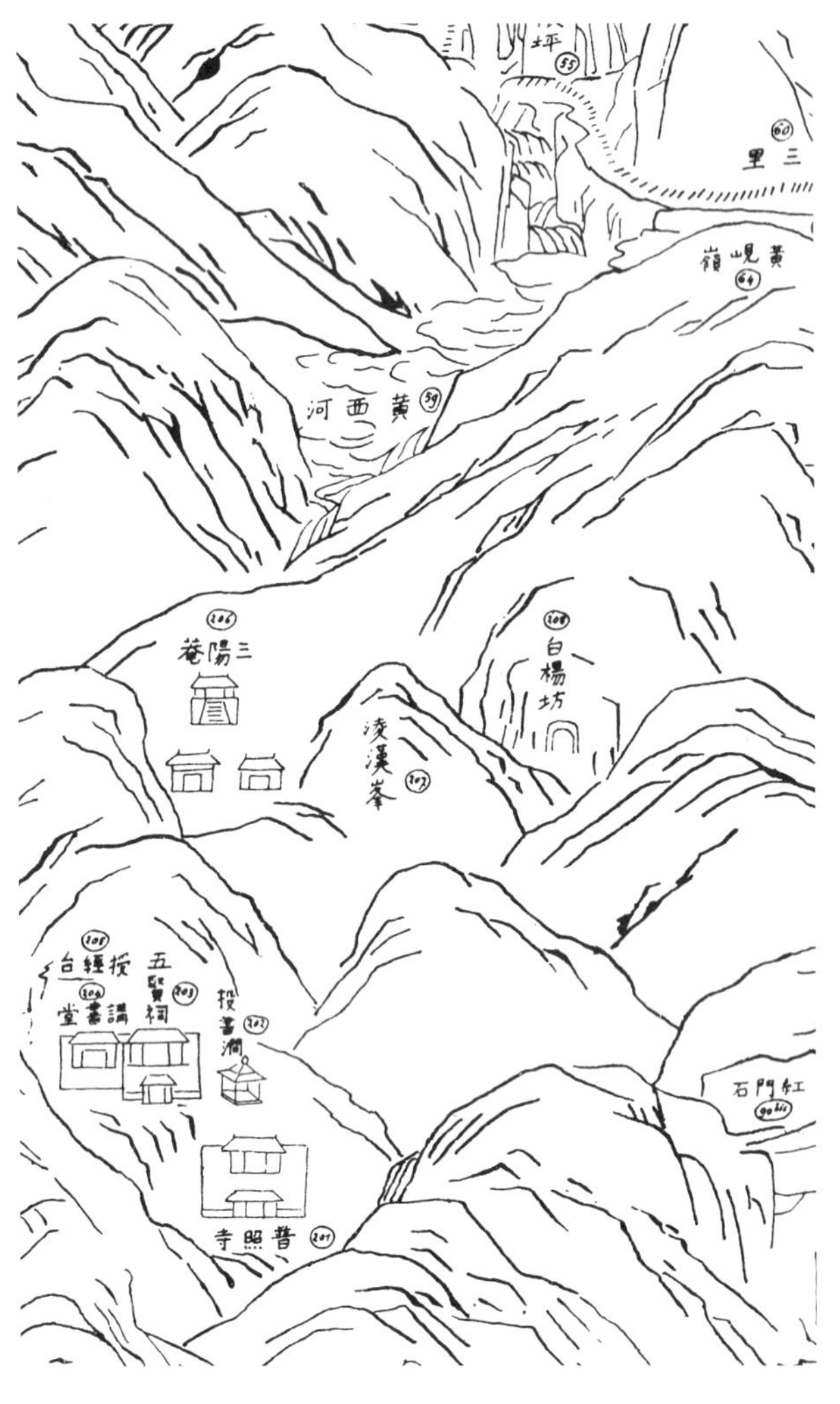

坪
55
60
三里
64
黃峴嶺
59
黃西河
206
三陽菴
208
白楊坊
207
凌漢峯
205
授經台
203
五賢祠
204
講書堂
202
投書澗
201
普照寺
紅門石
90bis

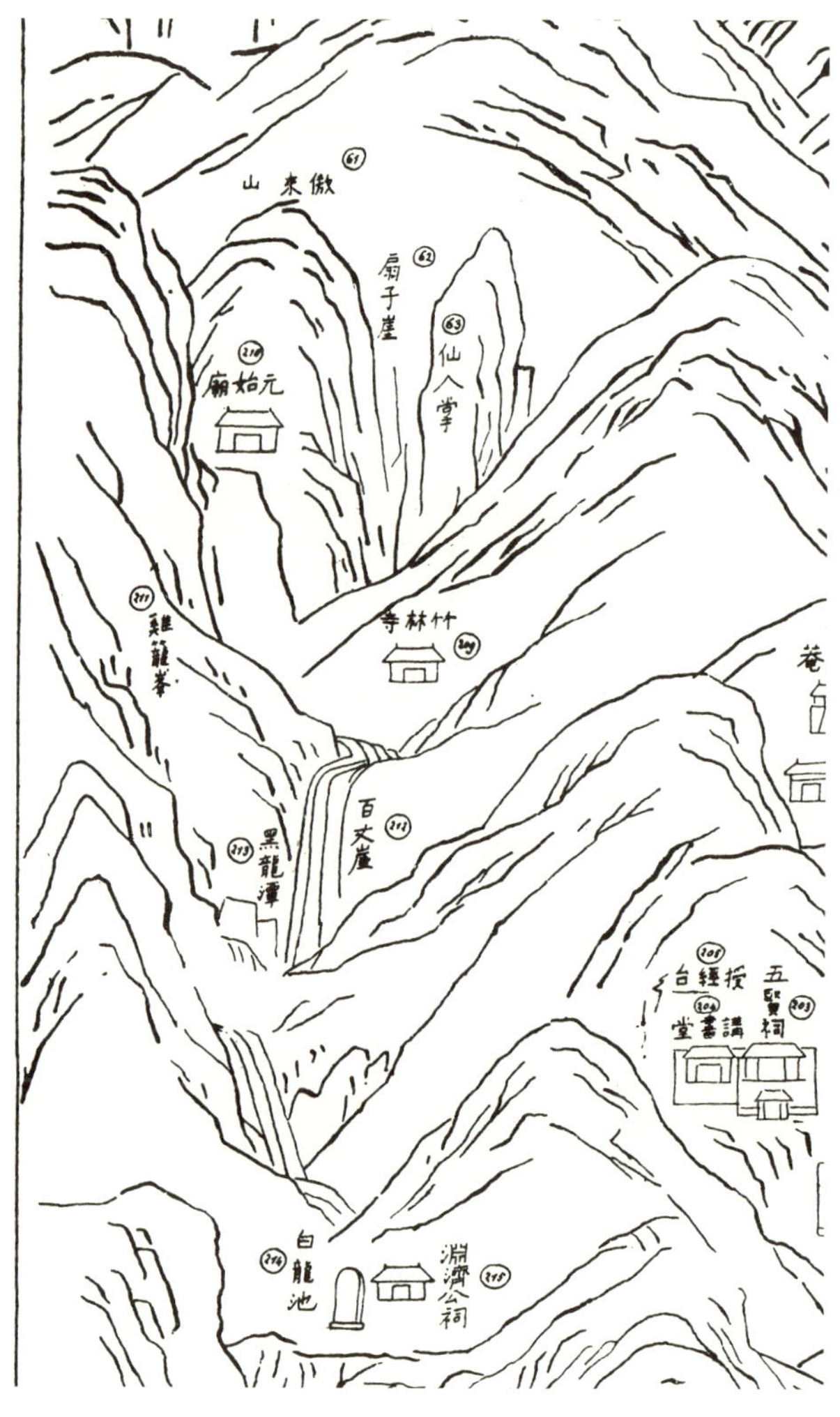

61 傲來山
62 扇子崖
63 仙人掌
210 元始廟
209 竹林寺
211 雞籠峯
212 百丈崖
213 黑龍潭
214 白龍池
215 淵濟公祠
205 授經台
204 講書堂
203 五賢祠
菴

81 鵓鴿崖
20 金星
80 摩天嶺
79 龍泉峯
78 試劍石
75 歇馬崖
76 水簾洞
77 經石峪
103 四陽庵
87 三官廟
88 白騾塚
106 迴龍峪
105

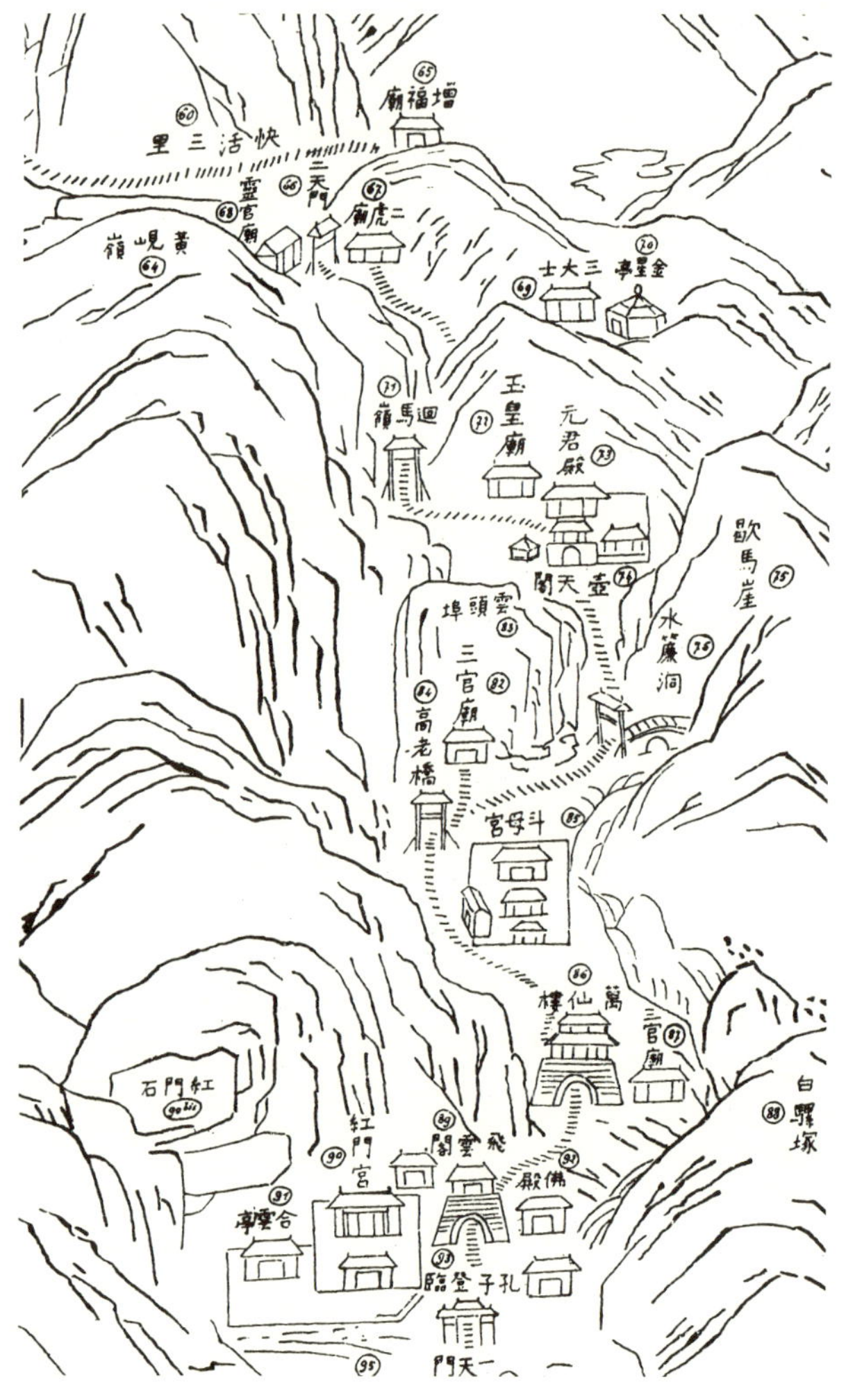

65 増福廟
60 快活三里
66 二天門
67 二虎廟
68 靈官廟
64 黄峴嶺
69 三大士
70 金星亭
71 迴馬嶺
72 玉皇廟
73 元君殿
74 壺天閣
75 歇馬崖
76 水簾洞
83 雲頭埠
82 三官廟
84 高老橋
85 斗母宮
86 萬仙樓
87 三官廟
88 白騾塚
89 飛雲閣
90bis 紅門石
90 紅門宮
91 合雲亭
92 佛殿
93 孔子登臨
95 一天門

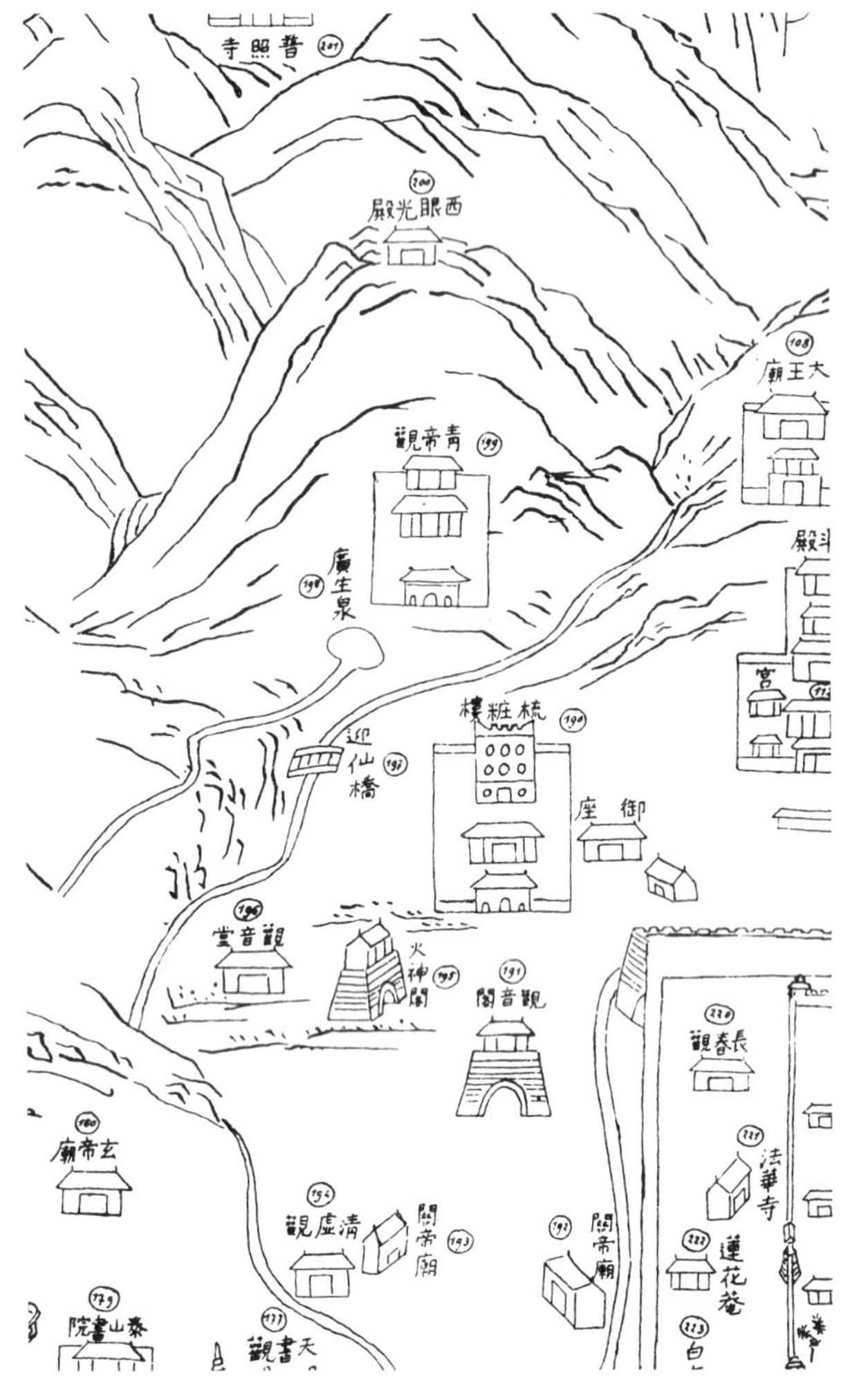
201 普照寺
200 西眼光殿
108 大王廟
199 青帝観
198 廣生泉
190 梳粧樓
197 迎仙橋
御座
宮
196 観音堂
195 火神閣
191 観音閣
220 長春観
180 玄帝廟
221 法華寺
194 清虚観
193 関帝廟
192 関帝廟
222 蓮花菴
179 泰山書院
177 天書観

214 白龍池
215 淵濟公祠
216 仙人影
212 大峪口
187 娘娘廟
186 社稷壇
180 玄帝廟
182 馬神廟
181 三官廟
179 泰山書院
183 關帝
185 感恩坊

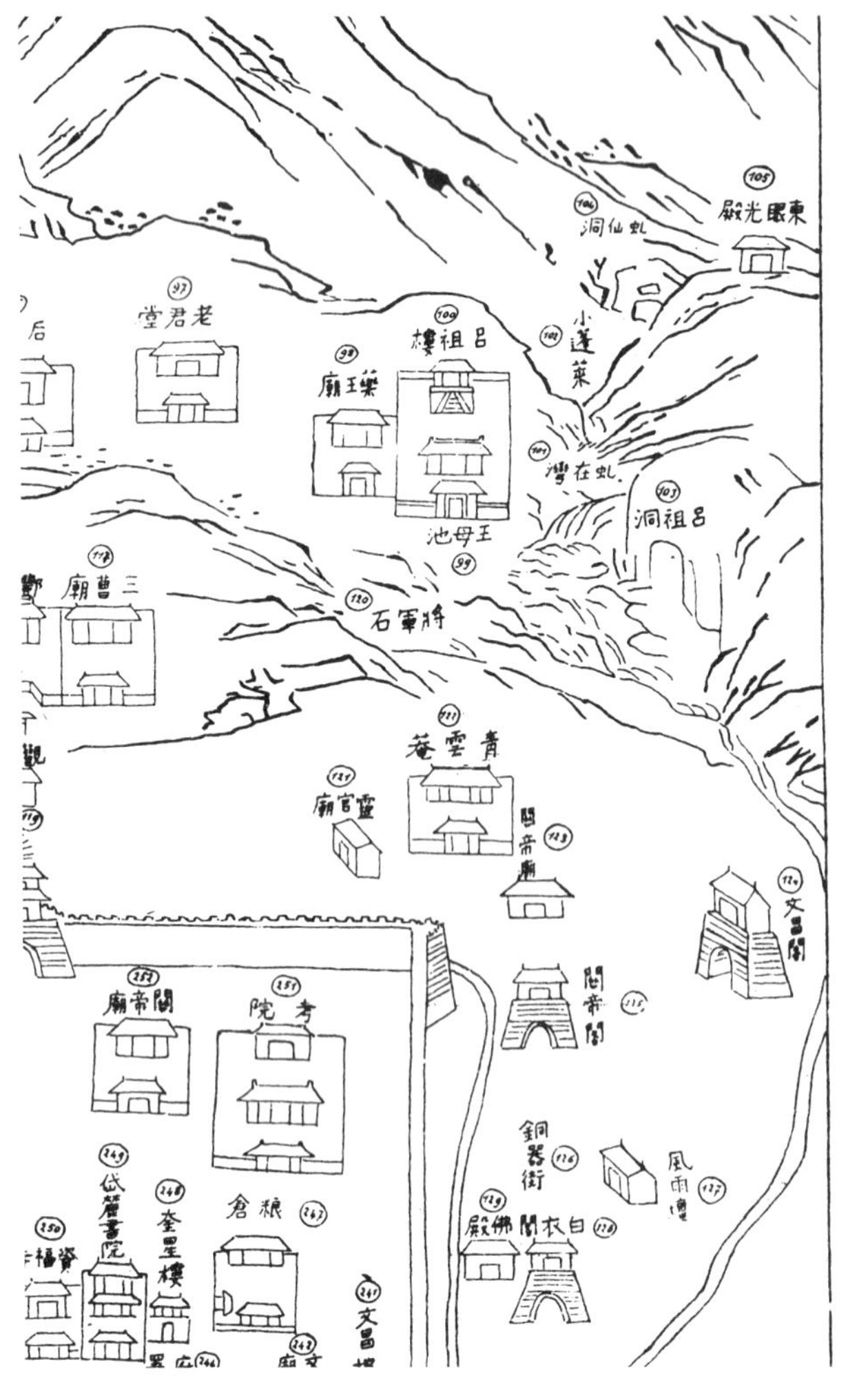

105 東眼光殿
106 虹仙洞
97 老君堂
100 呂祖樓
98 薬王廟
102 小蓬萊
101 虹在灣
103 呂祖洞
99 王母池
118 三曹廟
120 將軍石
122 青雲庵
121 靈官廟
123 關帝廟
124 文昌閣
115 關帝閣
252 關帝廟
251 考院
126 銅器街
127 風雨壇
128 白衣閣
129 佛殿
247 糧倉
248 奎星樓
249 岱麓書院
250 資福寺
241 文昌樓

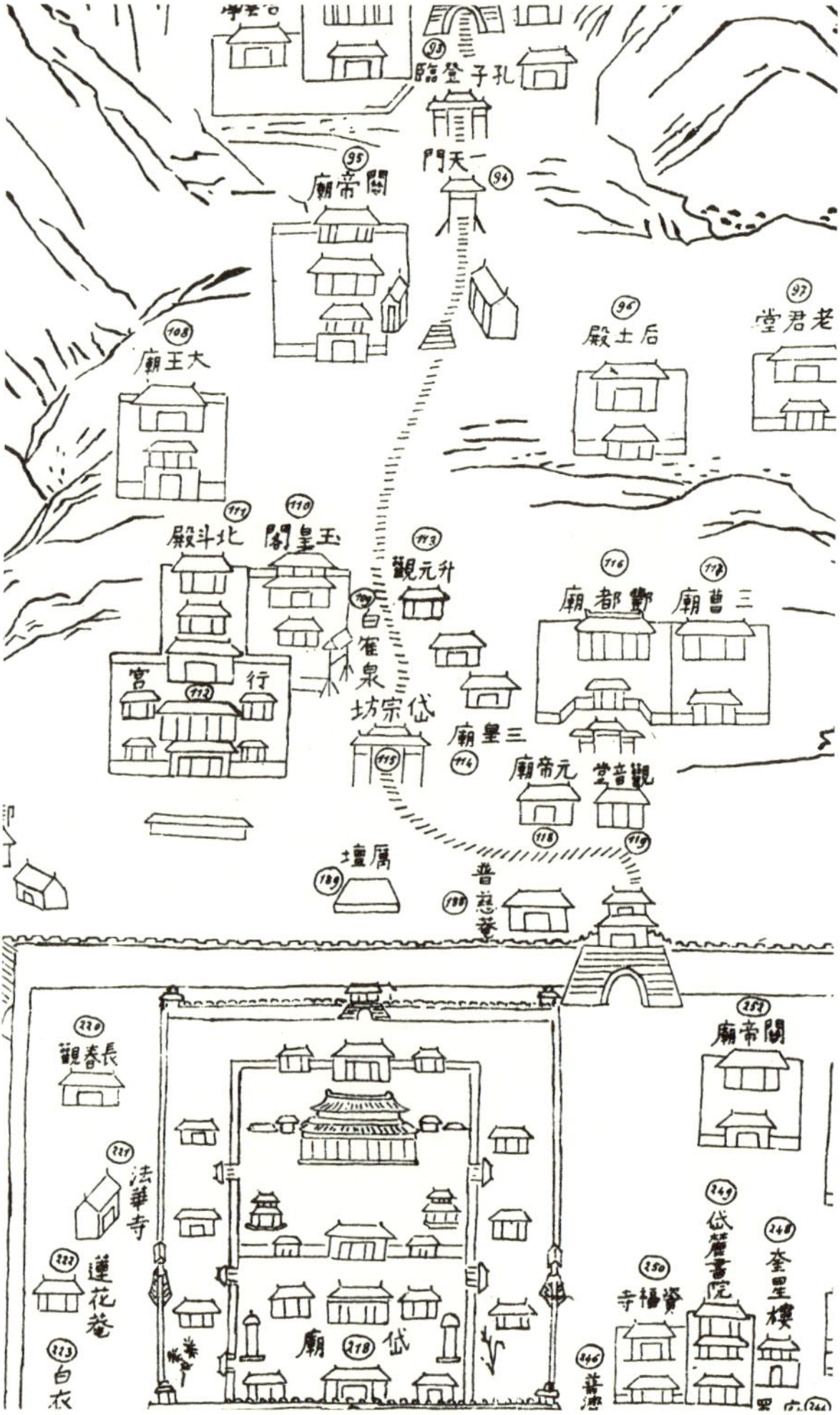
93 孔子登臨
94 一天門
95 關帝廟
96 后土殿
97 老君堂
108 大王廟
110 玉皇閣
111 北斗殿
112 行宮
113 升元觀
白鶴泉
114 三皇廟
115 岱宗坊
116 酆都廟
117 三曹廟
118 元帝廟
119 觀音堂
189 厲壇
188 普慈菴
220 長春觀
221 法華寺
222 蓮花菴
223 白衣
218 岱廟
252 關帝廟
250 資福寺
249 岱麓書院
248 奎星樓
246 普濟

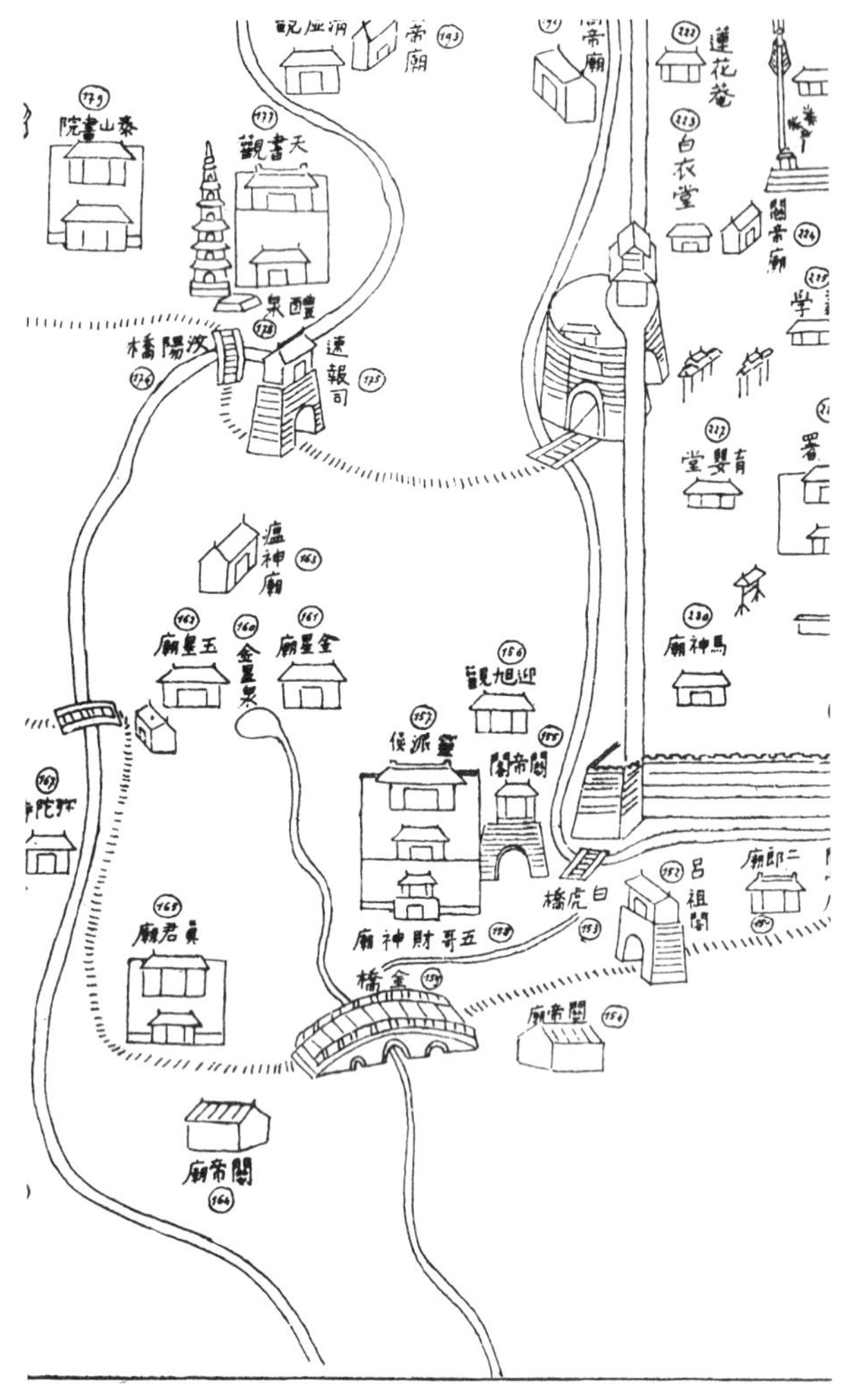

179 泰山書院
177 天書觀
193 帝廟
222 蓮花菴
223 白衣堂
224 關帝廟
178 醴泉
176 汝陽橋
175 遞報司
163 瘟神廟
162 玉皇廟
160 金星泉
161 金星廟
156 迎旭觀
157 靈派侯
155 關帝閣
227 育嬰堂
230 馬神廟
165 真君廟
158 五哥財神廟
153 白虎橋
152 呂祖閣
二郎廟
159 金橋
154 關帝廟
164 關帝廟

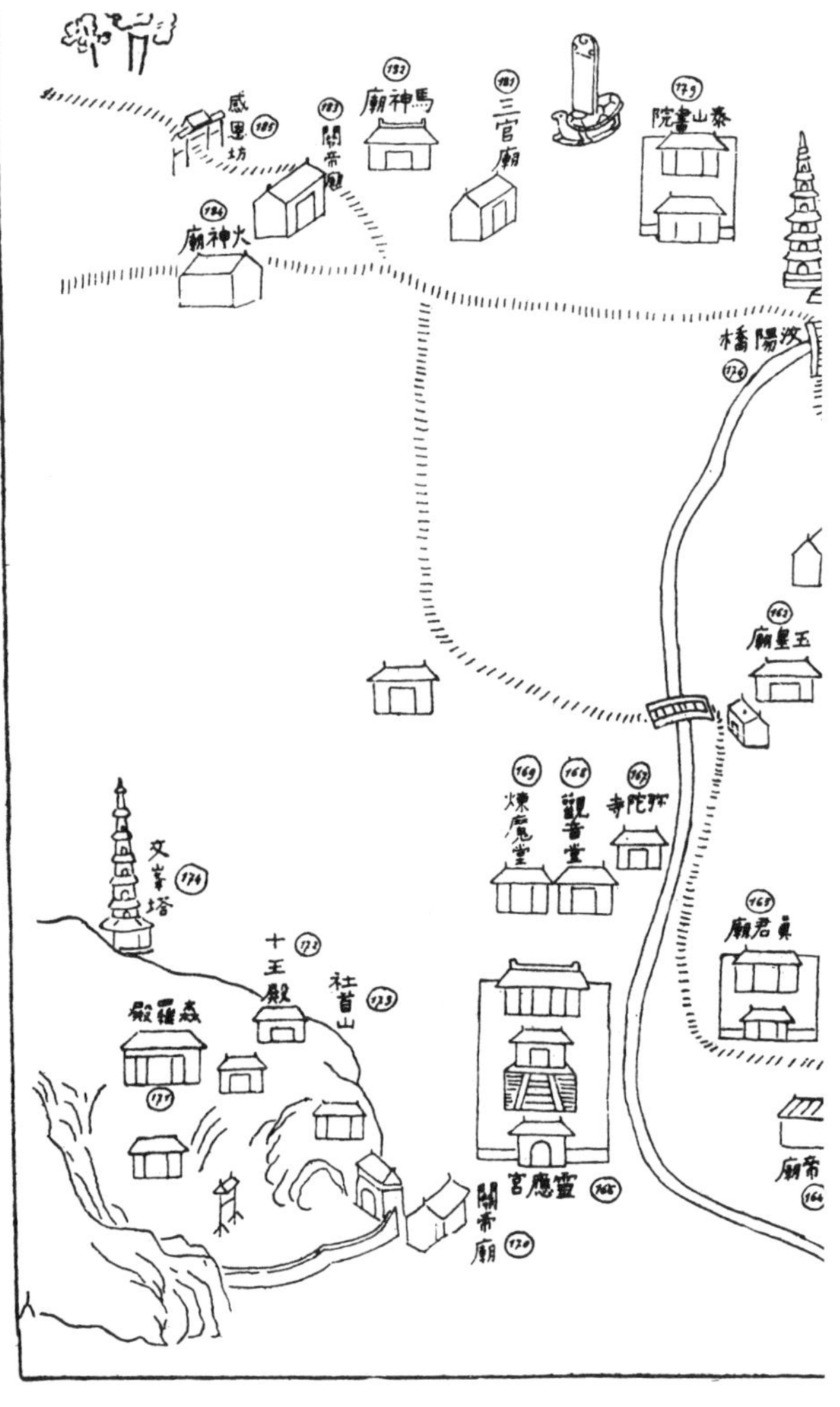

185 感恩坊
183 關帝廟
182 馬神廟
181 三官廟
179 泰山書院
184 火神廟
176 汶陽橋
162 玉皇廟
169 煉魔堂
168 觀音堂
167 彌陀寺
174 文峯塔
172 十王殿
173 社首山
171 森羅殿
163 真君廟
165 靈應宮
170 關帝廟
164 帝廟

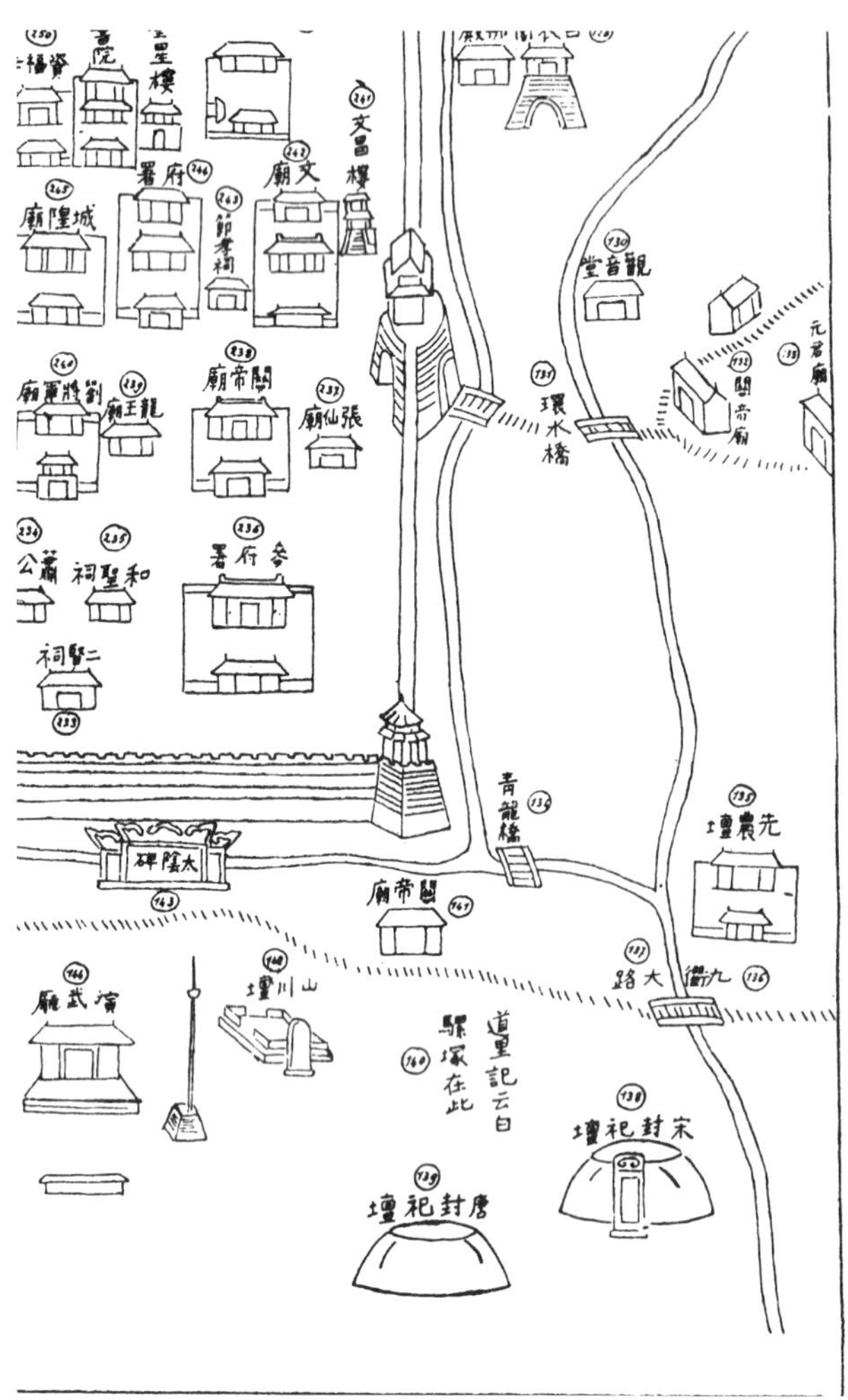

247 文昌樓
242 文廟
246 府署
243 節孝祠
245 城隍廟
130 觀音堂
元君廟
132 關帝廟
131 環水橋
240 劉將軍廟
239 龍王廟
238 關帝廟
237 張仙廟
235 和聖祠
236 参府署
233 二賢祠
134 青龍橋
135 先農壇
143 太陰碑
141 關帝廟
137 大路
136 九衢
146 演武廳
148 山川壇
140 道里記云白騾塚在此
138 宋封祀壇
139 唐封祀壇

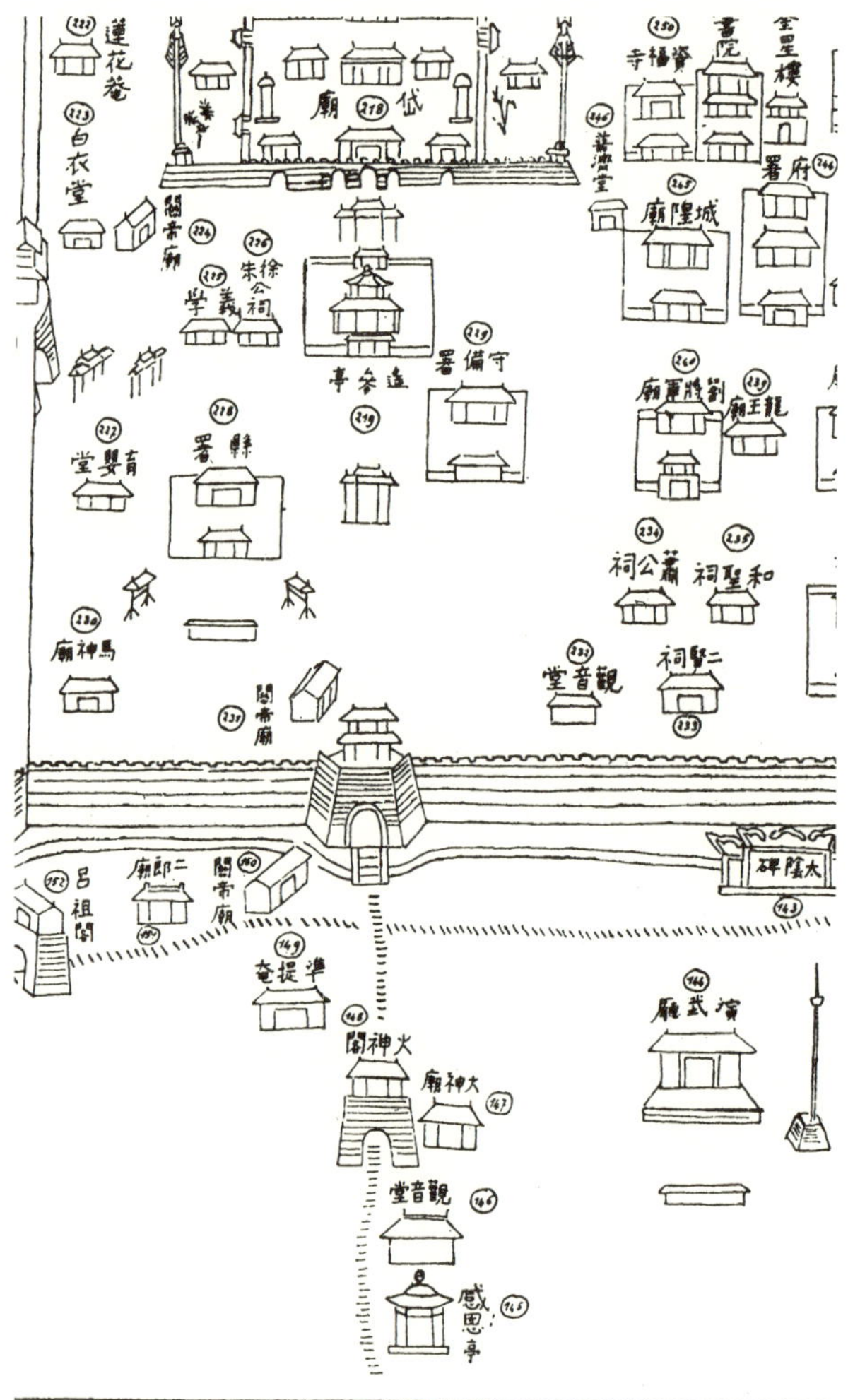

蓮花菴
白衣堂
關帝廟
朱徐公祠
義學
岱廟
普濟堂
資福寺
書院
奎星樓
府署
城隍廟
守備署
遙參亭
劉將軍廟
龍王廟
育嬰堂
縣署
蕭公祠
和聖祠
馬神廟
關帝廟
觀音堂
二賢祠
呂祖閣
二郎廟
關帝廟
太陰碑
準提菴
火神閣
演武廳
大神廟
觀音堂
感恩亭

第一章　泰山の信仰

中国では山は神である。山をまつり山に祈れば、山はそれをよみして恵みをもたらす。そうした大自然の力と考えられている。もとより大小さまざまで、一地方を守護する山もあれば、広大な地域をしろしめす山もある。後者を代表するのが五嶽(ごがく)である。中嶽嵩山(ちゅうがくすうざん)、東嶽泰山(とうがくたいざん)、南嶽衡山(なんがくこうざん)、西嶽華山(せいがくかざん)、北嶽恒山(ほくがくこうざん)の五つをいう(1)。このうち東嶽泰山がとりわけ名高い。ここでは泰山を研究対象とし、どのような理由から泰山が崇拝されてきたのかを考察する。この事例研究を通じて、中国の宗教において山々がはたした役割を理解することができるだろう。さらに過去から現在にいたる中国人の信仰のなかで、何が泰山をほかの山からぬきんでた存在にしてきたのかをあきらかにしたい(2)。

一　［泰山の役割――自然神としての泰山］

泰山は泰安府（たいあんふ）の北にそびえている。それは威圧するような山ではない。海抜は一五四五メートルだが、(3) 中国東部ではもっとも高い山である。泰山が周囲の山々に君臨するものとされ、さらに東方をつかさどる存在とあがめられてきたのは、このような自然の条件によるところも大きい。

高くそびえる場所が神意の表明にかなうと人が考えるのは、中国だけのことではない。シナイ山もオリンポス山もそうだった。どこの国でもどの時代でも、山は神々が現れたもう場とされる。それは人の心におのずから生じる思いであろう。天にいます神と感応するために人は山に登り、そうして神々にまみえることができた。人々が共有していたこのような信仰のゆえに、泰山もまた天をまつる山となったのである。

山には神秘の力を持つ者たちが住む。民間ではそう語り継がれてきた。精霊が山中を軽やかに舞い、飛びまわるという。中国では道教の影響のもとに、山に住まうのは病や死を超越した仙人であると考えられた。彼らは憂いなき不死の存在である。漢代に作られた鏡の銘文にあるように、玉英（ぎょくえい）の器で食物をとり、不老不死の霊薬を飲む人々であった。(4)

〈図２〉　泰安府の南北を通る道

山は神々や仙人がいる場所だけではない。山そのものが神としてあがめられてきた。[5] 泰山の場合はおおやけの称号にそれがうかがえる。『史記』によれば、五嶽の神々は三公という最高位の臣下に列せられたという。[6] 唐の開元十三年（七二五）に玄宗は泰山を天斉王に封じた。[7] 北宋の大中祥符元年（一〇〇八）に真宗はこれを天斉仁聖王に昇格させ、[8] 同四年（一〇一一）には王の称号を皇帝のそれに変えて天斉仁聖帝とした。[9] 元の至元二十八年（一二九一）にはさらに加えて天斉大生仁聖帝とした。[10] しかし明の洪武三年（一三七〇）に太祖は、歴代の王朝が神々の恩恵にあずかろうと称号を乱発したことに歯止めをかけた。人間にとって名誉

とされる称号など、神々への崇敬の念を表すには何の役にも立たない。神々に最高の敬意をはらうのに人間の言葉にたよるのは愚かなことだ。太祖はそう宣言したのである。泰山については ただ東嶽泰山と呼び、それ以上の修飾はひかえることにした[11]。

神なる山にとってその役割は二つある。一つはその土地に悠々と横たわり、変わらぬものとしてありつづけることである。大地が揺れ動くのをとどめ、河川が荒れ狂うのをおさえる。すなわち地震と洪水から人々を守る役目である。もう一つは、頂きに雲を呼び寄せることである。「雲を呼ぶ者」という叙事詩ふうの表現がふさわしい[12]。雨を降らせてゆたかな収穫をもたらすよう、厚い雲に号令するのがもう一つの役目である。

こうした役割を期待して人々は泰山に祈願した。そのことは明代の願文からも知られる。春は農作物が順調に育つよう泰山に願った。秋は泰山が恵みたもう収穫に感謝の祈りをささげた。日々の糧を得るのに欠かせない日光と雨がほどよく按配されるのは泰山のおかげである。だから旱魃のときはまっさきに泰山に訴えた。「その時々に民に雨の恵みをくださることが、泰山の神よ、あなたさまのかくれた務めではありませんか」と。雨が降らずに稲穂がやせ、民が飢饉の恐れをいだくとき、為政者はこの災いを取り除いてくれるであろう泰山にすがった。地震のときも洪水のときも、それに応じた祈りが捧げられ、その土地を知ろしめす役目を泰山に思い出していただき、秩序を回復してくださるよう懇願したのである。

〈図３〉　泰安府の平野（社首の丘からの眺望）

明代の願文を読むと、泰山の神と皇帝との関係がどのようなものであったかが理解できる。災いが起きたとき、まず皇帝はみずからの不徳を恥じる。中国人の宗教観のなかに、自然災害が起きるのは人間の側に過失があるとする考え方がある。また、皇帝がよい政治をおこなえば民もそれにふさわしい行動をすると考えられている。だから逆に民に過失があるならば皇帝もその責任を負わねばならない。そこで皇帝がみずから率先して罪を懺悔した。その一方で皇帝は泰山の神にも訴える。神もまた叱責をまぬがれ得ないのだと。そもそも神をまつって崇拝をささげるのは、その庇護を頼みにするからだろう。もし人々の信頼にこたえられないとしたら、それはもはや崇拝の対象ではなくなる。もろもろの災いはもちろん泰山の神がもたらすわけではない。それでも天と力をたずさえ生きとし生けるものをはぐくむのが神としての務めである以上、助けを求められたときすみやかに災いを取り除くことができなければ、神の側の手落ちとなるのだ。

明の景泰(けいたい)六年（一四五五）に、景帝は泰山の神に訴えた。「もろもろの災害が起きたのが私の過失によるならば、その責任を否(いな)みはしません。しかし災いを転じて福となすことは、泰山の神よ、それはあなたさまがなされることなのです。あなたさまにも過ちがあったり務めを果たしておられないとしたら、私と同様に責めを負わねばなりません。もし災いを福に転じてくださるならば、それはあなたさまの力のたまものです(13)」。これより先、景泰三年（一四五二）に起きた黄河の大洪水のときも景帝は訴えている。「これはいったい誰の責任でしょうか。もとより私の不徳のいたすところですが、泰山の神よ、どうしてあなたさまだけは責めがないと言えましょうか。大水が出たときに、それを民の患いとせず恵みへと変えてくださるべきでした。そうすることであなたさまも私もそれぞれの務めを果たすことができたのです。天に対して過ちを犯すことなく、民に対して恥じることもなかったのです(14)」。

このように泰山の神と皇帝はひとしく天命を受けた存在と考えられた。一方は人間界に善政をもたらすことで人々を安泰にし、もう一方は自然界に秩序をもたらすことで人々を息災にする使命をさずかっている。神も皇帝もそれぞれに権限をあたえたもうた天に対し、また繁栄をもたらしてくれるよう期待する民に対し、ともども責任を負っている。人間である皇帝と、自然の力である泰山の神との絶えざる協働によって、はじめて旱魃も地震も洪水も回避することができ、人々を安らかな暮らしに導くことができるのだ。

泰山の神に加護を祈る機会はまだ別にある。同じく明代の願文に見られるものだが、どのようなかたちで泰山の神がそこに関わっているのかがすぐには理解できそうにない。それは戦争に軍隊を派遣するにあたって出発を告げた文である。戦争がどれほど深刻な事態であるか、皇帝みずからがわきまえていることをあらかじめ宣言する。このような非常手段に訴えることは最良の方法ではないにせよ、やむなく兵を動かさざるを得なくなった理由をならべあげ、大義名分をあきらかにする。そのうえで家族のもとを離れ、長途のわずらいをものともせず敵地に向かう兵士に、どんな危険が待ちうけているかを告知する。大量の人員を損ないかねない疫病からまぬがれるよう懇願し、兵士が無事に家へ帰り着けるよう泰山の神に祈るのである。

なぜ泰山の神にそのようなことを祈ったのだろう。東方をつかさどる華北の神が、中国のはるか南の国境をこえて遠征する軍隊をどうして守護できるのか。その答えは、次のような願文の結語にあきらかであろう。「無遠慮に天に訴えることはいたしかねますので、泰山の神よ、この願いを天にお伝えくださいますよう、あなたさまにおまかせいたします[15]」。また別の文に言う。「泰山の神よ、この祈りの文を天帝(てんてい)に届けてくださるよう願います」[16]。あるいは言う。「泰山の神よ、私の心を察せられ、天帝のお耳に達せられんことを心から願います」[17]。いずれにしても泰山の神に対しては、その管轄の外にあることは依頼されていない。むしろ万物を支配する唯一の存在である天帝への仲介が期待されるのみである。最高の位にある天帝は、人間が直接に語りかけるにはあまりに気高く、あまりに遠い存在なので、皇帝はより身近な神にとりなしを求めた。泰山は天に近い高さを持つがゆえに、この役目をまかされたのであった。

二　［信仰の変遷――命が生まれ帰り着く山］

ここまでに述べた泰山の宗教的な役割は、中国のほかの聖山にも共通するものである。おそらく中嶽や西嶽に関する資料にも、旱魃や洪水や地震に際しての祈願、天帝へのとりなしの懇請はあるにちがいない。ならば泰山のみに固有な役割とは何か。

泰山は東嶽すなわち東方の山である。ここから泰山は東方をつかさどるものとされ、ひいてはあらゆる生命のはじまりをしろしめす存在と見なされた。日が出ずるごとくすべては東から生起する。植物を生命力で満たす陽の気が泰山に結集し、命の息吹がそこからはじまる。

〈図４〉　蒿里山の墓碑

明の嘉靖十一年（一五三二）に、世宗が嗣子を望んで泰山に祈った[18]。この山は尽きることのない生命の泉だからである。

命の生まれ出ずるところであるならば、その帰結として、やがて絶える命の帰り着くところにもなるだろう。後漢の時代から、死後の魂が泰山にもどるという信仰が広まった。生きていたときと同じように死者がふるまう地下の世界については、民間の説話がゆたかに語っている。死者はそこでもあいかわらず役人になりたがるようだ。効き目があるのはやはり手蔓か。それはまさしく泰山の真下に広がる、もう一つの中国である。

命を育みつつ死者をも迎えるからには、泰山は人間の一生をつかさどるのだと人々は考えた。誕生と運命と死のすべてを主宰するのが泰山であると理解した。だから長寿が得たければ泰山に祈ればよい。後漢の許峻は重病を患い、延命を願って泰山におもむいた。魏の応璩は愁いつつ詠う。「この命も終わりに近づいた。東嶽が私に会う約束をされたのだから[19]」。

このような信仰の歩みのなかで、死者の魂のつどう場所が泰山のふもとにさだまった。それは蒿里という丘で、泰安府の南西およそ四支那里［清代の度量衡で約二・三キロメートル］のところにある。かつて大地をたたえる禅のまつりが丘の上で盛大におこなわれた。そうしたいきさつから、地下にある死者の国もそこに位置づけられたのだろう。千年以上前に蒿里の丘に廟が建てられ、［清朝末期の］今も崇拝はさかんである。数知れぬ墓碑が列をなしているのに驚かされる。どの墓碑も先祖のいます場所を示すために家族や村の講中が建てたものである。

蒿里の廟にある建物のなかで目を引くのは、庭を囲む塀に沿って作られた七十五の小祠である。各地の東嶽廟にあるのと似たりよったりだが、小祠はことごとくが法廷であり、地獄の裁判のようすが塑像であらわされている。泰山の信仰はついに、あの世の賞罰とかかわるようになり、わけても地獄の刑罰と結びついた。このことは宗教の歴史に一つの問題を投げかける。今まで泰山は一自然神であった。雨を降らせ大地に秩序をもたらすにせよ、人の生死を支配するにせよ、なんら倫理上の問題には関与しない、自然現象のみに作用する神であった。それは道教的な信仰に属すると言ってよい。道教は本質的に自然とのつながりを重んじる宗教であり、仏教が人間の心のみを問題とするのとは対照的である。中国全土において自然神をまつる祠廟の祭祀はたいてい道士がおこなってきた。それならなぜ泰山の信仰が因果応報という心の領域にかかわるようになったのか。

確実に言えるのは、このような思想が泰山信仰にもとからあったのではなく、唐代の七世紀もしくは八世紀ころ新たに加わったということである。これは仏教が道教に及ぼした影響として理解できよう。因果応報は仏教に固有の思想でありその本質をなしていた。そこでは人間の心のはたらきが問題であって、自然に対して無関心な仏教にとっては基本的な原理と言える。さて、インドから中国に伝わった仏教は、純粋に中国起源の宗教である道教のとなりに根をおろした。二つの宗教は共存をこころみつつ、やがて対抗するにいたるが、その過程で道教は仏教から因果応報の理念を取り入れ、仏教のそれをそっくりまねて地獄を考え出した。こうした要素を新たに加えてどんな信仰に結びつけていったのか。

それは二つの方向へと展開した。一つは城隍神（じょうこうしん）の信仰である。城隍は都市を守護する神であり、市民の行動を見守りつつこれを裁く役目を荷なっている。もう一つが泰山の信仰であった。泰山が死者の魂を迎えいれるからである。そういうわけで中国では地獄の刑罰のありさまは二種の道観において見ることができる。都市の神をまつる城隍廟と泰山の神をまつる東嶽廟がそれである。城隍廟と東嶽廟には巨大な算盤が門の上や壁に吊るしてある。これもまた城隍神や泰山の神が人間の善悪を数えあげることに由来するだろう。

三 「封禅――その実態とまつりの目的」

泰山の山頂と山麓でおこなわれた封禅のまつりについては、史書にいくたびか記されてきた。そこでは封のまつりは天に向けられ、禅のまつりは大地に向けられていた。この封禅のまつりがどのようにおこなわれたかを正確にあきらかにするのは重要な意義がある。

封禅のまつりはきわめて古い時代にさかのぼり、かつては頻繁におこなわれたという。この伝承は「春秋時代の斉の宰相」管仲が述べている。秦の穆公の九年（前六五一）、斉の桓公が封禅のまつりをおこなおうとしたとき、管仲は「いまだ天命を受けていない」桓公にはその資格がないことを理由に思いとどまらせた。その主張するところは、封禅のまつりは天子にのみ許される大事であって、一諸侯のなし得ることではないというのだ。それを論証するため管仲は以下の事実に注意をうながす。封禅のまつりを執行できたのは、天命を受けた帝王だけであり、七十二家あったというが、名前の伝わるのは次の十二人にすぎない。それは無懐氏にはじまり、伏羲と神農と炎帝の三皇、黄帝と顓頊と嚳と堯と舜の五帝、さらに三代の王である夏の禹と殷の湯王と周の成王へとつづく十二人であるという。[20]

これはまったくの神話であって、封禅のまつりが王朝の正統性を保証するがゆえに語られたのだろう。ここには私たちの理解をこえた暗黙の前提がある。ほかには名前の出てこない無懐氏が十二家の筆頭にあるが、これなどは封禅をおこなった帝王の数を十二にまとめるための数合わせといえる。いったい十二という数は、一年の十二か月や木星の十二年周期の数であり、ここでもそれなりの象徴的な理由づけがあるにちがいない。名前の伝わらない六十人の帝王についても同様で、これは干支の数である。両者を合わせた七十二という数も、これに五行の五で倍すれば三百六十となって［陰暦の］一年の日数となる。要するに、これは理屈でこしらえた一つの思想であり、歴史上の事実とは無関係である。しかもこの思想を管仲が主張したと見なす理由もなければ、封禅のまつりが前六世紀の管仲の時代に知られていたと考える必要すらない。こうした思想が語られたのはずっと遅く、おそらくは前二世紀の末、前漢の武帝の時代であろう。そのときは封禅のまつりを挙行するために、どんな口実でも見つけだそうと人々が躍起になっていた。

封禅のまつりに関するもう一つの資料がある。時代はよほど後になるが、疑わしいことは前述の資料と大差ない。『史記』は秦の始皇帝の二十八年（前二一九）の条に言う。「始皇帝は泰山の山頂にいたり、石を立ててみずからの徳をたたえ、封のまつりを成しとげたことを告げた」[21]。そして下山のおり雷雨に襲われ大木に宿った。始皇帝はこれを五大夫に封じたという。この話はあるいは事実かもしれない。始皇帝が実際に泰山に登り、大木に官位をさずけたのだろう。しかし封のまつりについての言及は後から加えられたのではないか。この言及に反するかのように、『史記』が伝える泰山刻石の文は封禅について何も語っていない。泰山のみならず嶧山にも之罘にも琅邪台にも碣石にも石碑が立てられた。どれも巨大な台座に据えられ、始皇帝の栄華を言葉をつくして絶賛する。はてしない天へ向けて、さらに広大な海へ向けて。しかし封禅のまつりはこの高邁な専制君主にとってまったくの他人事であったかのようである。

封禅のまつりが最初におこなわれたのは前漢の元封元年（前一一〇）である。この事実については十分な検討が必要である。なぜかと言えば、『史記』を撰述した司馬遷と父の司馬談は、どちらも太史令として封禅のまつりに陪席する地位にあったが、父は泰山におもむく間際に亡くなり、子は太史令を継ぐまで喪に服していた。したがって父子とも元封元年には泰山の山頂には居合わせなかったことになる。もっともその場にいたとしても、まつりのようすは実見できなかったろう。このとき封の儀式はまったく秘密裏に執行されたからである。これが元封元年のまつりの特異な点といえる。武帝が山頂に登るとき随行した官吏はただ一人だった。しかもなんたる偶然か、この男は数日後に頓死した。今や武帝は泰山山頂で神々とのあいだにかわされたことを知る唯一の人となった。[22] こうして厳守された秘密とは何だったのか。どれも推測の域を出ないものの、武帝がこのまつりをおこなって不老長生を得ようとしたというのがもっともあり得ることではないか。おそらく武帝はそれを実行するため、この時代に有効と信じられていた呪法に訴えたにちがいない。それは自分を脅かす悪しきものを追い出して他人に移すことである。[23] 災いが訪れたとき他人をいけにえにするのだ。これが秘中の秘としておこなわれたことは言うまでもない。

武帝は四年ごとに泰山へ登攀し、元封五年（前一〇六）と太初三年（前一〇二）と天漢三年（前九八）、さらに一年遅れで太始四年（前九三）にも封禅のまつりを挙行した。しかし、いずれも最初のときと同じく史書への記載はわずかで、武帝一代のあいだしか封禅について知り得ないにもかかわらず、資料は十分ではない。

封禅のまつりを盛大な儀式へと発展させた皇帝たちの時代になると、文献は豊富になり記述は明快になる。後漢の中元元年（五六）における光武帝、唐の乾封元年（六六六）の高宗、開元十三年（七二五）の玄宗、北宋の大中祥符元年（一〇〇八）の真宗、さらに証聖元年（六九五）に中嶽嵩山で、泰山におけると同様に封禅のまつりをおこなった則天武后もこれに加えることができよう。このまつりを実行できたのは［武帝以後では］歴史上この五回しかない。そこで遵守された典礼は五回ともほとんど変わりがない。そこでこの五つの時代の文献を読みあわせれば、封禅のまつりに関する概要を得ることができるだろう[24]。

封のまつりがおこなわれた場所は二つある。一つは泰山のふもと、南東へ四支那里［約二・三キロメートル］のところにある封祀壇である。大きさはまちまちだが、おおよそは京師の南郊にある天壇にならい、上が平らな円形の丘が築かれた。もう一つは泰山の頂上にあった登封壇で、直径五丈［秦漢であれば約一一メートル］、高さ九尺［約二メートル］の、やはり上が平らな円形の台である。このうち登封壇の方がより重要で、封祀壇でおこなわれたのは予備的な儀式であった。そこでは主たるまつりを山頂でおこなうことが神に告げられたのである。

天をたたえる封のまつりとともに、大地をたたえる禅のまつりがおこなわれた。禅のまつりは八角形の降禅壇でおこなわれる。泰山では社首という低い丘の上にあった。京師の北郊にある地壇にならって、上が平らな方形の丘が築かれた。封と禅の儀式がともに完了すると、皇帝は朝観壇におもむき、祝意を表しに参列した文武百官を応接した。以上が封禅のまつりにかかわる四つの祭壇である。

つまるところ儀式の中味は何だったのか。普通に天と地をまつるのであれば、天のまつりのときには供物が煙となって天に運ばれるようにこれを燃やし、地のまつりのときには供物を埋めて大地の神々に届ければよい。たしかに封祀壇と登封壇のかたわらには薪の台が作られ、降禅壇の脇には穴が掘られた。しかしここでは供物を焼く薪の台も、これを埋める穴もたいした意味を持たない。典礼を論じた太学博士らによれば、供物を焼くのは神々が降臨するためのしるしであり、もはやそれ以上の役割はなかった。ではまつりの本当の目的は何だったのか。

封禅のまつりのもっとも重要な目的は、王朝の完成を天と地の神に告げることであった。栄華のきわみに達した皇帝が、先祖の功績を思い起こしつつ、天と地の神が宗室にあたえたもうた支援に感謝をささげたのである。感謝の文は［玉製の板碑である］玉牒に刻まれた。玉牒は五枚一組で、長さ一尺二寸［約二六センチ］、幅五寸［約一一センチ］、厚さは一寸［約二・二センチ］である。五枚束ねれば厚さ幅ともに五寸となる。この束ねた玉牒の側面を、これと同じく長さ一尺二寸、幅五寸で厚さ二寸の［玉製の板片である］玉検でもって覆う。次に玉検に溝を切って、そこに［金の紐である］金縄を五回巻きつけ、一寸二分［約二・六センチ］四方の封印をする。こうして規定どおりに厳封された玉牒は［玉製の箱である］玉匣［『宋史』に言う「玉匱」］に納められ、さらに大きな［石の箱である］石函［『宋史』に言う「石感」］に蔵される。

石函は、一辺五尺［約一・一メートル］、高さ一尺［約二三センチ］の四角い石板を三段に重ねてあり、玉匣を入れるため二段目の石板はまん中を四角にくりぬいてある〈図5〉。ここに

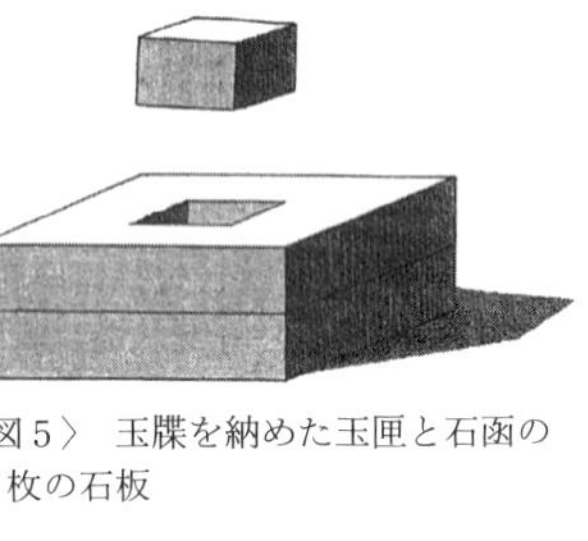

〈図５〉　玉牒を納めた玉匣と石函の２枚の石板

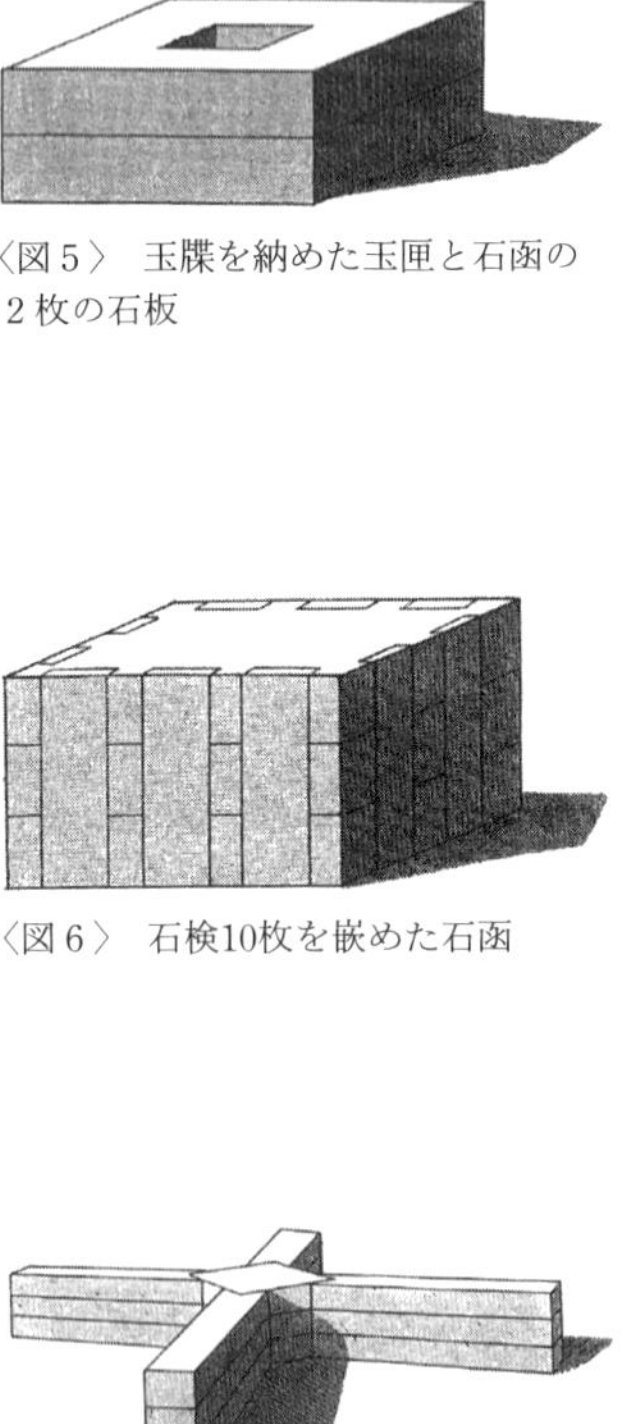

〈図６〉　石検10枚を嵌めた石函

〈図７〉　衝立で支えられた石函

玉匣を入れてから、一番上の石板をのせて蓋にする。次にこの三段に重ねた石板がずれないように、側面に縦に刻み目をつけて［石の板片である］石検（せきけん）を嵌めこむ〈図６〉。石検は幅一尺［約二三センチ］、高さ三尺［約六六センチ］、厚さ七寸［約一五・四センチ］で、石函の南北の側面に三枚ずつ、東西の側面に二枚ずつ嵌めこまれる。全部で十枚の石検を嵌めこんだ石函の側面には、さらに溝を切って、そこに金縄三本を五回巻きつけ、五寸［約一一センチ］四方の封印をする。

このようにしてできあがった石の塊は、四隅を衝立で支えられ一層堅牢なものとなる〈図

7〉。衝立は、長さ一丈［約二・二メートル］、高さ一尺［約二二センチ］、幅二尺［約四四センチ］の石材を三個ずつ重ねてあり、斜めに断面をつけて、石函の四隅に接続された。

漢代にはこの衝立のまわりに高さ三尺［約六六センチ］の立石が輪のように取り囲み、地下四尺［約八八センチ］まで埋めこまれた台がこれを支えていた。これは後に撤去された。かつて石函と衝立は露出していたが、唐代にこれを土で覆ったため、立石の輪は必要がなくなったのである。同じように、漢代に石函の四面に二本ずつ立てられた石の支柱も唐代に廃された。以上のしつらえが泰山山頂の登封壇にあり、山麓の封祀壇でも社首の降禅壇でもかつて同じものが作られたのである。

上述のように、山頂における封のまつりは天に告げるため、社首の丘における禅のまつりは大地に告げるためにおこなわれた。天へ告げる文を置く場所として山頂が選ばれたのは、もちろんそこがどこよりも天に近いからだろう。それならば大地へ向けた祈りの文が社首の丘に置かれたのはなぜか。この丘が平野の中ほどにあるからなのか。じつはこの理由だけでは封禅のまつりの特殊な性格をあきらかにすることはできない。封禅の場合、天と地の神々に対して普通におこなわれてきた儀式と異なり、神への祈りの文を焼いたり埋めたりしない。それを慎重に納めておくだけである。そのような特異な点が十分に説明できないのだ。そこで、問題の解明に向けて一つの仮説を提出しよう。すなわち、封禅のまつりにとって泰山と社首が選ばれたのは、一方が天に近く一方が大地の中央にあるという自然条件にもとづくだけではない。むしろ泰山も社首も、神として封禅のまつりに参加しているのだと考えてみたい。泰山の神と社首の神はともに、天と地に対して人間のかしらである皇帝をとりなす役目を荷なっている。皇帝の祈りがたしかに天に達し地に届くよう、天へ向けた祈りは泰山の神にゆだねられ、大地へ向けた祈りは社首の神にゆだねられた。まつりのありようも、これによって決まってくる。皇帝の祈りの文はもはや燃やされることなく埋められることもない。直接それを天と地に送る必要がなくなったからである。一方は泰山へ、もう一方は社首へ預けられたのだから、あたかも使者に託す贈り物のごとく丁重に梱包すればそれで十分であった。以上の説明によって、封禅のまつりの本質が理解されるのではないか。

実際には封禅のまつりがきわめてまれにしか挙行されなかったことは、すでに述べた。しかし実現のあかつきにはいとも壮大な規模でおこなわれた。唐の開元十四年（七二六）と北宋の大中祥符元年（一〇〇八）の碑文は、それがどれほどの盛儀であったかを語る貴重な証言となっている。そしておそらくはその豪華絢爛さこそが、まつりの存続を許さぬ原因ともなった。皇帝をはじめ文武百官、外国の使節から後宮の女官までともなって、聖なる山へと繰り出させたこの熱狂は、同時にあらゆる悪弊をも助長させた。それはとてつもない浪費の口実となり、抜け目なく利益をむさぼる者どもの温床となった。神は陛下を慈しみたもうなど言葉たくみに奇跡を捏造し、おめでたい皇帝の寵愛を得て結構な地位にのしあがろうという策謀家には、まさに好機到来である。神々も愛でる皇帝の御代にめぐりあえた栄誉は、しかしそのつけを払わされる民にとっては苦しみ以外の何ものでもなかった。こういった欠陥は大中祥符元年のまつりのときもはや隠れようもなく、それがために以後はふたたび挙行されることがなかった。かくして封禅のまつりは今にいたるまで絶えたままであるが、その思い出はあざやかにのこっている。泰山に詣で、あまたの大建造物の前にたたずめば、かつて山のふもとから頂上まで繰り広げられた壮麗な行列が、夢まぼろしのごとくよみがえるであろう。

四　［民間の信仰――東嶽大帝から碧霞元君へ］

ここまでに述べた泰山の信仰は、いわばおおやけの、官の信仰であった。そのさまざまな局面を語った資料は、ほとんどが朝廷から発せられたものである。民の生きた信仰のなかから生みだされ育まれてきたものをたどる作業がまだのこされている。

泰山の信仰は中国でもっとも広範囲に見られるものの一つである。いくらか大きな町であれば、たいていは泰山をまつる廟がある。東嶽廟や天斉廟と呼ばれ、あるいは泰山行宮ともいう。どこでも廟内には奉納の板が山ほどあって、泰山の神をたたえる四文字が記されている。「嶽宗泰岱」とあるのは祖なる泰山をいう。「聖徳斉天」は天とならぶその徳をいい、「峻極于天」[25]や「山嶽配天」はその高さが天にまで達することをいう。「万物資生」や「権掌生機」は泰山がすべての存在の根源であること、「恵及生民」はその慈悲が民におよび、「恵溥群生」はそれが生きるものすべてにおよぶことを意味する。「恩深再造」はその慈愛が新たな生命をもたらすこと、「指掌生死」とあるのは泰山が生と死をつかさどる存在であることを思わせる。しかし、どれにもまして多く見られるのは、死者に賞罰をあたえる裁判長としての役目にかかわるものである。「判断無私」は泰山の神が公平に裁くこと、「普帰泰鏡」はすべてが隠れなくその鏡に映ることをいう。「這裡難欺」は泰山の法廷では欺くことなどできないとさとし、「驚遠懼邇」は遠くの者をおびえさせ近くの者を恐れさせることをいう。「神霊賞罰」はその神威が褒美をあたえ罰をあたえること、「善善悪悪」は良いことをした者には良い報いが、悪いことをした者には悪い報いがあることをいう。「福善禍淫」は善人には幸福が、悪人には災禍がもたらされることをいい、「悪者不留」は悪は決して長続きしないことをいう。「臨下有赫」は泰山がにらみつけると恐ろしいのだと教え、「難逃洞覧」はその目から逃れることなどできないと忠告する。

地獄の裁判長［である泰山府君（本訳書第三章参照）］こそ、今もなお民の心に生きる泰山の神の本領である。あちこちの東嶽廟には壁に沿って七十五の法廷がならび、死後に罪人を待ちかまえる身の毛もよだつ責め苦の数々が、まのあたりに繰り広げられる。わずかな過ちに心をさいなまれているあわれな人々を、恐ろしさで震えあがらせんばかりにこの地獄の法廷は作られている。それを見たさに廟には民が殺到する。そこへ計算高い道士どもが出てきて、こわい泰山の神さまも賽銭やお香しだいで恩赦をくださるなどと吹聴している。

ところで、注意して見ればすぐに気づくことだが、東嶽廟のなかで崇められているのは泰山の神である東嶽大帝だけではない。かつて北京の東門外にある東嶽廟を訪れたとき、奇特な歩みで廟におもむく婦人たちに、私の目はくぎづけになったことがある。手押し車や驢馬でごったがえすその喧騒のただなかで、ほこりだらけの道を婦人たちが三歩進んでは伏して拝み、ふたたび三歩進んではまたひれ伏すのであった。こうして苦行しつつ歩みゆくその先にあるのは、泰山の神のいます本殿ではない。女性の神々がましますます別の堂を婦人たちは目ざして、歩みつつ伏し、伏しつつ歩むのである。かくも熱烈な崇拝の対象となっている女神とはいったい何か。今から考察をはじめよう。

女性の神々のうち主たる存在は碧霞元君（へきかげんくん）である。碧霞の語は夜明けを告げる紺碧（こんぺき）の雲を意味する。元君の語は道教徒が女性の神を呼ぶ名である。雷の女神である電母秀文英（でんぼしゅうぶんえい）が秀元君と呼ばれるのとひとしい。(26) 碧霞元君はしたがって紺碧に染まった雲の妃である。夜明けの空

〈図８〉　孝堂山の碧霞元君廟

の女神である。まさしく東の神である泰山の娘にふさわしい。ところで、碧霞元君の信仰はそれほど古くはない。北宋の大中祥符元年（一〇〇八）に泰山の山頂で巨大な石の像が発見されたのがそのはじまりだろう。真宗はただちに玉で複製を作らせ、もとの像があった池のかたわらにまつった。以来その池は玉女池と呼ばれる。女神の像はまもなく多くの参拝者を引きつけ、それをまつる堂は増築を重ねた。今では山頂の諸堂のどれよりも壮麗である。(27) 碧霞元君の信仰はとりわけ明代にさかんになる。華北においてそれはいちじるしく、江南の観音信仰とならぶほどであった。各地の東嶽廟でも東嶽大帝のかたわらにまつるだけでは人々はもはや満足しなくなり、碧霞元君のための廟が次々と建てられるようになった。明の崇禎八年（一六三五）に

〈図９〉　碧霞元君廟西正面

山東の孝堂山のふもとに碧霞元君廟が建立された[29]〈図８、９〉。廟内には碧霞元君の坐像がある[30]〈図10〉。手は別材で接がれていたらしく、権威のしるしである圭を持っていたにちがいない。ただ一つの特徴は鳥を三羽あしらった頭巾である。三羽とも羽をなかば広げて正面と両脇に止まっている。碧霞元君と侍女をあらわした絵や彫像には、たいていこの飾りがつく[31]。碧霞元君の廟は華北に数多くあり、娘娘廟や碧霞元君行宮、あるいは碧霞宮とも呼ばれている。

碧霞元君と侍女だけの像というのは今では少なく、別の二人の女神がこれにしたがうものが多い。一人は手に目玉を持った眼睛娘娘あるいは眼光奶奶で、眼病の守護神である。もう一人は「子授けの守護神の」送子娘娘あるいは子孫奶奶である。碧霞元君をたたえる道教経典『泰山聖母護世弘済妙経』(32)の巻首には、二人の女神が左右に描かれている〈図11〉。私が訪れたいくつもの廟では、二人の女神像が願かけや願ほどきの奉納物でごてごて飾られていた。紙でできた目玉や赤ん坊の人形は、子供の眼病をなおし子宝をさずけてくださる二人のよき女神のご利益に、多くの婦人があずかったことを物語っている。

〈図10〉 孝堂山の碧霞元君像

そのほかにも出産と育児を助ける六人の仙女が、碧霞元君と眼睛娘娘と送子娘娘とともにいるのを見かけることがある。(33) 一人目の仙女はおなかに子を宿させ、二人目は分娩を楽にさせ、三人目は赤ん坊を丈夫にし、四人目は赤ん坊を疱瘡から守り、五人目は赤ん坊の知恵をはぐくみ、六人目は母乳がよく出るようにさせる。上述の道教経典には、碧霞元君以下の九人の女神に祈るときの尊名があげてある。すなわち「天仙聖母青霊普化永佑碧霞元君」にはじまり、「眼光聖母慧昭顕済明目元君」は眼睛娘娘、「子孫聖母育徳広胤衛房元君」は送子娘娘である。つづいて受胎を助け胎児をはぐくむ「培始娘娘玄毓穏形元君」、出産を

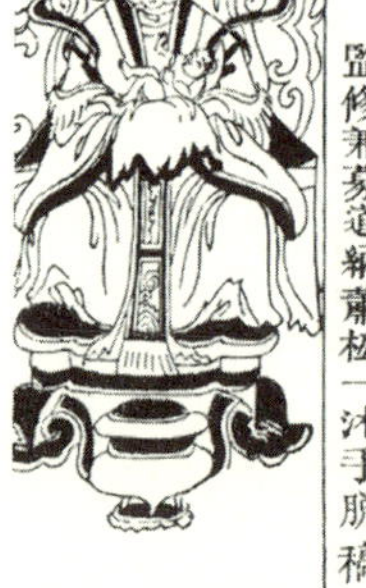

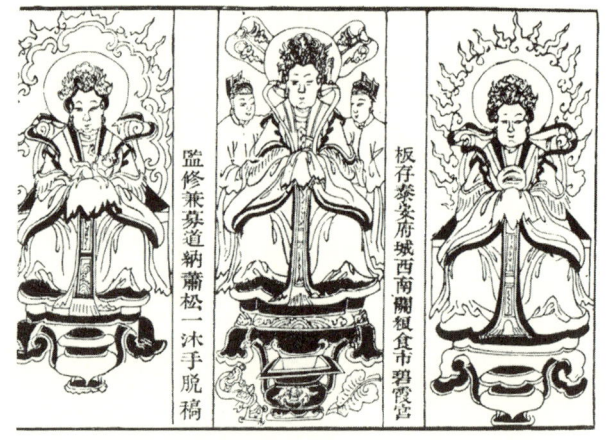

〈図11〉『泰山聖母護世弘済妙経』巻首［中央に碧霞元君、向かって右に眼睛娘娘、左に送子娘娘］

うながし赤ん坊を守る「催生娘娘順度保幼元君」、赤ん坊を世に送り分娩を助ける「送生娘娘錫慶保産元君」、疱瘡を退け赤ん坊をいつくしむ「斑疹娘娘保和慈幼元君」、幼な子を教え導く「引蒙娘娘道引導幼元君」、お乳をあたえ食物を恵む「乳飲娘娘哺食養幼元君」である。

碧霞元君とそれにしたがう女神たちは、華北の女性の信仰生活において大きな位置を占めており、今もかわらず泰山に多くの人を引きつける中心である。毎年正月から四月まで参拝の人々が大挙して押し寄せるのは、この女神たちが目あてである。宗教事象を人間の心理から説明するならば、それはさまざまな感情が凝縮し具体化したものにほかならない。男が自分の姿に似せて神を創造したように、女が自分たちの願望にこたえてくれる神を創造するのは自然ななりゆきではないか。男の意にかなう東嶽大帝のかたわらに登場したのがこの女神たちである。それは母としての切実な思いが必要としたものなのだろう。

泰山につどう神はほかにもいる。泰安府の岱廟を訪れると、東嶽大帝や碧霞元君をまつる堂だけでなく、東嶽大帝夫人や第三子の炳霊公、三茅真君あるいは太尉の称を持つ神をまつる堂があり、それぞれに裁判官のいる地獄の七十五の法廷もある。この神々は東嶽大帝の宮廷にはべるものとして、道教経典『元始天尊説東嶽解寃謝罪真経』にその尊名が列挙されている。すなわち「東嶽泰生天斉仁聖帝」(34)は東嶽大帝、「東嶽正宮 淑明坤徳皇后」(35)は東嶽大帝夫人、「東嶽 上卿司命鎮国真君」(36)は東嶽真君、「東嶽 上殿太子炳霊仁恵王尊神」(37)は炳霊公、「東嶽泰山天仙玉 女碧霞元君」は碧霞元君、「東嶽 掌 増福畧福二位尊神」(38)は増福神と畧福神の二神、「東嶽子孫九天衛房聖母元君」(39)は九天の妃、「江東 忠 祐崇恵之神」(40)は江東の神、「嶽府太尉朱将軍都副統兵大元帥」は太尉朱将軍、「嶽庭七十五司冥官」(41)は地獄の裁判官の尊名である。

泰山の神々が救ってくださるのは、毎年この山を訪れる巡礼ばかりではない。また、華北のあちこちにある東嶽廟へ熱心に詣でなければ救いにあずかれないわけではなく、泰山の神々の霊力を宿したお守りに頼りさえすればきっと救われると信じられていた。

華北を歩いていると、ときおり「泰山石敢当（いしかんとう）」と刻まれた石が壁に埋めてあり、路地や門前に立っているのを目にする。これには「泰山の石は立ち向かう」という意味があり、悪霊が家に侵入したり、路地を通りぬけるのを防ぐという。[42] そうした霊力がこもるとはいえ、本物の泰山の石が使われているわけではない。地域によって石材はさまざまだが、それでもなお泰山の力で悪霊を退けられると人々はたのみにした。

泰山の霊力をつねに身近にそなえるには、悪霊を封じこめる呪法にのっとって泰山の図を描く方法がある。泰山の図だけ単独にあるのは見たことがないが、五嶽すべてを図形化した五嶽真形図（しんけいず）［本訳書第三章参照］は、さかんに石に彫られ金属に鋳（い）られ磁器に描かれた。[43] この五嶽の護符を携帯すれば、どんな危険も恐れることはないとされたのである。

第二章　泰山の史跡

泰山の名所旧跡に関する記述は［欧米の］旅行者が幾人かこころみている。しかし場所がひと目でわかるような絵図は作られていない。道光（どうこう）十年（一八三〇）と光緒（こうしょ）二十八年（一九〇二）の刊本が手もとにあるが、どちらも刷りが悪くて複製に堪えない。[44] そこで筆者みずから絵図を作成した〈図1〉。史跡ごとに番号を附し、以下の解説が容易にたどれるようにしてある。記述は山頂からはじめたい。坂道を降りながら道草を楽しもう。

［一　泰山山頂の名所旧跡］

一、三尖峰（さんせんほう）。

二、西神霄峰。

三、君子峰。上桃峪に屹立する岩である。

四、西天門。仰ぎ見て天に通じるような門を天門と呼ぶ。もっとも名高いのは南天門（八番）で、泰安府から登ってくるとここから山頂にいたる。

五、上桃峪。

六、秦観峰。秦国を望む峰のことだが、陝西にあった秦の国が泰山から見えるわけもない。

七、月観峰。主峰の西に位置するこの峰の名は、東の日観峰（二三番）に対峙する。呉観峰（一三番）にあやかった名だろう。周観峰（一〇番）も同じ。

八、南天門。目もくらむ階段を登った先にこの門がある〈図12〉。ここをぬけると泰山山頂も間近である。(45)

九、御座。『泰安県志』の絵図は行宮と記す。階段を登りきって南天門をぬけると、ここで誰もがいにしえの皇帝にならって一息ついた。

一〇、周観峰。周はその都を洛陽に置いた。泰山から見えるというのは空想の世界のこと。

一一、鳳凰山。

一二、囲屏峰。

一三、呉観峰。王充は『論衡』に言う。孔子は顔淵を連れて泰山に登った。山頂から南東

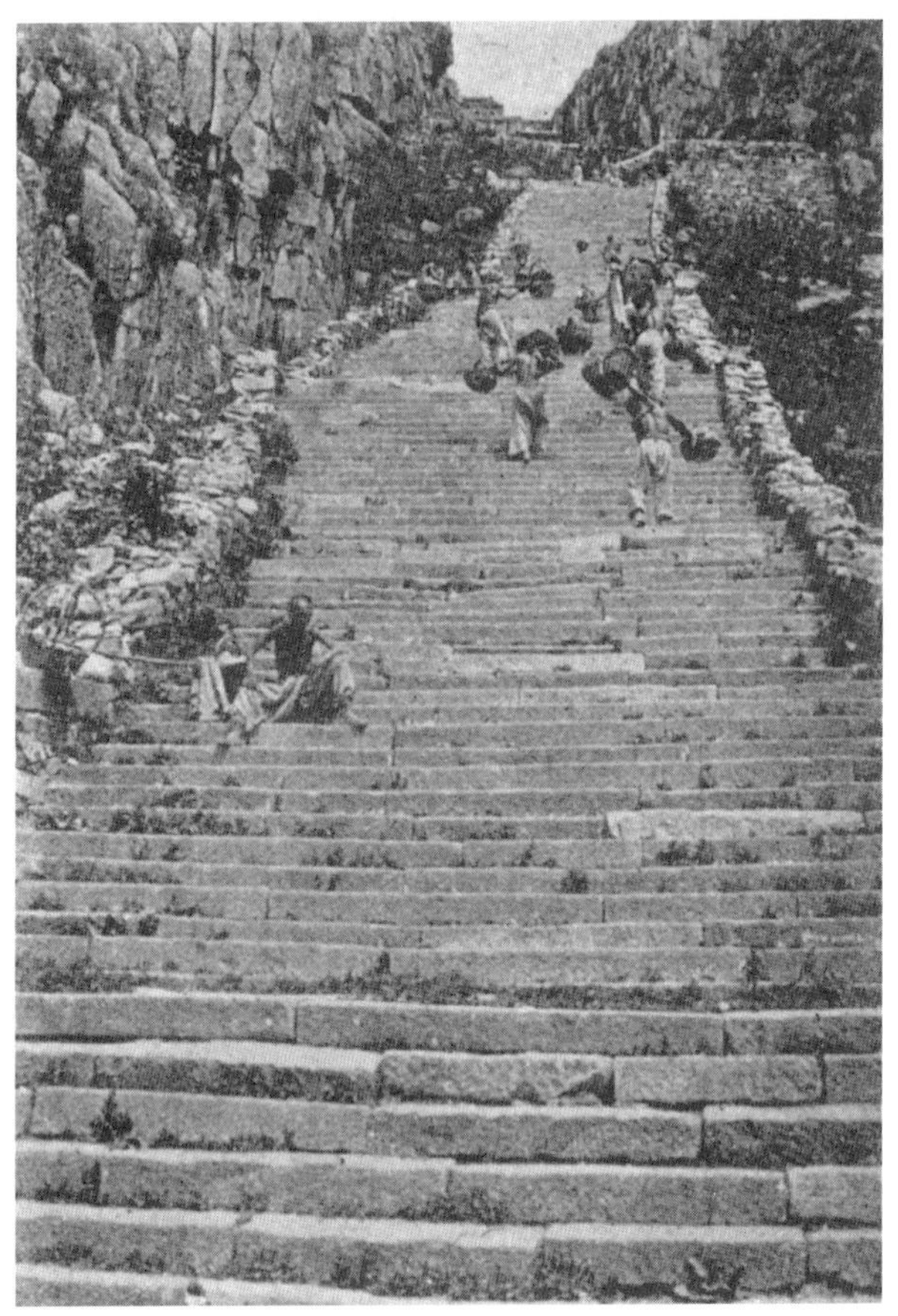

〈図12〉　南天門に至る急階段

を望むと、呉の都の閶門に白馬がつながれているのが見える。孔子は顔淵をかたわらに呼んで問うた。「都の閶門が見えるか」。顔淵は答えた。「見えます」。孔子はつづける。「では門の脇に何が見えるか」。顔淵は答える。「絹の切れ端が結んであるのが見えます」。孔子は顔淵に目をこらして凝視させた。二人が山を降りたとき、顔淵の髪は白くなり、歯は抜け落ち、精魂つきて死んでしまったという。(46) 王充は泰山の山頂から江蘇にある呉の国が見えるわけがないと一笑に付したが、後世の理屈屋は話は本当でもそれが誤り伝えられたと主張する。孔子が見たのは魯の都の東にある雩門であって、雩と呉の音が似ているため雩門を呉門と書き誤り、魯の門を呉の門と取り違えたのだという。(47) だがこの説明も納得がいかない。魯の都である曲阜から泰山までは徒歩で一日強の距離だが、それにしても泰山から町は見えない。この話は一つの伝説として受け入れればそれでよいのではないか。のちに秦観峰(六番)や周観峰(一〇番)という似たような名ができたのも、呉観峰がもとになったのだろう。

一四、虎頭峰。
一五、老鴉峰。
一六、丈人峰。丈人とは義父のことである。泰山は丈人、ほかの山はすべて婿と考えられていたらしい。泰山を丈人としたのはこの語が義父を意味するからである。唐の段成式は『酉陽雑俎』に次の逸話を伝える。玄宗が開元十三年(七二五)に封禅のまつりをおこなった

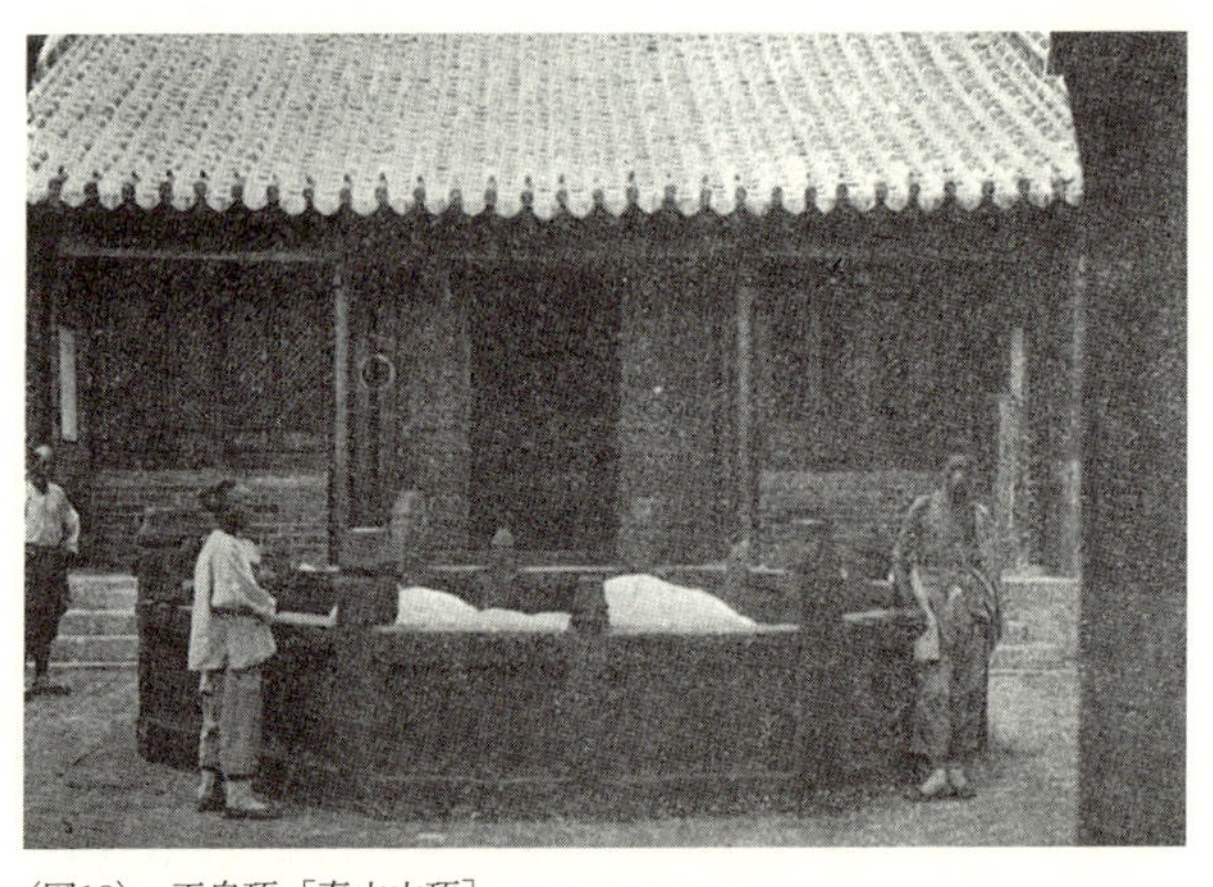

〈図13〉　玉皇頂［泰山山頂］

とき、張説が封禅使をつとめた。張説の婿の鄭鎰はそのとき九品官であった。まつりのあと張説の推挙で鄭鎰は五品に昇進した。玄宗はこの昇進に驚いて説明を求めた。［扈従が答える。］「それは泰山のおかげです」[48]。――この答えには二つの意味がある。泰山で挙行されたまつりの恩典で昇進したというのが一つ。もう一つは、泰山の語が義父を意味するゆえに、鄭鎰は泰山すなわち義父の縁故で昇進したというのである。ところで［『岱覧』の撰者］唐仲冕によれば、丈人の語は尊敬すべきもの一般に用いられたという[49]。丈人峰はその高さからして仰ぎ見る峰の意であろう。

一七、天柱峰。泰山の最高峰である。道教の神である玉皇をまつる廟があるので、玉皇頂ともいう。

一八、玉皇頂。次に記す玉皇殿[50]の門に「勅修玉皇頂」の題刻がある。門をくぐると八角形の石の柵がある庭に出る〈図13〉。柵の高さは八四センチ、角の柱は高さ一メートル二八センチ、八角形の柵の内径は五メートル八〇センチある。頭を突き出した白い岩を柵が囲む[51]。ここが泰山の最高点である。

柵のうしろ、扉を開けた小さな堂が玉皇殿である。屋根瓦は鉄製で、山頂に吹きつける強風に耐えるためだという。

〈図14〉　玉皇殿の玉皇像

堂内の緋色の龕のなか、緋色の玉座に全身金箔をほどこした「玉皇大帝の」像が坐す〈図14〉。権威のしるしである圭を手に執り、口髭と顎鬚を垂らし、長く黒い頬髯をたくわえ、四角い冠［冕］をかぶる。前後に赤い紐が十三本ずつ下がり、緑と赤と青の球がならぶ。この房飾りは目の上まで垂れている。像のまえに「玉皇上帝大天尊」の立札が置いてある。左右に神像が二体ずつならぶ。いずれも圭を手に執る。玉皇の圭は金色だが、こちらは緑の主である。東隣りの髭を生やした像は緑の衣をまとい、髭のない方は赤い衣をまとう〈図15〉。西隣りの白い髭の老人は茶色の衣をまとい、侍者は青い衣をまとう〈図16〉。どれも近世の造像で迫力はない。神像の名を知りたいところだが、残念ながらあきらかにできなかった。背後の壁には東側に太極図(たいきょくず)に見入る老人が五人、西側に仙人が八人［すなわち八仙が］描かれている。

〈図15〉　玉皇像東隣りの脇侍

玉皇殿の西に石碑があり、封のまつりがおこなわれた登封壇の場所を示している。東に宝蔵庫がある。願文を記して金の紐で束ねた玉製の板［玉牒］を儀式の後ここに納めた。明の喬宇(きょうう)は、成化(せいか)年間（一四六五〜八七）に玉皇殿で玉の板十六枚を納めた石の箱［石函］が見つかったと報じている。[52] 北宋の大中祥符元年（一〇〇八）に真宗が泰山と后土(こうど)をまつったときの願文が記してあったという。[53] まつりの壇も玉の板を納めた建物も玉皇殿の敷地内にあったことが知られる。しかし中国の学者のなかには、成化年間に玉の板が発見されたのは日観峰（二三番）の近くであり、唐宋時代に封のまつりがおこなわれた場所も日観峰の周辺だと主張する者もいる[54]。

一九、無字碑（むじひ）。玉皇殿の土壇の石組みのところに四角い石の柱が立っている〈図17〉。石屋根を除く高さは四メートル八五センチある。柱身は基底部の幅が一メートル二五センチ、奥行九〇センチ、頂部の幅が一メートル一〇センチ、奥行八五センチを測る。この巨大な柱は秦の始皇帝の二十八年（前二一九）に立てられた石碑と伝えられる。文は司馬遷が記録しているが[55]、刻まれた文字は二千年以上も風雨にさらされて磨滅したという。唐仲冕はこの説に疑義を呈した[56]。まず、始皇帝の泰山刻石は碧霞宮（三五番）が建っている玉女池の近くに置かれていたはずで、この石柱とは別物である。次に、この石柱の表面はなめらかで文字が刻まれていた痕跡がまったくない。さらに、泰山刻石の拓本断片[57]はいずれもこの石柱と大きさが一致しない。以上の事実から、前漢の元

〈図16〉 玉皇像西隣りの脇侍

封元年（前一一〇）に武帝が封のまつりをおこなうにあたり泰山山頂に運ばせたのがこの石柱だと唐仲冕は結論する。[58] 司馬遷はたしかに山上に石が立てられたと語るが、そこに何か彫られていたとは述べていない。無文字のまま二千年も立ちつづけた堂々たる石の塊、それがこの石柱であったと認めてもよいのではないか。これを武帝の石柱と呼ぼう。その東隣りに石碑が一基ある。万暦四十五年（一六一七）の張銓の詩が刻まれている。[59] 詩は凡庸である。

一九補、[60] 養雲亭。建物の入口に「浴日養雲」の銘記がある。建物の名はこれに由来する。東に広がる深い谷に朝日がさし、雲が湧きあがる。そんな壮大な光景をこの四文字は語っている。別に迎旭亭とも呼ぶ。[61]

〈図17〉　玉皇頂下の無字碑

二〇、乾坤亭。明代にはここに挟仙宮があったという。[62] 康熙帝がその二十三年（一六八四）に泰山に登ったおり、挟仙宮に「普照乾坤」の扁額を下賜した。それにちなんでこの乾坤亭も建立された。今では挟仙宮

〈図18〉　山頂付近の青帝宮

も乾坤亭も廃絶し、わずかに外壁の一部と石造りの東門と南門をのこすだけである〈図18〉。敷地のなかほどに石碑があり、乾隆帝が治世二十二年（一七五七）と二十七年（一七六二）に詠んだ詩が刻まれている(63)。

崩れかけた壁の背後に道光十七年（一八三七）銘の顔継祖の石碑があり、「孔子小天下処」と刻まれている。この言葉は『孟子』にもとづく。いわく「孔子が泰山に登り天下を小さいものと見なした。同じように、大海を見た者は川を見ても大きいとは思わない。聖人の門に学んだ者はありきたりの言葉に驚きはしないのだ(64)」。

二一、探海石。はるかに海を望むという岩。手に笏を執って敬礼する人の姿である(65)。

二二、観峰亭。日観峰（二三番）を望む東屋の謂であろうが、そのような名称の建物は、筆者が参照した泰山に関する書物には見当たらなかった。観海亭の誤りではないか。建物は現存しない。嘉靖年間（一五二二～六六）

には日観峰にあったという。(66)

二三、日観峰。ここからの眺望は山腹の東北へ向けて開けており、谷を見下ろせば日の出がどこよりも壮麗に望まれる。玉皇頂よりわずかに低いこの峰は、漢代に介丘の名で知られた。(67) 北宋の大中祥符元年（一〇〇八）に真宗が封のまつりをここでおこなったことは、乾隆十二年（一七四七）に石の箱［石函］が二つ発見されてあきらかとなった。箱の一つには玉の板［玉牒］十六枚が納めてあり、大中祥符元年に泰山の神にたてまつった願文が板一枚ごと一行に刻んである。これ以前に明の成化十八年（一四八二）に同じ場所で玉の板が発見されたが、憲宗があらためて埋めるよう命じたという。(68)

二四、東天門。

二五、東神霄山。二番参照。

二六、後石塢。絵図〈図1〉に描いてあるが、実際は山の背の北斜面に位置する。日観峰（二三番）からこの後石塢が見える。木々の繁る風光明媚な景色のなかに建物が点在する。泰山の女神である碧霞元君の祠で、その一つ蔚然閣のなかに元君の墓がある。これは女神の伝承と符合しない。伝承によれば碧霞元君は亡くなったのではなく、ここで［昇仙して］仙女になったという。(69)

二七、愛身崖。(70) 泰山山頂の台地がつきる東のはてに切り立った崖がある。ここはかつて自殺の名所だった。みずから命を絶とうとする者が何かの力に駆られるように、多くの先達が自殺をとげたこの場所に惹かれて谷底へ身を投げた。この不吉な崖は捨身崖と呼ばれていたが、明の何起鳴は自殺の流行をくいとめるため崖の上まで行かれないように壁を築いた。それからこの崖は愛身崖と呼ばれた。康熙五十六年（一七一七）に知県張奇逢が壁を修復して今日にいたっている。「禁止捨身」と記された大きな石が四つ嵌めてある。この禁を破った者にはどんな刑罰が科せられたのか。光緒二十六年（一九〇〇）の銘文を見ると、自殺志願者への忠告にもかかわらずこの崖から身を投げる者があとを絶たなかったことがわかる。

二八、仙人橋。切り立った岸壁が十歩以上へだたり、岩三つで危なげな橋をわたしてある。

二九、独秀峰。

三〇、孔子廟。儒者が泰山に孔子廟を設けたのは明の万暦年間（一五七三〜一六一九［一六二〇］）とやや遅い。康熙五十三年（一七一四）の再建時に規模が縮小された。孔子と四人の高弟、顔淵と曾子と孔伋［思子］と孟子の像がある。孔子廟はたいてい壁画があるだけだが、ここでは曲阜の大廟と同じく彫像が置いてある。〈図18〉の中央に廟の背面が見える。(71)

三一、望呉跡。乾隆二十二年（一七五七）に山東の知県李樹徳が孔子廟のまえに牌坊を建てた。現存しない。孔子が呉の都の門につながれた白馬を眺めたという場所に建てられた。この話はすでに述べた。泰山にかかわる孔子の逸話はほかにもある。『礼記』に言う。「孔子が泰山の麓を通りかかったとき、墓前で婦人が慟哭するのを聞いた。孔子は車上から会釈し、子路をやってわけを尋ねた。「それほど泣くのはよほど大きな悲しみがあるのだろう」。婦人は答えた。「はじめ舅が虎に食われ、つづいて夫が食われ、とうとう息子まで同じ運命に遭いました」。ふたたび問う。「それならなぜよそへ越さないのか」。婦人は答える。「ここの役人は民を傷つけたりしませんので」。孔子は弟子たちに言った。「みなこの言葉を忘れるな。苛酷な支配は虎より恐ろしいのだ[72]」。この文章が事実を伝えているなら、前五〇〇年ごろ泰山の周辺には虎が出没したことになる。

これに劣らず名高い話が『列子』にあり、その場面は古い鏡を飾っている[73]。いわく「孔子が泰山に遊んだおり、郕（泗水県の北西五十支那里）の町で栄啓期という老人に出会った。老人は鹿皮の衣を縄で帯し、琴をかきならして歌っていた。孔子が尋ねる。「どうしてそんなに喜ばしくおいでか」。老人。「私には喜ばしいことがたくさんある。天が万物を生んだなかで人間が一番貴い。自分は人間として生まれることができた。これが第一の喜びだ。男と女にはまた違いがあって男は貴く女に勝る。自分は男として生まれることができた。これが第二の喜びだ。生まれてきた人間のなかにも、日を見ずに死ぬ者もおり、むつきもとれずに死ぬ者もある。ところが私は九十年も生きながらえた。これが第三の喜びだ。貧乏などあたりまえ、死ぬのもあたりまえのこと。このあたりまえのなかで末期を迎えられるなら、悩むこ

〈図19〉　山頂付近［正面に孔子廟、後方に碧霞宮、中間に北斗台］

となどどこにあるか」。孔子は言った。「これほどに心を大きく持たれるとは御立派だ[74]」。

三二、北斗台[75]。明の万暦年間［一五七三〜一六二〇］の建立である。〈図19〉の孔子廟と碧霞祠のあいだに見える。十字の溝をほどこした石組みの台である。階段を登って台の上に出る。柱頭のついた二本の石柱が立ち、輔弼星と呼ばれる。泰山と北斗七星を象徴するのだろう。泰山は大地をしろしめし、北斗は天を補佐するという。泰山北斗の組合せは中国でしばしば見られ、成句にもなっている[76]。

三三、寝宮[77]。元君後宮とも言う。その名のとおり後述する碧霞宮（三五番）の奥にある。碧霞元君の月並みな像がある本殿よりも、東隣りの堂の方が興味深い。とばりのかかった寝台に臥す女神の像がここにある。元君は普段は臥所にいるが、雨の季節は例外だそうだ。堂守の道士が言うには、横になったままだと湿気で衣が傷むので起きて卓につくという。その風貌はあまり高貴ではない。顔と手は金箔で覆われ、硝子玉の飾りを頭巾から顔まで垂らしている。造花の薔薇が四本、青と緑と赤のあくどい色の衣、小さな鏡をいくつもぶらさげた帯、手にする黄色い手巾、どれも滑稽である。貴婦人どころではない。むやみに飾りたてた田舎娘のようだ。

三四、青帝宮。[78] 青帝は東方をつかさどる神。五行思想で東西南北中央の五方に対応する五帝の一人である。青帝のみ五帝が体系化される以前から崇拝されていたらしく、早くも前七世紀に秦でまつられていた。前五世紀に黄帝や白帝の信仰がさかえるのもやはり秦の国である。[79] こうした地方信仰に黒帝が加えられ、前漢初期に五行思想に組み込まれた。[80] 現在の建物は取りたてて言うべきものがない。

三五、碧霞宮。[81] 泰山山頂にある碧霞元君の廟で元君上廟と呼ばれる。諸堂の配置は絵図〈図1〉でおおよそ知られよう。山頂へいたる階段は碧霞宮の西門に達し、正面向かって右側の舞台と左側の堂のあいだを通って東門を抜け、そこから山頂へ向かう。大山門をくぐって碧霞宮に入ると正面に香亭がある。黄色い釉の瓦で葺いた二重屋根の東屋である。正面の扉の向こうに荘厳された女神の像が見える。参拝者は女神のもとにぬかずいて供物をささげる。供物があるたび道士が鉄鉢を叩いて合図する。[82] その奥に銅の瓦屋根の壮麗な元君殿がある。中央の龕に玉座に坐した女神の像があり、うしろに鏡がかけてある。房飾りのついた頭巾をかぶり、手に圭を執る。脇侍の一方は印章を手にし、もう一方は勅書を手にする。いずれも女神からたまわった権威のしるしである。その東隣りには眼病を癒す眼睛娘娘、西隣りには赤ん坊をこの世に送る送子娘娘の像がある。碧霞元君と同じ姿勢で龕のなかに坐している。元君につきそう女神二人は、元君殿の両脇の眼光殿と送子殿にもまつられている。二棟とも鉄の瓦で葺いてあり、庭の中央にある香亭の左右に位置する。その前方に御製の石碑をおさめた御碑殿がある。

同じく香亭の左右に小さな銅の碑が二基ある。明の万暦四十三年（一六一五）［勅建泰山金殿碑記］と天啓五年（一六二五）［勅建泰山霊佑宮記］の年紀があるが、文字はほとんど読めない。碧霞宮を焼いた乾隆五年（一七四〇）の失火で罹災したためという。

碧霞宮の創建は北宋の真宗の時代にさかのぼる。大中祥符元年（一〇〇八）に真宗が泰山で封のまつりをおこなったとき、とある池のほとりで玉女の石像を見つけた。以来そこは玉女池と呼ばれる。真宗は石像を模した玉の像を作らせ、池があった場所に昭真観を建立した。明の洪武年間（一三六八〜九八）に建物は改修され、拡張されて霊応宮に名を改め、嘉靖年間（一五二二〜六六）には碧霞霊佑宮に改めた。万暦年間［一五七三〜一六二〇］に神宗は、金箔を貼りめぐらした女神の銅像を寄進した。母を失明から救うための供養である。東屋があるこの道観の中央に女神の像をまつる金闕亭が建っていた。唐仲冕によれば、のちに像は山麓

〈図20〉　山頂付近の碧霞宮

に移されて今は社首の丘の東にあるという。[83] 霊応宮（一六六番）の後宮にある美しい像がそれだろうか。

碧霞宮は今も参拝者がひきもきらない泰山の中心である。歴代の皇帝も民の信心にならい、乾隆二十四年（一七五九）から毎年四月十八日、勅使が碧霞元君に喜捨をたてまつるしきたりとした。[84]

三六、更衣亭。皇帝が封のまつりに際して衣を改めたところで、碧霞宮に附属している。〈図20〉の正面に見える。私たちが光緒三十三年（一九〇七）に訪れたときは、碧霞宮の修復に用いる資材が庭に山積みになっていた。

三七、東嶽廟。[85] 泰山上廟と呼ばれる。元代に道士張志純が修復し、嘉靖二十二年（一五四三）に曾銑が再度修復した。泰山の神である東嶽大帝をまつる。皇帝から下賜された二枚の額が東嶽大帝を称えている。文字は「資始惟元」と「上摩蒼昊」とある。前者はすべてのものを生じる根源の意、後者はその高みが青天に達することを言う。建物は粗末で、碧霞祠の壮麗さと対照的である。どの時点で泰山の若々しい女神が古い男の神をしのいだのか想像がつく。庭の南の壁に万暦四十二年（一六一四）銘の五嶽真形図が嵌めてある（本訳書第三章および〈図57〉参照）。玄宗御製の巨大な摩崖碑（三八番）が東嶽廟の背後にあり、なかば建物にさえぎられたかたちである。

三八、摩崖碑。玄宗皇帝が開元十四年（七二六）に封禅のまつりの成就を祝して手づから揮毫した［紀泰山銘］〈図52〉。今なお圧倒的な印象をあたえるが、かつて五寸大の文字が金色に輝き、これをさえぎる建物などなかったとき、この桁はずれに大きな碑は威風堂々たるものだったにちがいない。

三九、桃花洞。摩崖碑の西の懸鼓と呼ばれる岩の下に小さな洞穴がある。

［二　十八盤から山麓まで］

四〇、升仙坊。山頂付近を踏破したあと、南天門（八番）をぬけ、十八盤と呼ばれる急階段を轎夫にかつがれて降りてゆこう。登り道の険しさを思わせる升仙坊という名の牌坊にいたれば、次の寿星亭までわずかである。

四一、寿星亭、あるいは小屋亭。

四二、龍門坊。西に次の翔鳳嶺がある。

四三、翔鳳嶺。東にこれと向きあう飛龍石がある。

四四、飛龍石。翔鳳嶺と飛龍石の名は岩の形に由来する。

四五、白雲洞。雲が湧きたつという洞窟である。出典は『春秋公羊伝』にある。「石にぶつかり湧き出た雲はたちまち大きくなり、明日の夜明けには全地を雨で覆う」とある。(86) 東に次の白雲洞がある。

〈図21〉　対松山付近の登山道、前方に轎夫

四六、対松山、あるいは万松山。東に次の蓮花峰がある。

四七、蓮花峰。五つの峰が蓮の花の開くようだという。東に次の夢仙廟がある。

四八、夢仙廟。東に次の獅子峰がある。

四九、獅子峰。獅子のような形から名づけられた。ふたたび坂を降りて次の朝陽洞にいたる。

五〇、朝陽洞。内部はかなり広

く、数十人が入れるという。道の向かいの岩に乾隆帝の詩が二題刻まれている。文字は三丈もの大きさなので万丈碑と呼ばれる[87]。

五一、万丈碑。朝陽洞の北には処士松という木が生えていた。官を捨てた隠者にたとえた名である。立派な位をさずかった五大夫松（五三番）と対照的である。

五二、元君殿。碧霞元君をまつる小さな堂で、朝陽洞の南にある。

五三、五松樹。官位を有する松の木が五本ある。すぐ下の牌坊に「五大夫松」の題記があり、少なくとも唐代以降は「立派な位をさずかった五本の松」という意味で語られてきた。しかしそれは誤解で、「五大夫の位をさずかった［一本の］松」が正しい[88]。秦の始皇帝がその二十八年（前二一九）に、泰山で雷雨に襲われて松の木に宿った。そのときの功を称えて五大夫に封じたと『史記』は語る[89]。

五大夫松と記された牌坊を降ると見晴らし場があり、三本の松が木陰を作っている。参拝者や強力はここの茶店で涼をとり一息つく。

五四、飛来石。奇瑞で現れた岩や人像や鐘などさまざまなものに、中国人はよく飛来の文字をあてる[90]。

五五、御帳坪。北宋の大中祥符元年（一〇〇八）に真宗が泰山に登ったとき、道の北東にあるこの場所に雨風をしのぐ施設が作られたという。西に臥馬峰と九女砦と廻雁嶺がある。

〈図22〉　快活三里

五六、臥馬峰。その形が名の由来である。

五七、九女砦。［王莽の新王朝末期に］国を混乱に陥れた［赤眉の］乱を逃れて九人の女が立てこもった砦と伝えられる。

五八、廻雁嶺。ふたたび降りの道にもどり、順に雪花橋と廻龍橋と跨虹橋をわたる。下を流れる黄西河は勢いのある早瀬である。

五九、黄西河。ここまで来てようやく楽な道になった。三支那里［約一・七キロメートル］のあいだ風光明媚な景色の広がる道が山腹に沿ってつづく。快活三里と呼ばれる。

六〇、快活三里〈図22〉。

六一、傲来峰。

六二、扇子崖。

六三、仙人掌。

六四、黄峴嶺。黄色い岩肌の山づたいに歩けば、道は次の増福廟を左手に見ながら進む。

六五、増福廟。東嶽大帝の宮廷に列する神々のなかに、幸福の増減をつかさどる神が二人いる（五四頁参照）。この廟はそのうちの増福神をまつる。かたわらに唐代にさかのぼるという槐の木がある。道はつづいて次の二天門にいたる。

六六、二天門。登り口の一天門（九四番）と終点の南天門（八番）の中間に位置する。近くに二虎廟がある。

六七、二虎廟。虎が臥した形の岩が裏側にある。

六八、霊官廟。書物に記載がない。私たちが訪れたとき二天門の向かいには茶店が一軒あるだけだった。茶店からの絶景を参拝者がめでていた。ふたたび降りの道にもどり、小さな廟が二棟あるまえを通る。手前の廟は三大士をまつっている。

六九、三大士。文殊菩薩と観音菩薩と普賢菩薩をいう。五台山と普陀山と峨眉山でそれぞれ信仰される。奥の廟はかつて金星亭と呼ばれた。

七〇、金星亭。現在は薬王殿に改名されている。くねくねと道がつづき、廻馬嶺の名を記した石の牌坊にたどり着く(91)。

七一、廻馬嶺。これより上は馬は登れないという。降りであればここから道はかなり楽になる。建物も次第に増えてくる。

七二、玉皇廟。粗末な神像があるだけの小屋である。神像はすすけていた。

七三、元君殿。碧霞元君の像は、翼を広げた三羽の鳥を頭巾にあしらい、緑と赤と金色の圭を執る。四人の侍女がならび、いずれも下が緑で上が白い圭を持っている。

七四、壺天閣。その壮大な玄関口は乾隆十二年（一七四七）に建造された。[92] 明の嘉靖年間（一五二二〜六六）にはここに昇仙閣があった。

七五、歇馬崖〈図23〉。馬を休ませたのでこの名がある。崖の下に馬をつないでおくことから馬棚崖とも呼ぶ。あるいはまた、仙人呂洞賓が名前の三文字を岩に書いたというので三字崖と呼ばれた。中国では珍奇な文字があれば呂洞賓の書とされた。[93] ここから登仙橋をわたり次の水簾洞に向かう。

〈図23〉　歇馬崖

七六、水簾洞。私たちが通ったときは川底が枯れていて、水が簾となって注ぐさまは見られなかった。絵図にもある牌坊は、水量が豊富なとき滝の簾を眺めるのにちょうどよい場所に立っている。ここからいったん道をはずれ、東の石経峪を訪ねよう。

七七、石経峪。[94] 岩盤一面に豪壮な書体で『金剛般若経』の経文が刻まれている。北斉の武平年間（五七〇～五七五［五七六］）にさかのぼるという。風雨でそこなわれた文字も少なくない。金石学者の孫克宏は作者を韋子深とし、［『泰山道里記』の撰者］聶鈫は王子椿とする。[95] 明代に無名の儒者がこの経文の下に『大学』の一節を刻んだ。

近くに石亭があり絵図にも記されている。そこから遠からぬところに、怪力の剣の一撃で切り刻まれたような岩がある。次の試剣石である。

七八、試剣石。東に龍泉峰と摩天峰と鶺鴒崖がある。

七九、龍泉峰。

八〇、摩天峰。

八一、鶺鴒崖。ここから水簾洞（七六番）の近くの牌坊にもどり、ふたたび降りの道を進む。早瀬の向こうに絶景が広がる住水流橋をわたり、三官廟のまえを通る。

八二、三官廟。天官と地官と水官の三官を言う。[96] かつて人祖廟の名で、秦の始皇帝をまつっていた。始皇帝の三十六年（前二一一）に予言があり、皇帝を祖龍と呼んで崩御の近いことを告げたと『史記』は語る。[97] 龍は君主を象徴し、祖は人間の祖もしくは長を言う。儒者が始皇帝を憎んだので人祖廟は廃絶した。そうした次第で今は天地水の三官をまつっている。建物は雲頭埠という岩の下にある。

八三、雲頭埠。

八四、高老橋。黄老道の信者である高某が築いたと伝える。嘉靖三十九年（一五六〇）に副使の高捷が修復した。(98)

八五、斗母宮、あるいは斗姥宮。北斗七星の神である斗母［太上玄霊斗母大聖元君、俗に斗母娘娘］は二重の冠をかぶり、腕が二十四本ある女神の姿であらわされる。星を神格化した神々が四十人したがう。別室の洞窟に仏陀の像があり、そのまえに斗母と侍女二人の像がある。庭の奥の部屋には弥勒像がある。建物は嘉靖二十一年（一五四二）の修復にかかる。かつて女道士が住持していたが、光緒三十二年（一九〇六）に放逐された。

八六、万仙楼。(99)階下を道が通る。上階には近世の壁画があり、福禄寿の三星と八仙、蝦蟇に乗った劉海が描かれている。中二階は碧霞元君と侍女二人をまつる。建物は万暦四十八年（一六二〇）の創建である。

八七、三官廟（八二番参照）。西にある円い丘は次の白騾塚である。

八八、白騾塚。唐の開元十四年（七二六）に玄宗が封禅のまつりをおこなったとき、沂州の知県が白い雌の騾馬を献じた。玄宗はその騾馬にまたがって山道を往復したので、いささかも疲れを覚えなかった。儀式を終えて山麓へたどり着くと、部下が来て騾馬が死んだことを告げた。玄宗はこれを悼んで騾馬に白騾将軍と諡した。部下に命じて棺を用意させ、石を積んで墓にしたという。[100] ただし、この白騾塚について聶欽は別の場所を考えている（一四〇番参照）。

八九、飛雲閣。紅門の南東にあり、現在は観音閣という。赤みを帯びた岩の下にあるので紅門の名がついた。

九〇、紅門宮。天啓六年（一六二六）に建立された。[101] 山頂の元君上廟（三五番の碧霞宮）と山麓の元君下廟（一六六番の霊応宮）とならび称される中腹の元君中廟である。碧霞元君と侍女二人の月並みな像があり、荒々しい武人の像二体がまえに立つ。片方は白顔で子どもを腕にだき、もう片方は黄色い顔で剣と燃えさかる円盤を振りかざしている。

九〇補、紅門石。

九一、合雲亭。雍正三年（一七二五）に建立された。[102] 乾隆十三年（一七四八）に皇帝みずから命名した。

九二、仏殿。弥勒院の名で知られる。皇帝に随行する高官が衣を改めるのに使われた。道を降れば、天階坊をぬけてすぐのところに孔子登臨処の牌坊がある。

九三、孔子登臨処。孔子がここから魯の国を望んで小さいものだと語ったという。ところで孔子は泰山の頂きからも天下を小とした（二〇番参照）。『孟子』は孔子が魯国を小としたのは泰山ではなく東山とする。[103]

九四、一天門。康熙五十六年（一七一七）に再建された。[104] この牌坊が登山道の起点である。二天門（六六番）はその中間、南天門（八番）が終点になる。ここまで降れば山麓の集落も見えてくる。西に関帝廟がある。

九五、関帝廟。後漢の建安二十四年（二一九）に没した関羽を神とあがめ、関帝［関聖帝君］としてまつる。関羽は蜀の劉備への奉公で名高く、忠節の権化である。関羽は山西の出であるから、各地の関帝廟はおおむね山西人の集会所になっている。ここも山西会館と呼ばれた。私たちが訪れたとき、ちょうど劇が上演されるところだった。関帝が臨席できるように前立ちの像を廟から出して舞台の近くに据え、観客にまじって一番見やすい席にいますがごとくにした。[105] ここからしばらく東の諸堂を見てまわろう。

九六、后土殿。現在は廃絶。[106]

九七、老君堂。[107] 坐して説教する三尊の像をまつる。中央は老子だが、両脇が誰かわからない。迦葉と阿難が仏陀にしたがい、顔淵と曾子が孔子にしたがうように二人の侍者がしたがう。一人は尹喜であろう。尹喜は函谷関もしくは散関の関守で、『道徳経』を老子から伝授された。

庭に石碑が二基ある［岱岳観双碑］。高さはいずれも二メートル五〇センチほどで、石屋根で一対につながる。あわせて二十五の献辞と詩文と人名が刻まれており、年紀は顕慶六年（六六一）から嗣聖十五年（六九八）までである。唐代の書と道教の歴史を知るうえで重要な遺品であり、『金石萃編』も『岱覧』も詳細な考証をこころみている。[108]

山頂の東嶽廟（三七番）、山麓の岱廟（二一八番）とならぶのがこの中腹の老君堂である。唐から元までに創建された大規模な建築群のうち唯一の遺構である。

九八、薬王廟。

九九、王母池。王母池道観の前庭に、美しい石の柵をめぐらせた四角い大きな池があり、西王母［一名は瑤池金母］にちなんで瑤池という。[109] 西王母ははるか西方の山で豪奢な暮らしをいとなむという。この池の起源は古く、老君堂（九七番）の石碑に刻まれた唐代の詩文に言及がある。石橋をわたれば中庭があり、奥に女神をまつる王母宮がある。

一〇〇、呂祖楼。嘉慶二年（一七九七）の創建で呂洞賓をまつっている。

一〇一、虬在湾。池の名である。

一〇二、小蓬萊。東海の島と伝説にいう蓬萊の名がこの岩山につけられた。ところが石切り職人がむやみに採石したためか景観はそこなわれた。[110]

一〇三、呂祖洞。呂祖すなわち呂洞賓が住んでいたという、かなり大きな洞窟である。呂

祖の石像と万暦四十三年（一六一五）の銘記がある。(111)

一〇四、虬仙洞。伝説にいわく、呂洞賓が自作の詩を岩に刻むたびに一匹の虬が拝しに来た。あるとき詩に感じて角を生じ、翼のある龍に変じて飛び去ったという。(112)

一〇五、東眼光殿。碧霞元君の侍女の一人で、眼病から民を守る眼睛娘娘をまつっていたらしい。

一〇六、廻龍峪。

一〇七、四陽庵。(113)このへんで関帝廟（九五番）に引き返し、もとの道を進もう。西に次の大王廟がある。

一〇八、大王廟。つぶさには金龍四大王廟と言い、謝緒を神としてまつる。(114)謝緒の伝は『大清一統志』にある。南宋の理宗の皇后謝氏の一族で、浙江省杭州の人。(115)徳祐二年（一二七六）に蒙古が杭州を侵し、宮廷を襲って太皇太后謝氏を拉致したとき、万策つきた謝緒は苕水に身を投じた。すると奇跡が起き、遺体が流れに逆らって立ち上がったという。のちに遺体は金龍山に葬られた。一族の四男であったので、謝緒の廟は金龍四大王廟と呼ばれる。謝緒の信仰は浙江から泰山へも伝わった。帝室のために水利を守った功績で、天啓六年（一六二六）に大王の称が贈られた。ところで大王号は水神である龍を連想させるためか、このときから「四位の大王なる金龍の廟」と誤解されたらしい。

建物の規模は小さく、龕のなかに謝緒の坐像がある。右手に剣をたずさえ、左手に金塊をいだく。印章をささげ持つ少年と勅書をかかげた少女が脇に立つ。前に立札が六枚あり、川の神々とあがめられる黄大王と朱大王、蕭侯と晏侯、揚将軍と九龍将軍の名が記してある。一一〇九、白鶴泉。(116)東の門に「白鶴泉」の名があり、門をくぐると次の玉皇閣(一一〇番)にいたる。白鶴が遊んだという伝説の泉は今はない。小さい中庭を通って奥の庭に出ると、「仙人洞」と書かれた扉が右手にあり、なかに仙人の遺骸がある。遺骸は骨と皮ばかりで、緋の衣に包まれ、硝子をはめた洞窟に坐している。顔は見えないように金箔で覆ってあるが、手足に皺だらけの黄ばんだ皮膚がのこる。洞窟の入口にある康熙五十五年(一七一六)の題記によれば、仙人の姓は孫、道名は真清。万暦三十八年(一六一〇)に生まれ康熙四十二年(一七〇三)に九十四歳で没するまでの六十余年、玉皇殿で道士をつとめたとある。末期に際し、おのが遺体を三年のあいだ玉皇閣の一室に留めておくよう言いのこした。それからのち弟子らは師を葬るにふさわしい場所を探しあぐね、とうとう十二年もそのままにした。ふたたびその室を訪ねると師の遺骸は腐敗せず、亡くなったときと同じく坐ったままの姿だった。弟子らは驚きいって、後世の範となるようこのままに留めたという。

一一〇、玉皇閣。孫真清の洞窟がある庭から北へ進み、階段を登ると二重の楼閣がある〈図24〉。万暦年間[一五七三～一六二〇]創建の楼閣の上階は玉皇をまつる。[宋代以降の]道

〈図24〉　玉皇閣

教の最高神である玉皇大帝は泰山の山頂にもまつられた（一八番）。ここでは眷属の十二神のうち、雷神と雷鳴神［雷公と電母か］が注目される。ともに宋代の浮彫などにあるごとく鎚と鋏を手にするが、鳥のくちばしと足がある。ヒンドゥー教のガルーダ［仏教に入って迦楼羅］をまねた姿だろう。丸天井の階下に天地水の三官をまつる。三官の廟を三元洞と呼ぶ。[117] 玉皇閣に隣接してひとつづきの塀に囲まれたのが次の北斗殿である。

一一一、北斗殿。南へ降って行宮の諸堂にいたる。

一一二、行宮。乾隆三十五年（一七七〇）に皇帝の行在所となった。白鶴泉を出て、道の向かいに升元観がある。

一一三、升元観。絵図に見える南隣りの堂ともども現存しない。[118] 玉皇閣（一一〇番）入口の北宋政和八年（一一一八）銘碑[119]［升元観勅牒碑］と、三皇廟（一一四番）のうしろにある元の至元二十二年（一二八五）銘碑[120]［嶽陽重修朝元観記］によってその存在が知られる〈図54〉。もと建封院と呼ばれたが、政和八年に升元観に改められた。至元二十二年に朝元観に改められ、明の嘉靖年間（一五二二～六六）に升元観に復した。東華帝君をまつったという。民間に伝わる道教の信仰では東華帝君とは東嶽福神のことである[121]。唐仲冕は東嶽福神が升元観でまつられていたことに疑義を呈した[122]。

一一四、三皇廟[123]。葉を体にまとう伏羲が中央に、草の襟と裳をつけた神農が東隣りに、織物を着た黄帝が西隣りにいる。歴史のはじめにいる三人の皇帝の衣服が徐々に変わっていく。そこに文明の進歩が象徴されている。

両脇に八蜡の像がならぶ。その信仰は古い歴史があり、今も変わらずさかんである。ただその神格は『礼記』にわずかに語られたにすぎない[124]。八蜡は農村の神で、収穫の後にまつりがおこなわれる。像の一つは恐ろしい牙を生やしており、おそらく虎だろう。虎の神は畑を荒す猪を退治すると『礼記』にある。三皇廟には先医廟が附属していたらしく、そこにまつられた神々が『泰安県志』に列挙してある[125]。

一一五、岱宗坊。『書経』には泰山が岱宗の名で出る。明の隆慶年間（一五六七～一五七二）に建立、清の雍正八年（一七三〇）に修復された[126]〈図25〉。

一一六、豊都廟[127]。豊都は道書が語る地獄で、死者の魂が裁かれる場である[128]。豊都の最高神

〈図25〉　岱宗坊

は豊都大帝。十司曹官という裁判官をしたがえ、それぞれに法廷を任せている。私が漢陽の東嶽廟と奉天の泰山娘娘廟で記録した十司曹官の名は次のとおりである。一は秦広王。二は楚江王。三は宋帝王。四は仵官王（奉天の泰山娘娘廟は五官王に作る）。五は閻羅王。六は変成王。七は泰山王。八は平等王。九は都市王。十は転輪王である。西側に偶数番の王が、東側に奇数番の王がならぶ。ここでは七番目の泰山王が西に、六番目の変成王が東に入れ替わっていた。地獄の王のなかに泰山王がいることが注目される。死後の魂をつかさどる泰山の役割に通じよう（三六頁参照）。閻羅王と転輪王が仏教を介してインドからもたらされたことはわかるが、ほかの王の起源についてはほとんど何も知られない[129]。大多数の道教文献がいまだ十分な考察の対象となっていないこととあわせて、今後の研究に期待したい。

一一七、三曹廟。豊都廟に附属する三曹廟には十司曹官の像があったはずである。三曹は地獄の三人の裁判官である。森羅殿（一七一番）のところで再述したい。豊都廟も三曹廟もともに現存しない。

一一八、元帝廟。崩れた壁がわずかにのこる。

一一九、観音堂。北極廟とも呼ばれる。(130)

一二〇、将軍石。白衣堂とも呼ばれる。(131)

一二一、霊官廟。

一二二、青雲庵。永暦五年（一六五一）に建立された。(132)

一二三、関帝廟。

一二四、文昌閣。

一二五、関帝閣。

一二六、銅器街。

一二七、風雨壇。かつて風伯と雨師をまつる廟があったが、後に簡素な土壇に代えられた。この土壇も今はない。

一二八、白衣閣。白衣とは観音菩薩の衣をさす。

一二九、仏殿。

一三〇、観音堂。

一三一、環水橋。

一三二、関帝廟。

一三三、元君廟。

一三四、青龍橋。泰安城外の西にある白虎橋（一五三番）と対をなす。青龍と白虎はそれぞれ東と西を守護する。

一三五、先農壇。雍正六年（一七二八）に造築され、乾隆十八年（一七五三）に改修された(133)。雍正帝はその五年（一七二七）に勅令を発し、みずから京師でおこなったと同じ耕作の儀式を、中国全土でおこなうよう命じた。先農壇の東に四・九畝の畑を設ける。毎年二月の亥の日に司法官が政庁の礼服を着て、百官と土地の長老をしたがえ、赤い犂と黒い牛を用いて畑に九本の畝を作る。そこで収穫された穀物はまつりに供された。

一三六、九衢。

一三七、大路。

一三八、宋封祀壇。北宋の大中祥符元年（一〇〇八）に山麓で封のまつりに用いたのが、この円形の土壇である。泰山の南東四支那里のところにあった［四二頁参照］。現在はうしなわ

〈図26〉　北宋大中祥符元年銘太陰碑

れたが、今なお小さな丘の上に、その沿革を伝える石碑が立っている。石碑は四メートルほどの高さで、大中祥符二年（一〇〇九）七月の年紀があり、「封祀壇頌」と題される。王旦が撰文し、裴瑀が揮毫した。文は『岱覧』に載せる。(134)

一三九、唐封祀壇。これも現存しない。乾封元年（六六六）に封のまつりがおこなわれた場所である。(135)

一四〇、白騾塚。聶鈫によれば白騾馬の墓はこちらとのこと（八八番参照）。

一四一、関帝廟。

一四二、山川壇。宋代に御香亭があった。(136)

一四三、太陰碑。大中祥符元年（一〇〇八）の碑文(137)を刻む［登泰山謝天書述二聖功徳銘］〈図26、53〉。

一四四、演武庁。旗のあがった竿柱が校場すなわち練兵場のめじるしである。軍事訓練をこの建物から監督した。

一四五、感恩亭。

一四六、観音堂。

一四七、火神廟。乾隆十九年（一七五四）の建立。[138] 毎年六月十三日に火の神をまつる。

一四八、火神閣。

一四九、準提庵。

一五〇、関帝廟。

一五一、二郎廟。

一五二、呂祖閣。

一五三、白虎橋。青龍橋（一三四番）を参照されたい。

一五四、関帝廟。

一五五、関帝閣。

一五六、迎旭観。康熙四十二年（一七〇三）に建立された。[139]

一五七、霊派侯廟。[140] 霊派は神々しい水の流れをいう。大中祥符元年（一〇〇八）に真宗が渿河を霊派侯に封じた。至元十三年（一二七六）王禎撰の碑文［重修霊派侯廟記］にあきらかである。この川は絵図のずっと西にあり、霊派侯廟の近くの小川ではない。創建は後晋の天福六年（九四二）にさかのぼる。すでに滦河将軍として崇拝を集めていた。石碑がいくつか存し、文は『岱覧』に載せる。[141] 向かいは五哥財神廟である。

一五八、五哥財神廟。『泰安県志』には「五哥廟」とある。[142] 五哥とは何を意味するのか。財神との関係も未詳である［五路財神か］。

一五九、金橋。金星泉から涌き出す流れに架かった橋である。

一六〇、金星泉。近くに金星廟がある。

一六一、金星廟。

一六二、玉皇廟。

一六三、瘟神廟。ここから金橋（一五九番）へもどり、次の関帝廟の脇を通ろう。

一六四、関帝廟。北に真君廟がある。

一六五、真君廟。許遜、字は敬之［許真君］をたたえて康熙六十一年（一七二二）に建立された。[143] 許遜は三国呉の赤烏三年（二四〇）に江西に生まれ、東晋の寧康二年（三七四）に没したという。霊能をもって聞こえ、玉皇の化身とされた。許遜をまつる真君廟は江西会館として江西人の集会所に使われている。滦河を渡れば霊応宮の壮大な建物のまえに出る。

一六六、霊応宮。[144] 碧霞元君をまつる山麓の廟、すなわち元君下廟である（三五番、九〇番参照）。万暦三十九年（一六一一）に建立された。本殿には碧霞元君の大きな像がある。翼を広

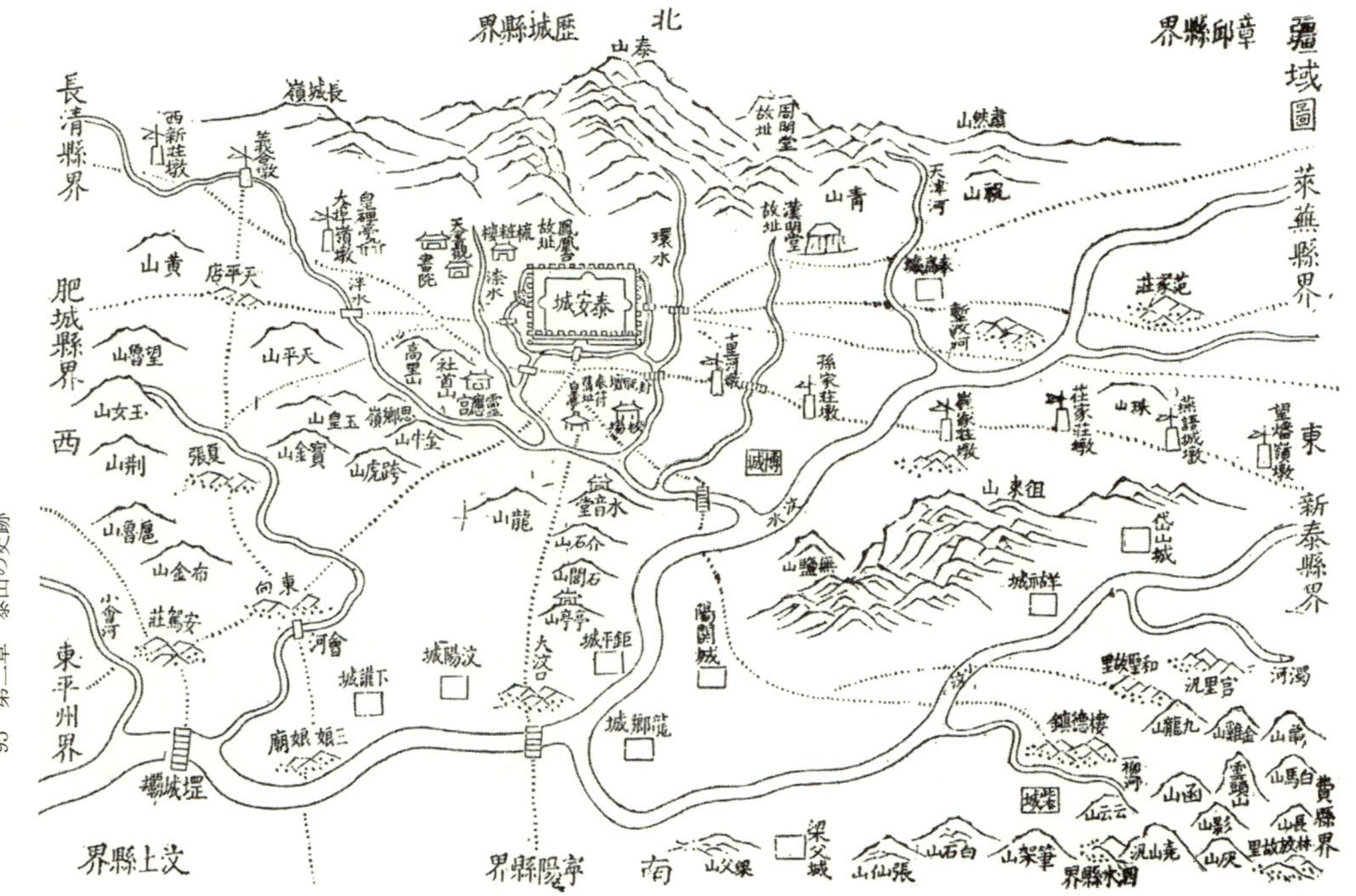

〈図27〉 泰安県疆域図（『泰安県志』所載）

〈図28〉　霊応宮諸尊（前方に西側の脇侍、奥に菩薩像）

げた三羽の鳥を頭巾にあしらう。漆を塗ったように艶やかな前立ちの像が置いてある。本尊も前立ちも童子童女をしたがえる。左右の壁ぎわに蓮華座に坐す菩薩像があり、脇侍は若い男女の立像である。いずれも金箔をほどこした見事な作である。立像は二メートル七〇センチから三メートルの高さがある。この二体は何という菩薩で、なぜ碧霞元君とともにあるのか。顧炎武の考証によれば、天書観（一七七番）が碧霞祠に変更された万暦年間［一五七三～一六二〇］に、神宗の母で万暦四十二年（一六一四）に亡くなった孝定皇太后の像をまつる堂が建立された。皇太后の像は九蓮菩薩の姿で作られた。つづく崇禎年間（一六二八～四四）に、毅宗を出産して間もなく万暦三十八年（一六一〇）に亡くなった孝純太后の像をまつる別の堂が建立された。太后の像は智上菩薩の姿で作られたという。(145) さてここからが私の推測だが、霊応宮の本殿に現存する二体の菩薩像は、二人の太后に似せて作られた像ではないか。顧炎武が語るところの九蓮菩薩と智上菩薩の像がそれであり、天書観から霊応宮へ移座されたにちがいない。

本殿のうしろの堂には碧霞元君を聖母の名でまつっている。東の壁ぎわにある大きな像がそれである。眼睛娘娘と送子娘娘を脇侍とする。万暦年間に神宗が孝定皇太后を失明から救うため、造像の功徳をたのみとして泰山山頂の金闕亭に碧霞元君像をまつり、のちに山麓に移座した。このことはすでに述べた（三五番参照）。現在はここに安置してある。[146]

一六七、弥陀（みだ）寺（じ）。

一六八、観音堂。

一六九、煉（れん）魔（ま）庵（あん）。『泰安県志』は岱嶽禅院の名で呼ぶ。[147] 万暦九年（一五八一）の碑があるという。

一七〇、関帝廟。

［三　蒿里と社首、泰安府の周辺］

ようやく蒿里と社首の丘までたどり着いた。どちらも分厚い城壁に囲まれている。蒿里は死霊の住むところとして民間で信仰されてきた。もとは高里と書いた。前漢の太初元年（前一〇四）十二月に武帝が高里で禅のまつりをおこなったと『漢書』は記す。[148] 漢の高祖の五年

（前二〇二）に作られ、葬送の列で歌う習いとなった挽歌の一つは「蒿里」の語ではじまる。[149]蒿里と高里は間もなく混同された。地下の神々が支配する高里と、死に際して歌われる挽歌の蒿里とが結びつき、死者の魂がつどう冥界のイメージができあがった。薄暗い闇の世界が高里の丘の下にあると考えられるようになって、名称も蒿里に変わった。死者の魂が蒿里に住むという俗信は今も根強く、「蒿里山」と記された門をくぐって城壁のなかに入ればたちまちそれを実感するだろう。舞台の向こうに二本の道に沿って四方八方に墓碑が林立している〈図4〉。「昔故三代宗親享祭之処」という表示がある。今は亡き三代の先祖をまつる所を意味する。墓碑の多くは、一村もしくはいくつかの村で講を組み、費用を出しあって造立したものである。

一例を示そう。「山東は済南府長山県の南路、孟家堰荘の村民一同、今は亡き先祖のいます所を敬いておまつりいたします。清王朝の光緒丙午の年［三十二年］仲春二月のよき日、閻荘公これを立てる。道士張能純この儀を執りおこなう」とある〈図29〉。別の例に言う。「山東は済南府長山県の東路、五里橋と道荘の両村民が合同で三代の先祖のいます所に、光緒二十九年二月これを立てる。道士高智毓この儀を執りおこなう」〈図30〉。もっと多くを語る墓碑もあるが、文面はどれも蒿里山の伝承にかかわるものであり、ここが死者の霊場であることで一致している。

墓域の南の小道が尽きるところから北へ向かい、荒々しい門神のいる門を過ぎれば、森羅殿の壮大な建物のまえに出る。門神の一人は緑、一人は青い顔をしていた。

一七一、森羅殿[150]。赤い龕のなかに坐す神は、容貌すこぶる魁偉、恐るべき威厳をそなえている。顔と手は金箔で覆われ、三角の星座をあしらった青い圭を執る。左右に二人ずつ侍者が立つ。西寄りの二人は文官で、一人は「生死総録」と題する名簿と筆を持ち、もう一人は巻物をたずさえている。東寄りの二人は軍装の武官で、一人は槍を、もう一人は斧を手にする。壁面には地獄図が十景ある[151]。

建物のうしろに庭があり、奥に至元二十一年（一二八四）銘碑［重修蒿里山神祠記］がある[152]。庭を囲む塀に沿って地獄の法廷七十五司がならび、罪人を懲らしめる刑罰のさまがあらわされている[153]。七十三番までの奇数番の法廷は東側の塀にあり、偶数番と七十五番の法廷は西側の塀にある。塀の奥が列のはじまりで、そこに三曹が君臨する。中央の裁判官は緋の衣をま

〈図29〉　光緒32年銘蒿里山墓碑

〈図30〉　光緒29年銘蒿里山墓碑

という口髭をたくわえている。向かって右の裁判官は青い衣で顎鬚を生やし、左の裁判官は緑の衣で髭はない。南側にある塀の入口で七十五司は終わるが、その両脇に祠があり、東側に日と年をつかさどる日直司と年直司の二神をまつり、西側に月と季節をつかさどる月直司と時直司の二神をまつる。

森羅殿の庭を出ると建物が三棟見える。どれも蒿里山の諸堂を囲む城壁のなかにある。三棟を訪れるまえに、階下に神像をまつる楼閣に立ち寄ろう。ここは『泰山志』の絵図には「鉄将軍楼」の名で記されている。[154]神像の上に「鉄面無私」と書いてあるが、何の神か知るすべがない。

三棟の一つは閻羅殿である。三体の神像があり、どれも房飾りのある冠をかぶる。中央の像は顔と手が金箔で覆われている。拳を膝に置き、ものすごい形相で罪人を尋問する姿である。ほかの二体は手に圭を執る。中央の像のまえに侍者が二人おり、一人は印章を、一人は勅書を持つ。東の壁ぎわには牛の頭をした神と白い顔の役人の像があり、西の壁ぎわには馬の頭をした神と浅黒い顔の役人の像がある。脇の壁には二十四孝の図が描かれている。

閻羅殿はかつて環翠亭のあった場所に建っている。[155]奥に八角の石柱があり、陀羅尼か何かの呪文が刻まれているが、摩滅がいちじるしい。後晋王朝の天福九年（九四四）に造立された。[156]このような八角柱を幢と言い、中国には遺品が多い。古くからある幟と同じように、布に経文を記して吊るしたのである。

つづいて地蔵殿を訪ねよう。足を組んで坐る地蔵菩薩の像がある。出っ張りが五つある頭巾をかぶり、中央の出っ張りは赤く、両隣りは緑、両端は青い。蒿里の丘の一番奥の城壁に入ると、次の十王殿がある。

一七二、十王殿。顔に金箔を施し、房飾りのある冠をかぶった巨大な神像が本殿にある。入口に「豊都殿」と書かれた扁額を掲げてあるから、豊都大帝の像にちがいない（一一六番参照）。大帝像の左右に、冠をかぶった神像が二体あり、一人は白い顔、一人は浅黒い顔をしている。ほかに神像が八体あり、どれも圭を手にする。あわせて十体、おそらく豊都大帝にしたがう地獄の十王であろう。

庭の東にある建物は三法司と呼ばれる。神像が三体あり、森羅殿中庭の三曹と同じか（一七一番参照）。西にある建物には題記のたぐいはないが、二列にならんだ神像が六体ある。

庭を出て北東に向かえば、蒿里山の諸堂を囲む城壁で一番高い所に出る。ここからは北に泰山をひかえた泰安府の平野が見渡せる〈図3〉。次の社首山も見える。

一七三、社首山。「社首山之神位」と刻まれた石碑が立っている。周の成王が大地の神をたたえる禅のまつりをおこなったというが確証はない[157]。唐の高宗が乾封元年（六六六）に禅のまつりをおこない、つづいて玄宗が開元十三年（七二五）に、また北宋の真宗が大中祥符元年（一〇〇八）にまつりをおこなったのが、この社首山であることは疑いない。

蒿里山の諸堂から西にいくらもへだてず丘があって、小さな塔が立っている。その姿は泰安府の平地からのめじるしになる。蒿里山の森羅殿や十王殿での調査が長引いたため、塔のある丘［文峰（ぶんぽう）］を登るまえに午後になった。建物自体はあまり歴史的な興味をかきたてず、日暮れまであまり時間がないため実地の調査は断念した。塔は文峰塔と呼ばれる。

一七四、文峰塔。［文を高からしめることをいう］この丘は当地の文運を象徴する存在である。丘に立つ塔はその姿をきわだたせ、文運興隆の活力をいや増すがごとくである。

もとの道へもどり、泰安府の西門からさらに西に向かう。ここから西の区域は訪れていないので、もっぱら書物にたよって記述を進めたい。泰安府の西門から出た道は、まず速報司（そくほうし）という名の楼閣の下を通る。

一七五、速報司。私が参照し得た書物には記載がなかった。速報司は地獄の七十五司の十三番目にあたる名である。(158)

一七六、汶陽橋（ぶんようきょう）。汶陽は『春秋』の成公（せいこう）二年（前五八九）と成公八年（前五八三）の条に見える古来の地名である。ただし、この場所をさすわけではない。『春秋』に出る汶陽は、泰安府のはるか南西［現在の山東省寧陽県］に位置し、その名のとおり汶水の北［陽光の降りそそぐ川の北岸］にある。(159)

一七七、天書観[160]。北宋の大中祥符元年（一〇〇八）一月、都に天書が降った。真宗は奇瑞を喜んで年号を改め、封禅のまつりをおこなうことにした。これに拍車を掛けるかのように、六月には泰山の麓にふたたび天書が降った[161]。この二度目の奇瑞があった場所に天書観が建てられた。ここには碧霞元君の廟のほかに、明末建立の建物が二棟あり、菩薩形の皇帝像が二体あると『泰山志』と『泰安県志』は記す[162]。ここを訪ねてみれば、皇帝像がそこにあるのか、それとも霊応宮（一六六番）の二体の像がそれなのか確認できるはずである。絵図には天書観の西に塔が描かれている。『岱覧』によれば、明の嘉靖十二年（一五三三）に建立された十三重の鉄塔であるという[163]。

大中祥符元年に天書が降り、社首の地の霊験あらたかなことが知られたが、時を同じくして、その地に湧き出る泉が不死の霊薬となった。泉は枯れても池はのこっており、醴泉と呼ばれる。

一七八、醴泉。西へ数歩で次の泰山書院に着く。

一七九、泰山書院[164]。北宋の儒者孫復が学を講じた名高い泰山山麓の書院を思わせるが、事実は孫復の書院ではなかろう（二〇四番参照）。泰山書院を名のるこの建物は乾隆帝の二十九年（一七六四）に建立された。

一八〇、玄帝廟。青帝が東方をつかさどるように玄帝は北方をつかさどる。

一八一、三官廟。三官とは天官と地官と水官を言う（一一〇番参照）。

一八二、馬神廟。

一八三、関帝廟。

一八四、火神廟。

一八五、感恩坊。

一八六、社稷壇。(165) 土地の神である社と穀物の神である稷は、中国でもっとも古い神々に属する。毎年二月と八月の戌の日に社稷をまつった。

一八七、娘娘廟。碧霞元君と侍女の眼睛娘娘と送子娘娘をまつる廟であろう。ここから泰安府の北門に向かい、城壁に沿って西へ進むと普慈寺がある。

一八八、普慈寺。(166)

一八九、厲壇。(167) 法令にのっとり町の北に壇を設け、まつられることなく悪鬼と化した死者の魂をなぐさめた。悪鬼となった霊にやすらぎの場をあたえれば魂はしずまるという。『春秋左伝』昭公七年（前五三五）の条に、「死者の霊は落ち着くところがさだまれば悪鬼ではなくなる」とある。(168) 城隍神が管轄するこのまつりは毎年四月四日もしくは五日の清明節(169)と七月十五日と十月一日におこなわれた。泰安府の城壁に沿って北西の角まで来れば梳粧院の塔が見える〈図31〉。

〈図31〉　梳粧院

一九〇、梳粧院[170]。碧霞元君は泰山に登るまえにここで化粧するという。梳粧院のうしろに塔がある。階下に碧霞元君像と侍女像がある。侍女は紙でできた目をささげ持つ。西隣りの部屋に八臂の斗母元君像がある。八本の手で日月と弓矢と鐘と匕首を振りかざし合掌する。階段が老朽化しているため塔の上には登れなかった。咳を治す喀嗽娘娘の像があると堂守は語っていた。

塔のまえの建物は玄関に扉が三つある〈図31〉。女神の像とそれを写した前立ちの像があり、泰山老母の像とも無生老母の像ともいう。碧霞元君を泰山老母のみならず無生老母と同一視したようだが、本来は無生老母は西王母のことである。堂内にある明の万暦三十七年（一六〇九）の碑文にあきらかである。ここには王母閣の建立の次第が語られており、もとは西王母をまつる建物であったことがわかる。碧霞元君の崇拝がさかんになるにつれ、西王母すなわち無生老母が碧霞元君すなわち泰山老母と混同されたのだろう。梳粧院を出た先に観音閣がある。

一九一、観音閣。絵図には南に小さな建物がいくつか描かれている。

一九二および一九三、関帝廟。

一九四、清虚観。梳粧院から西へ向かい火神閣の下を通る。

一九五、火神閣。

一九六、観音堂。扉に「孔雀庵」とある。四人の尼僧が住持している。本堂は粗末な作りだが二重になっており、階下に三大師の像がある。中央は獅子に乗った観音菩薩、東隣りは白い象に乗った普賢菩薩、西隣りは［獅子とは］見定めがたい獣に乗った文殊菩薩である。急な階段を登って揚げ板を押しあげると二階に出る。そこに三聖の像がある。中央は説教する仏陀の像で、青い螺髪をのぞいて金箔に覆われていた。合掌した迦葉と阿難がまえに立つ。西隣りは孔子の像で、顔は浅黒く、房飾りのある冠をかぶり、緑の圭を執る。顔淵と曾子がまえに立つ。東隣りは老子の像で、白い顎鬚を長く垂らし、杖にもたれている。同じく侍者がまえに立つ。このような三聖の像はかつては中国のいたるところにあった。元代には三聖像が仏道論争の一つの争点となっていたことが多くの史料から知られる。道士は老子を中央にするよう要求し、仏僧は現状維持を主張した。[171] 現在は三聖像の造像はおこなわれておらず

〈図32〉　青帝廟

目にするのもまれである。私たちは［華北の］調査旅行中に二か所で見かけた。一つはここで、もう一つは山西の大同府（だいどうふ）から東へ一日歩いた王官人屯（おうかんじんとん）の龍王廟である。

ここから漴河をさかのぼって迎仙橋（げいせんきょう）へ向かう。

一九七、迎仙橋。ここを渡ると広生泉（こうせいせん）がある。

一九八、広生泉。広生帝君なる青帝の泉である。

絵図には近くに青帝廟が描いてある。

一九九、青帝廟[172]。往時の建物はかなりの規模だったようだが、今では赤煉瓦の入口がのこるだけである〈図32〉。泰山山麓の青帝信仰には古い歴史がある。隋の開皇十五年（五九五）に、文帝は封禅の挙行を群臣に請われたが、京師の南郊でおこなわれる恒例の行事に準じた儀式を、泰山山麓でおこなうにとどめた。ついで青帝の壇に詣でたというから、山麓には青帝壇があったことがわかる[173]。北宋の大中祥符元年（一〇〇八）に真宗は東方をつかさどる神をあらゆる命のみなもととたたえ、広生帝君の称を青帝に賜わった[174]［青帝広生帝君讃］。称号下賜の勅令は石碑［加青帝懿号詔］に刻まれ、今は廃墟となった青帝廟の境内に立っていた。石はうしなわれたが文は伝存する。[175]青帝廟址の北に西眼光殿の廃墟を望む。

二〇〇、西眼光殿。西に泉があり眼病に効くという（一〇五番参照）。ここから小道を西へたどり、箱柳や柏の葉ずれの音がする谷を抜ければ、普照寺にいたる。

二〇一、普照寺。[176]創建は唐代にさかのぼるという。遅くも金の大定年間（一一六一〜九〇）に改築されたことは確実である。普照寺の名はそのときにはじまり今に存続している。多くの名僧が住持した。高麗僧の満空が永楽年間（一四〇三〜二四）にいた。葬塔が寺の南西にある。[177]文才で聞こえた釈元玉が康熙年間（一六六二〜一七二二）のはじめにいた。詩碑がいくつかのこる。高雅な人々であり隠遁の生涯は清らかであった。普照寺の諸堂は山裾に段をなして建っている。一番奥の庭の一角に奔放な枝ぶりの松の木がある。六朝時代のものという。庭の中央に東屋があり、腰をおろせば涼しげである。そこから石榴や夾竹桃や竹のひょろ長いのが見える。脇にある鉢のなかで樹齢百年もありそうな盆栽がちぢこまっているのと対照的である。普照寺の尊像はどれもありきたりで、手前の部屋にある仏陀や阿羅漢の像も、奥の部屋の観音像も特に興味を引くものはなかった。

普照寺のあるかげった谷に集まるのは仏僧ばかりではない。宋代のはじめに儒者たちが学問を論じた場所が北に数歩のところにある。師の名は孫復、字は明復である。高弟に石介、字は守道がいる。石介が撰した師の追悼の辞は康定元年（一〇四〇）に碑［泰山書院記碑］に刻まれた。石はうしなわれたが文は伝存する。[178] 孫復は泰山の麓で学を講じたので孫泰山と呼ばれた。泰安府の南にある徂徠山の人石介は石徂徠と呼ばれた。[179] もう一人の高弟は、孔子廟に名が銘記され同輩中でもっとも知られた。名は胡瑗、字は安定。淳化四年（九九三）に生まれ嘉祐四年（一〇五九）に没した。[180] 胡瑗は学問に熱心なあまり逸話をのこした。ある日、家人からの手紙を開くと「平安」と書いてある。挨拶の辞にすぎないが、勉学に夢中だった折もおり、安穏をすすめられたと憤り、つづきを読みもせず川に投げ込んだという。その投書潤の場所に今も石碑がある。

二〇二、投書潤。かたわらに五賢祠がある。

二〇三、五賢祠。[181] もと三賢祠と呼ばれた。上述の宋儒、孫復と石介と胡瑗の墓碑がある。そこに明の厳寿、字は繹田、および清の趙国麟、字は仁圃を加えて五賢祠になった。かたわらに講書堂がある。

二〇四、講書堂。[182] 孫復が学を講じたという場所に建てられ、泰山上書院とも呼ばれる。泰安府の西にある泰山書院（一七九番）を参照。建物の裏にある岩が授経台である。

二〇五、授経台。ここも孫復と高弟二人が経書を講じたところという。絵図に見える周辺の地名を次に列挙する。このあたりは訪れていない。

二〇六、三陽庵。明の嘉靖三十年（一五五一）に道士王三陽、俗名は陽暉が隠棲した。万暦二十三年（一五九五）に于慎行が撰した碑［三陽庵新建門閣記碑］は、王三陽と同輩の道士昝雲山、俗名は復明の略伝を記す。(183) 静かな隠遁の地である香水峪は、淩漢峰の山裾にある。

二〇七、淩漢峰。西に白楊坊を望む。

二〇八、白楊坊。ここからふたたび西へ向かう。

二〇九、竹林寺。(184) 創建は唐代にさかのぼるという。現在は廃絶。

二一〇、元始廟。元始天尊は、道教の三尊である三清の最高神である。(185)

二一一、鶏籠峰。［北宋の］宣和元年（一一一九）に銭伯言が著した逸文の泰山紀行に言及がある。(186)

二一二、百丈崖。東西に分かれ、たがいに三百歩をへだてる。

二一三、黒龍潭。(187) この池の神である黒龍は雨乞いのとき祈願の対象とされた。ただし、次の白龍池に名をとどめる白龍ほどは崇拝されていないらしい。

二一四、白龍池。(188) 北宋の元豊五年（一〇八二）に神宗は白龍に淵済公の称を賜わった。次の淵済公祠の名はこれにちなむ。

二一五、淵済公祠。長引く日照りのとき人々が白龍に祈って雨を降らせたという。池のほとりにある石碑の数々がそれを語っている。

二一六、仙人影。なんとはなしに仙人の姿を思わせる岩である。

二一七、大峪口。

〔四　岱廟および泰安府城内〕

のこすは泰安府の城内だけとなった。この町はひとえに泰山信仰で成り立っている。泰山の神をまつる岱廟が町の四分の一を占め、ほかも公共施設や寺廟だらけだが、人の住んでいない場所も少なくはない。碧霞元君の霊験にあやかろうという群衆のために町はある。正月から四月まで巡礼が押し寄せて城内は活気づく。まず岱廟から探訪をはじめよう。

二一八、岱廟。「岱」は『書経』にいう泰山のことである。東嶽廟（三七番）すなわち泰山上廟に対し、岱廟は泰山下廟を構成する。諸堂を囲む塀の手前に遥参亭がある。

二一九、遥参亭。(189) 創建当初は岱廟の参詣者が通り抜ける吹き放ちの東屋であった。ここからはるかに泰山を拝したがゆえに、遥参亭の名があった。しかし明代に亭内に碧霞元君の像を安置して壁を築いたため、岱廟の扉口を覆い隠すかたちになった。まず遥参亭の周囲を散

〈図33〉　岱廟の溜池

策してから岱廟に入ろう。

泰安府の南門からまっすぐ北へ向かう石敷きの道〈図2〉を進むと、石の手すりに囲まれた溜池がある〈図33〉。龍頭の吐水口が北西の隅に突き出ており、雨の季節に岱廟の敷地内に降った雨水を池にそそぐ。私たちが泰安府に滞在した六月十七日から二十五日までのあいだ、水は枯れていた。中央に玉を乗せた石柱がある。水位を測るものだろう。

池のすぐ北に乾隆三十五年（一七七〇）に建立された牌坊があり、「遥参亭」の文字を掲げる。(190) 低い門を抜けて城内に入ると、たしかに遥参亭が泰山遥拝のための建物だったことが実感できる。明の弘治（こうち）十七年（一五〇四）以降は、上述のとおり碧霞元君をまつる廟に変わった。全身に金箔をほどこした元君像は硝子ばりでよく見えない。東隣りに女性の像が二体あり、一方は黄色い布に包まれた印章を持ち、もう一方は珊瑚樹を手にする。西隣りには別の女性像が二体あり、一方は皇帝の勅書を示し、もう一方は瓢簞形の宝瓶を手にする。碧霞元君像がある龕のうしろに照妖鏡という丸い鏡がかけてあり、その輝きで闇にひそむ魔物を追い払うという。

遥参亭の向こうに曲水亭がある。弓なりの池が二つ連なっているので曲水亭と呼ばれる。北へ向かい遥参亭の塀を抜けると、堅牢な石の牌坊がそびえている〈図34〉。康熙年間（一六六二〜一七二二）に建立された東嶽坊［岱嶽坊］である。(191)

すぐうしろに岱廟の城壁がある。(192)長さ三支那里［約一・七キロメートル］、高さ三丈［約九・六メートル］。正面には門が三つある。入口を三つそなえた中央の門は正陽門［青陽門］、西隣りの門は見大門、東隣りの門は仰高門である。仰高門だけ開いており、ここをぬけて岱廟の前庭に入る。

庭中に糸杉が植えてある。仰高門の近くに亀趺に乗った巨大な石碑が二基ある。西側の石碑は七メートル近い高さで、大中祥符六年（一〇一三）の銘記を有する［大宋東嶽天斉仁聖帝碑］。真宗が東嶽大帝を天斉仁聖帝に封じ、王位から帝位に昇格させた勅令を称える石碑である。(193)東側の石碑は六メートルをこえる高さで、宣和六年（一一二四）の銘記を有する［宣和重修東嶽廟碑］。岱廟の修復を記念し、東嶽大帝への讃を附す。(194)ほかにも石碑がいくつかある

〈図34〉 東嶽坊

が、この二基ほど古くて大きなものはない。庭の西にある一基は、裏に乾隆四十六年［四十年（一七七五）］銘の泰山図［ならびに賛］を刻んでいる。大雑把な図で特に興味をそそらない。[195]その脇の石碑は「飛龍巌」の三大字を刻む。明の隆慶元年（一五六七）に能書家の劉羇が揮毫した。[196]

前庭に建物が三棟ある。岱廟の図を参照されたい〈図35〉。中央に堂々とした配天門（f）が建っている。配天とは東嶽大帝が天帝とあいはかって世界を治めることをいう。銅の狻猊が二頭、門のまえにいる。白虎をあらわす白顔の武人と青龍をあらわす浅黒い顔の武人の像が門の両側に立ち、そのうしろに武人の乗る馬と馬丁の像がある。東隣りは三霊侯殿（h）である。[197]北宋の大中祥符元年（一〇〇八）に真宗が泰山に登ったとき、南天門の近くで周代の官吏を名のる唐宸と葛雍と周武があらわれた。真宗は彼らを三霊侯に封じたという。周代の文献でこの三人に言及したものはない。西隣りは太尉殿（g）である。ここにまつられている人物はなおさらつまびらかでない。［明の］朱佐は『前定録補』のなかでこの太尉を豳公杜琮とする。[198]道書の一つは朱姓とする。[199]三棟のうしろに塀があり前庭と中庭を区切っている。門が三つある。中央は仁安門（i）である。

中庭は前庭より大きく、塀に沿って小祠がいくつもあった。わずかにのこる壁画から推測すれば、それは地獄の七十五司であったにちがいない。[200]庭に見事な柏が何本も植わっており、

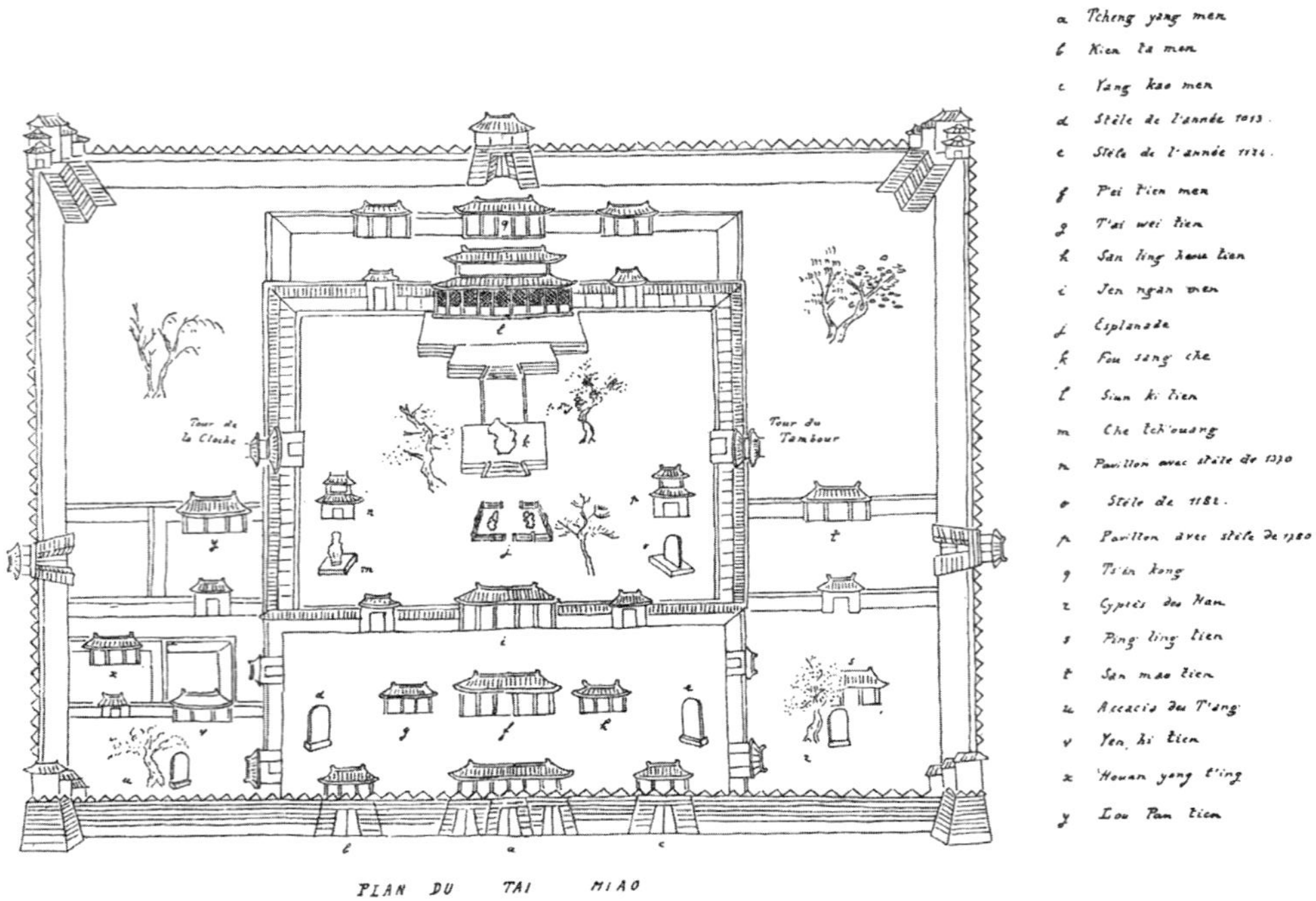

Tour de la Cloche

Tour du Tambour

PLAN DU TAI MIAO

- a Tcheng yang men
- b Kien ta men
- c Yang kao men
- d Stèle de l'année 1013.
- e Stèle de l'année 1124.
- f P'ei t'ien men
- g T'ai wei tien
- h San ling hou tien
- i Jen ngan men
- j Esplanade
- k Fou sang che
- l Siun ki tien
- m Che tch'ouang
- n Pavillon avec stèle de 1330
- o Stèle de 1182.
- p Pavillon avec stèle de 1780
- q Ts'in kong
- r Cyprès des Han
- s Ping ling tien
- t San mao tien
- u Accacia du T'ang
- v Yen hi tien
- x Houan yong t'ing
- y Lou Pan tien

〈図35〉 岱廟平面図［シャヴァンヌ原図］

木々のあいだに散在する石碑の白さが目を引く。中央に四角い露台（j）があり、たくみな彫り物のある柵に囲まれ、奇岩がいくつか置いてある〈図37〉。奇岩はほかにも庭の左右にある(201)。露台を突っ切って、石段を登ると本殿の基壇の張り出しに出る。そこにも「扶桑石(ふそうせき)」と書かかれた奇岩（k）が乗っている(202)〈図36〉。さらに石段をつたって本殿の基壇にあがれば、東嶽大帝をまつる峻極殿(しゅんきょくでん)の荘重な二重屋根を正面に望む(203)。基壇の両端に東屋があり、乾隆帝の詩碑を納める〈図39〉。

〈図36〉　扶桑石［脇にアレクセーエフ］

峻極殿に入るまえに基壇からいったん降りて、左右の側廊を見よう。まず基壇につづく石段の両脇に鋳物の大鉢がある〈図38〉。胴の銘文(204)によれば、北宋の建中靖国(けんちゅうせいこく)元年（一一〇一）に二つとも鋳造されたとあり、加えて寄進者の名がつらねてある「二鉄桶記」。東側の大鉢の脇には、四脚の巨大な香炉がある(205)。万暦元年（一五七三）の銘記があり、「東嶽泰山碧霞元君聖府」にた

〈図37〉　岱廟中庭の露台

てまつると刻んである。

中庭の西側、手前から奥へ向かって以下の石碑が立っている。

明の弘治十三年（一五〇〇）銘碑。

仏経を刻んだ石幢[206]。銘文は磨滅したが、蓮の葉の浮彫が下の方にのこる[207]〈図40〉。

明の嘉靖四十四年（一五六五）銘碑[208]［願文］〈図49〉。

北宋の大中祥符二年（一〇〇九）銘碑[209]［大宋天貺殿碑銘幷序］。裏に明の天順五年（一四六一）の銘記がある[210]［東嶽泰山之神廟重修碑］。

明の弘治十一年（一四九八）銘碑。

明の洪武（こうぶ）十年（一三七七）銘碑[211]［洪武祭祀碑］〈図46〉。

清の康熙十七年（一六七八）銘碑[212]［皇清重修岱廟碑］。

洪武三年（一三七〇）銘碑[213]［去東嶽封号碑］〈図55〉。一番奥の東屋の碑台に立つ巨大な石碑である。

〈図39〉 峻極殿および東屋

〈図38〉 岱廟中庭の大鉢［西側］

〈図40〉　岱廟中庭の石幢

奇岩のある露台（j）の前にも石碑が二基ある。いずれも乾隆二十七年（一七六二）の銘記を持つ[214]［願文二題］。

次に中庭の東側、手前から奥へ向かって以下の石碑が立っている。

康熙二十八年（一六八九）銘碑[215]［祭告東嶽廟文］。

土壇の上に石碑が七基ある。手前は劉元琬（りゅうげんえん）の詩碑で年紀を欠く[216]。つづく六基は次の年紀を有する。明の弘治十五年（一五〇二）銘碑。金の大定二十二年（一一八二）銘碑[217]［大金重修東岳廟碑］。高さは四メートル近い。明の成化（せいか）九年（一四七三）銘碑。明の正徳五年（一五一〇）銘碑[218]［旱告泰山文］〈図47〉。文字は小篆（しょうてん）である。明の嘉靖四十年（一五六一）銘碑[219]［願文］〈図48〉。明の隆慶六年（一五七二）銘碑［願文］〈図50〉、以上である。

その奥に乾隆二十年（一七五五）銘碑と同二十四年（一七五九）銘碑がある[220]。［同じく］康熙十五年（一六七六）銘碑[221]［願文］〈図51〉がある。

乾隆三十五年（一七七〇）銘碑[222]［重修岱廟碑記］。碑亭のなかにあり、漢文と満文で並記してある。

一番奥に康熙三十年（一六九一）銘碑と同二十四年（一六八五）銘碑［奉詔恭建御墨亭記］がある[223]。

中庭をひとまわりしてから峻極殿にもどろう。正面の柱間が九つある壮大な建物である。二層の屋根には黄色い瓦が葺いてある〈図39〉。正面には扉が五つあり、朱塗りの窓格子が嵌めてある。堂内には玉座に坐る東嶽大帝の像がある。ゆったりした黄色の衣をまとい、権威のしるしである圭を手に執る。皇帝の姿そのままである。像のまえに五嶽真形図を刻んだ祭器がならぶ。像の両脇を立像四体が守っている。堂内はかなり広いが、ほかには何もない。いくらか剝落のある壁画［泰山神啓蹕回鑾図］があり、東嶽大帝の泰山巡幸を描いてある。西壁は東嶽大帝が四輪の車で黄色い御座に坐して出発する光景である。侍従する文武百官が南壁に勢揃いし、東壁に描かれた泰山へとつらなっている。

うしろの扉から峻極殿を出て、李が植わった小さな庭をぬけると寝宮にたどり着く。東嶽大帝夫人をまつる建物である。東嶽大帝とその夫人の像があり、後宮につどう女性たちが壁画に描かれている。

『後漢書』注釈が引く応劭の『風俗通』によれば、泰山のまつりのとき太守みずから執事に

〈図41〉　漢柏

あたり、式のあと「泰山君夫人」にそなえた干し肉三十片を取って務めを終えたことを告げ、県次らに駅馬で都の洛陽に伝送させたという[224]。この記事から『風俗通』が撰述された二世紀に、東嶽大帝に夫人が配祀されていたことが知られる。ただし、漢魏叢書本の『風俗通』は文に異同があって夫人への言及がない[225]。そうすると遅くとも『風俗通』を引用する『後漢書』注釈が書かれた唐の儀鳳元年（六七六）には、東嶽大帝夫人が崇拝されていたといえるだろう。東嶽大帝夫人は淑明后の称を持つ。これは北宋の大中祥符四年（一〇一一）十一月に東嶽大帝の王位が帝位へ昇格したのにともなって夫人に下賜された称号である[226]。

寝宮の東西に位置する二棟の建物は、いずれも東嶽大帝夫人の像をまつる。像は金箔で覆われ、侍女二人をしたがえる。

岱廟の中心にある建物を訪ね終えたので東西の庭へ進もう。東にある庭のうち一番手前の庭（r）からはじめたい。そこには朽ちかけた柏が何本かある〈図41〉。漢代の老木といわれ、詩人たちが競って讃を贈った。[227] 手前の庭の北にある小さな建物（s）は炳霊宮である。炳霊公の像があり、泰安府内の十八の町の城隍神がこれを囲んでいる。炳霊公について元の延祐六年（一三一九）の『文献通考』は言う。炳霊宮は泰山の麓にあり、後唐の長興三年（九三二）に明宗が勅令を発して東嶽大帝の第三子である泰山三郎を威雄将軍に封じた。北宋の大中祥符元年（一〇〇八）十月に封禅のまつりを終えた真宗はこれを炳霊公に封じ、兗州の太守に命じて炳霊宮を改修させた。経度制置使であった王欽若の夢に炳霊公があらわれ、炳霊宮の北塀に沿って霊感亭を建てさせたという。[228] 炳霊宮の背後にある小さな建物は、この話をもとに建てられた。正面は吹き放ちで、霊感の名を負う男女の像をまつっている。

東の中庭に名のない建物（t）がある。かつて三茅殿と呼ばれ、茅盈と茅固と茅衷の三兄弟［三茅真君］をまつっていた。長兄の茅盈については、劉宋の元嘉二年（四二五）に没した裴駰の『史記集解』に記事がある。秦の始皇帝が十二月の［百神をまつる臘の］まつりを改名したことにちなみ、始皇帝の三十一年（前二一六）に民間に流行した歌謡が引いてある。茅盈の曾祖父が龍に乗って昇天したことを歌い、茅盈の神仙の術を称えたものである。[229] ただしこの記事に曖昧なところがあるため、始皇帝の時代の人を曾祖父の茅盈とし、茅盈を漢代の

〈図42〉　清乾隆27年銘漢柏碑拓影

人と見なす学者もいる。[230]

つづいて西側の庭に進みたい。手前の庭（u）に見事な槐があり、唐槐と呼ばれる〈図43〉。東の庭の漢柏に対照されよう。中庭には延禧殿（v）があり、延禧真人という道士をまつる。[231]延禧真人については『文献通考』に次の記事がある。唐の開元年間（七一三～七四一）に玄宗は道士司馬承禎の上言を容れて五嶽に真人の祠を建立させたという。[232]風雨をもたらし陰陽をととのえる山岳河川は、真人と呼ばれる［道を体得した］人々がつかさどるものとされた。延禧真人が泰山の信仰に結びついたのも、おそらくこのころだろう。

延禧殿のある中庭の奥には、入り組んだ敷地の庭が二つある。うち一つにある建物は現在は高等小学校として使われている。もう一つの庭の壁には石板が数多く嵌めてあり、さまざまな時代の名のある文人が詠い、ときに自ら揮毫した詩文が刻んである。[233] かたわらの東屋はその名も環詠亭という。鉤形に折れた回廊を通って奥の庭に入る。壁には李斯の書とされる泰山刻石の複製が嵌めこまれ、鉄格子に覆われている。[234] 庭には蔵経堂があり、道光年間（一八二一～五〇）に印行された道蔵を納める。[235] 道士が案内してくれた別の堂内には、乾隆三十六年（一七七一）に東嶽大帝に下賜された長さ一メートルもの翡翠の圭が卓上に展示してあった。奥にある雨花道院と魯班殿（y）は訪れていない。いずれも廃絶したもようである。

〈図43〉　唐槐

岱廟の北門は魯瞻門と言う。『詩経』の「魯頌」から取られたものか。そこには「泰山は高くけわしく、魯の国の仰ぐ山」とある。[236] 岱廟の東門は青陽門と呼ばれる。東方の草木の茂りと日の光を象徴するのだろう。西門は索景門と呼ばれ、西方を象徴する。

岱廟を出て、引きつづき泰安府内を散策しよう。

二二〇、長春観。[237] 長春真人の名で知られる道士丘処機が起工し、元の太祖二十二年（一二二七）の没後まもなく竣工した。中統二年（一二六一）の石碑［長春観記］はそれを記念したものである。[238] 亀趺に乗った石碑が荒れはてた跡地に孤立し、長春観の唯一の遺品となった。

二二一、法華寺。

二二二、蓮華庵。[239] 明代に建立された。うしろにあった楼閣は火災で焼失した。

二二三、白衣堂。

二二四、関帝廟。

二二五、義学。

二二六、朱徐公祠。[240] 康熙十年（一六七一）に泰安州太守に着任した朱麟兆は民を治めること厚く、のちに祠にまつられた。この祠はやがて廃絶し、墓碑は徐肇顕の祠に移された。康熙四十七年（一七〇八）に泰安州太守に着任した徐肇顕もまた良吏であった。在任中の康熙五十一年（一七一二）に泰安州の民は太守をまつる祠を建てた。太守が遠慮したので人々は祠を徐公書院と呼ぶことにしたという。

二二七、育嬰堂。

二二八、県署。

二二九、守備署。

二三〇、馬神廟。

二三一、関帝廟。

二三二、観音堂。

二三三、二賢祠。(241) かつて魯両先生祠の名で宋儒孫復と石介をまつっていた。二人についてはすでに述べた（二〇一番参照）。建物は現存せず、明の成化二十三年（一四八七）銘碑［呉寛「魯両先生祠記」と清の康熙三年（一六六四）銘碑の二基が跡をとどめるのみである。

二三四、蕭公祠。(242) 明の万暦年間［一五七三〜一六二〇］に兵部侍郎の蕭大亨をまつった祠である。

二三五、和聖祠。(243) 祠の奥に青い衣を着た人の像があり、「和聖殿子之神位」の札がある。春秋時代の人展獲である。柳下恵の名で知られる。恵は諡で、柳下はその知行地で泰安州の南にあった。魯の大夫で道徳の範と仰がれた。(244)

二三六、参府署。

二三七、張仙廟。ここにまつられている張仙は、子授けの神として知られる張仙とは別人である。趙翼が『陔余叢考』において考証したとおり、子授けの神の方は、北宋の仁宗の時代までしかさかのぼらない。一方、泰山にゆかりある張仙は唐代の人物である。古今図書集成の『山川典』が引く『岱史』「遺蹟紀」に言う。「唐の張仙はいずこの人か知らない。開元年間（七一三～七四一）に李某と泰山で道を学んだ。ややあって李は皇帝の一族であると告げて去っていった。李はのちに大理丞に昇進し、安禄山の乱が起きたとき家族を連れて襄陽へ逃れた。使節として揚州へくだる途中、はしなくも張に出会い、張は李を自宅に招いた。大邸宅である。娼妓らが席にはべるなかで、李は箏を持った女に目をとめた。女は妻にそっくりだった。宴がはててから、張が箏を持っていた女を呼んで、林檎の小枝を帯に結んだ。翌朝、李がふたたび張家を訪れると、住まいは荒れはてて人が住んでいた気配などまるでない。隣家の人に尋ねると、ここは劉道元の住まいであったが空き家になって十年にもなるという。李が襄陽にもどって妻の帯を見れば、はたして林檎の小枝が結んであった。わけを問うと妻は答えた。「夢に五、六人の男があらわれ、張公が箏を奏でよと呼んでいるからと私を無理やり連れ出しました。張公は別れぎわに林檎の小枝を帯に結びつけたのです」。かくして李は、張が仙人となったことを知った[245]」。

二三八、関帝廟[246]。かつて会真宮があった場所に建っている。北宋の大中祥符元年（一〇〇八）に真宗が封禅のまつりをおこなったおり、身を潔めたのが会真宮だった。

〈図44〉　泰安府の文廟

二三九、龍王廟[247]。白龍（二二一四番参照）をまつる廟がもと泰安府の北西の郊外にあったが、やがて廃絶した。これに代えて乾隆三十年（一七六五）に建てられたのが現在の龍王廟である。

二四〇、劉将軍廟[248]。元末の武将劉承忠をまつる廟である。劉将軍がひとたび剣を取るや悪党どもはおびえて逃げ出し、二度と姿をあらわさなかったという。また、長江と淮水にはさまれた土地が蝗に荒されたとき、かけつけた劉将軍が剣を振りかざすとたちまち蝗の大群は飛び去ったという。元朝の滅亡に臨んで劉将軍は忠節を守って黄河に身を投げた。人々は猛将軍と呼んで称えた。劉将軍をまつる廟は劉猛将軍廟と呼ばれる。劉将軍を北宋の人とする言い伝えもあるが、これはあてにならない。

二四一、文昌楼。

二四二、文廟〈図44〉。中国各地にあるのと同じ孔

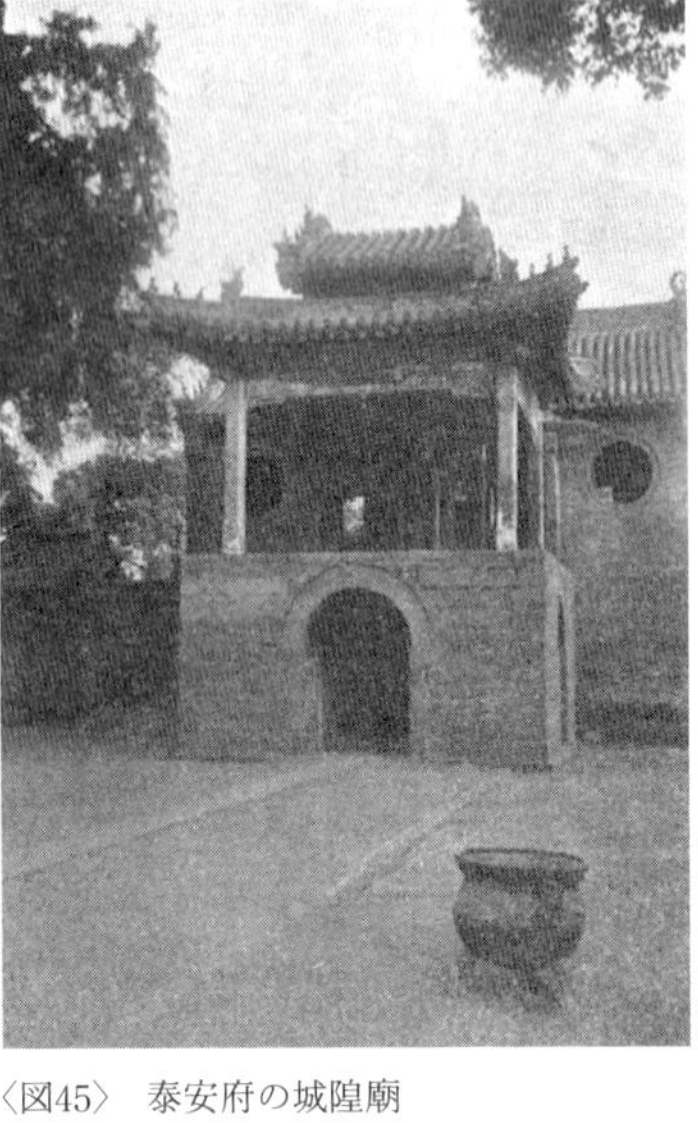
〈図45〉　泰安府の城隍廟

子の廟だが、巨大な聖人像がならんでいるのがよそと異なる。こうした彫像は今やほとんどの孔子廟から姿を消し、碑銘だけのところが多くなった。堂内には孔子と侍者四人と聖賢十二人の像がある。手前の卓には三種の供物がそなえてある。中央は牛の肉、東隣りは羊の肉、西隣りは豚の肉で、二月と八月の［社稷の］まつりに供される生贄である。

絵図に見るとおり孔子廟内にある。

二四三、節孝祠。節婦と孝子を顕彰するこの祠は、

二四四、府署。

二四五、城隍廟〈図45〉。現在の建物は乾隆二十四年（一七五九）に建立された。町の守護神である城隍神は人々のふるまいを見守るので、死後の魂を裁くことまでまかされた。それだから各地の東嶽廟に見られるのと同じ地獄の法廷が城隍廟にも作られた。泰安府の城隍廟には二十六司があり、いくつかは蒿里山の七十五司と同じ名である。蒿里山の七十五司の名

は至元二十一年（一二八四）銘碑［蒿里七十五司碑］と二十二年（一二八五）銘碑［蒿里七十五司神房誌］に列挙されている。[249] 共通するのは昧心司（至元二十二年銘碑の第四司）と府県両方の土地司（同第五司）と速報司（同第十三司）と孝順司（同第六十司）である。

二四六、普済堂。

二四七、粮倉。

二四八、奎星楼。

二四九、岱麓書院。乾隆五十七年（一七九二）に建立された。

二五〇、資福寺。[250] この寺号は乾隆五十七年（一七九二）以降のものであり、それまでは冥福寺と呼ばれた。元の至元二十二年（一二八五）銘の石碑［聖旨焚燬偽道蔵経碑］があり、道書を禁じる［至元十八年（一二八一）の世祖による］勅令が刻まれていた。[251] 石はうしなわれたが文は伝存する。[252] 仏教の経文を刻んだ八角の幢がいくつか庭にのこされている。[253] うち一基には後晋の天福二年（九三七）と同六年（九四一）の年紀がある。

二五一、考院。

二五二、関帝廟。

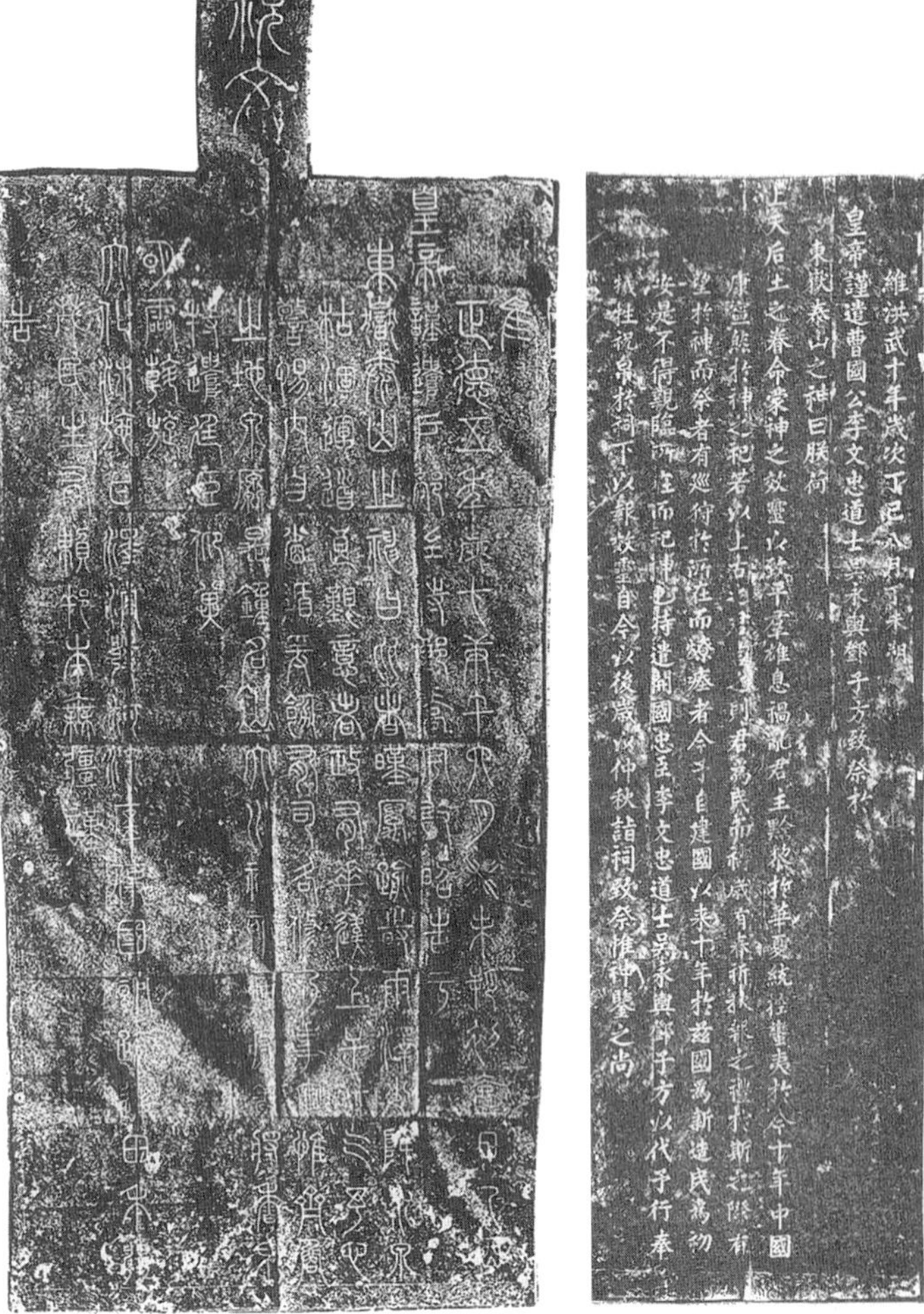

〈図47〉　明正徳５年銘旱告泰山文拓影

〈図46〉　明洪武10年銘洪武祭祀碑拓影

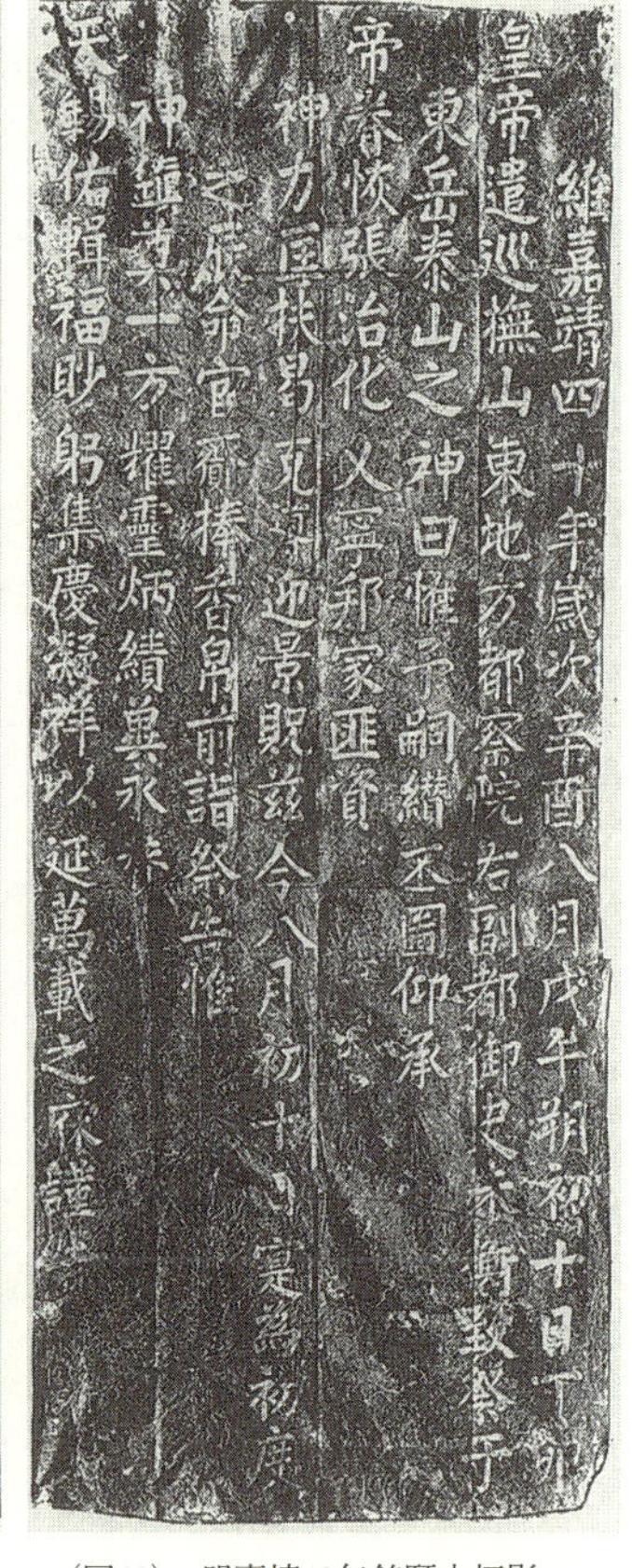

〈図48〉　明嘉靖40年銘願文拓影

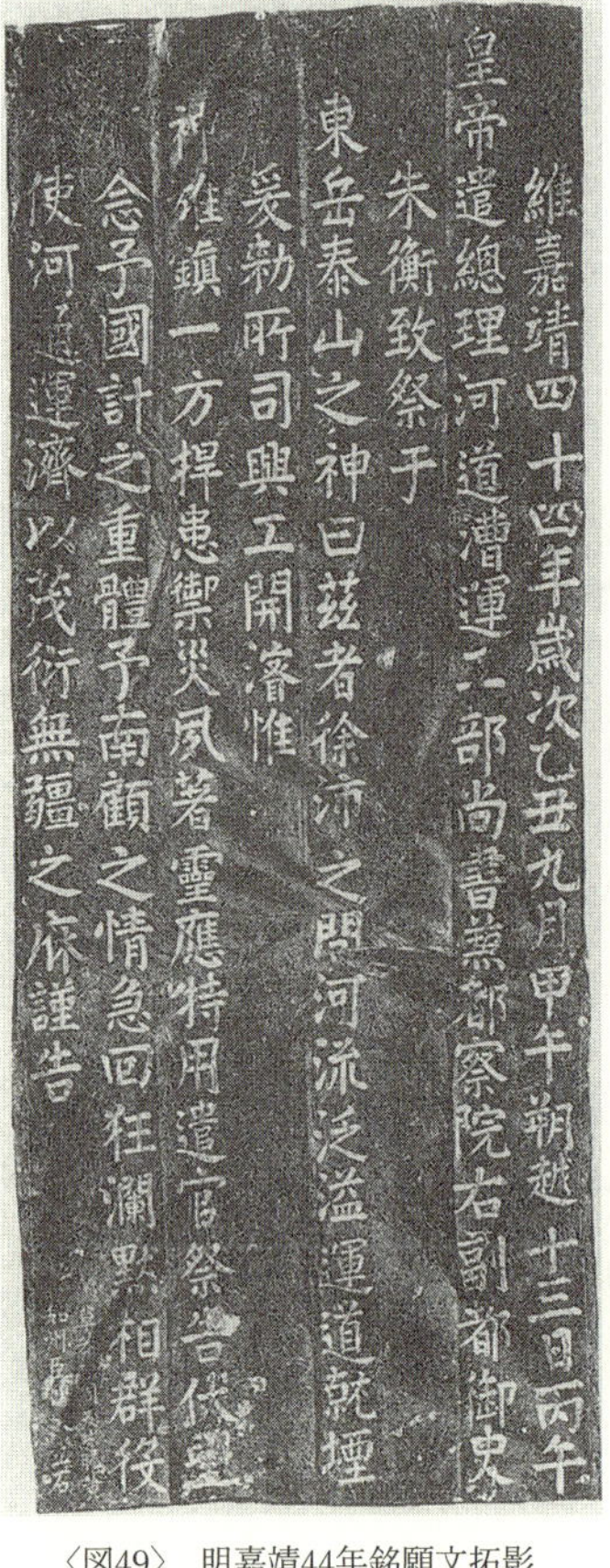

〈図49〉　明嘉靖44年銘願文拓影

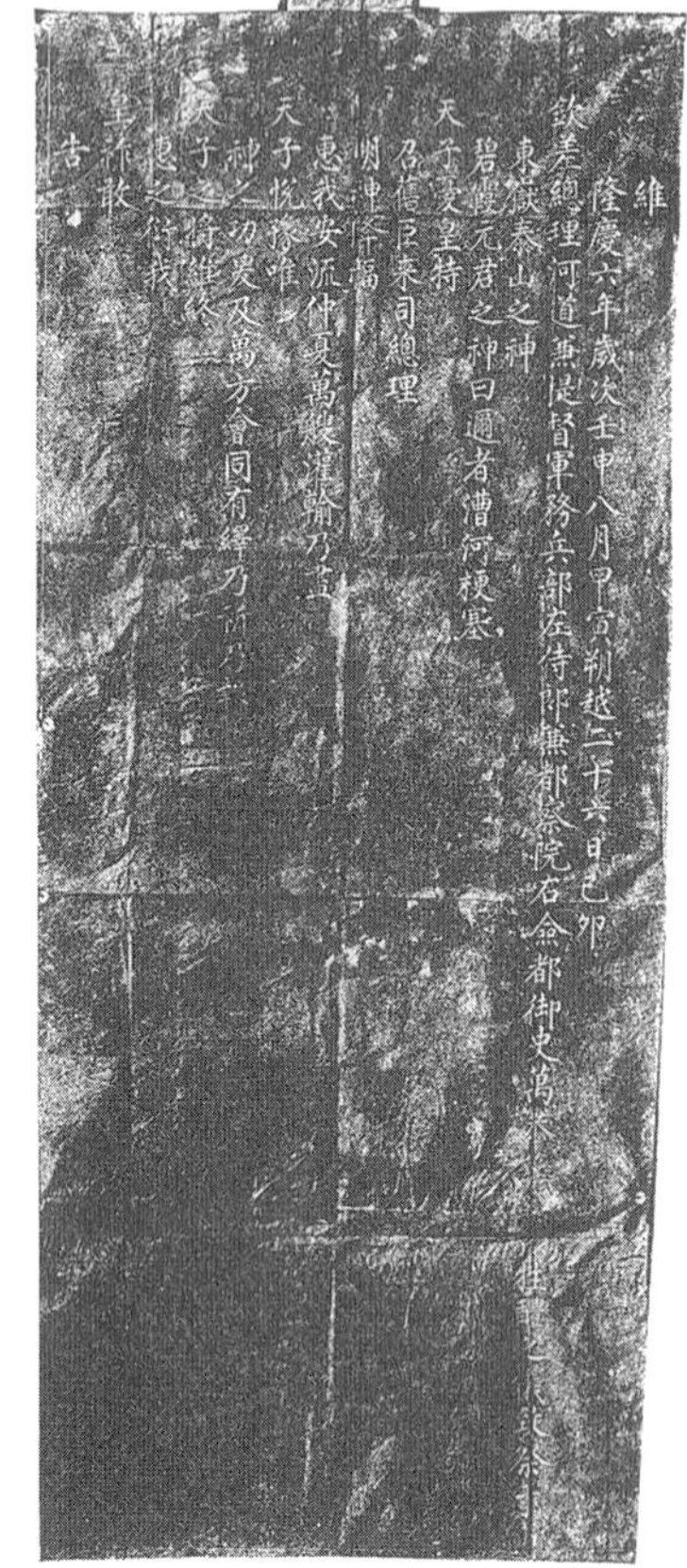

〈図50〉　明隆慶６年銘碑拓影

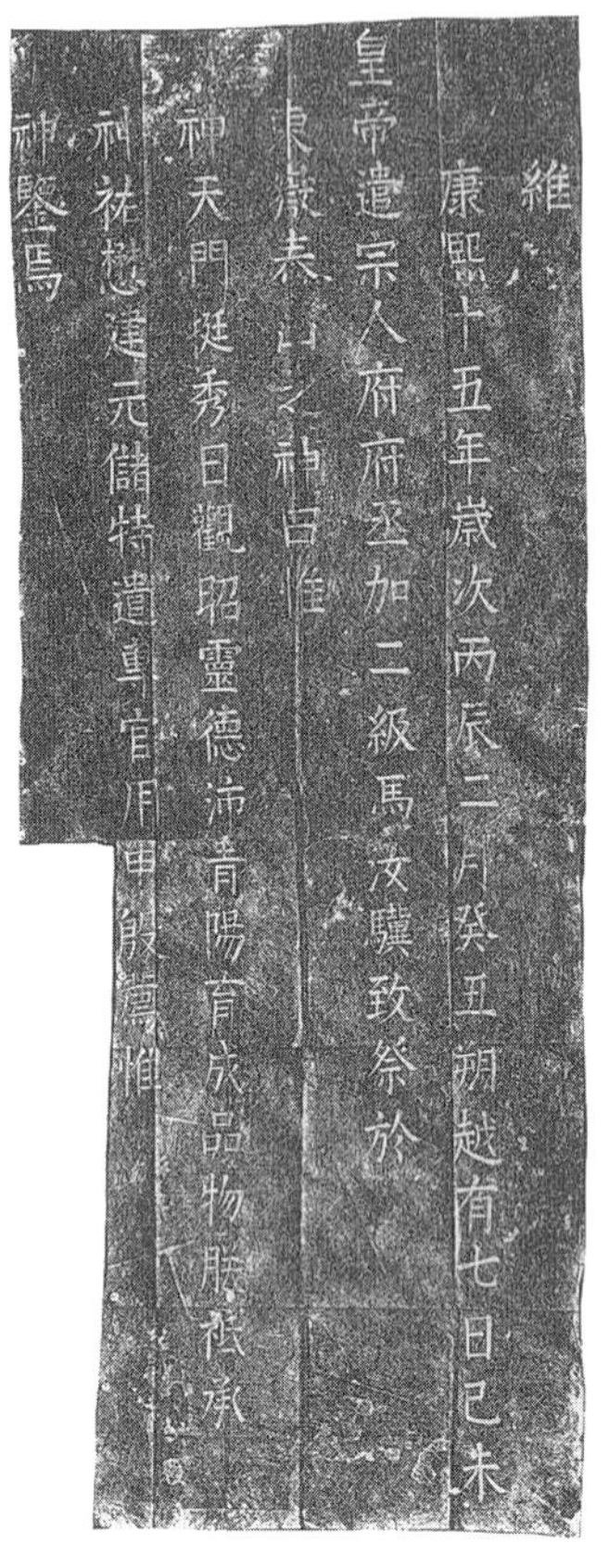

〈図51〉　清康熙15年銘碑拓影

〈図52〉　唐開元14年
紀泰山銘拓影

〈図53〉　北宋大中祥符元年銘太陰碑拓影

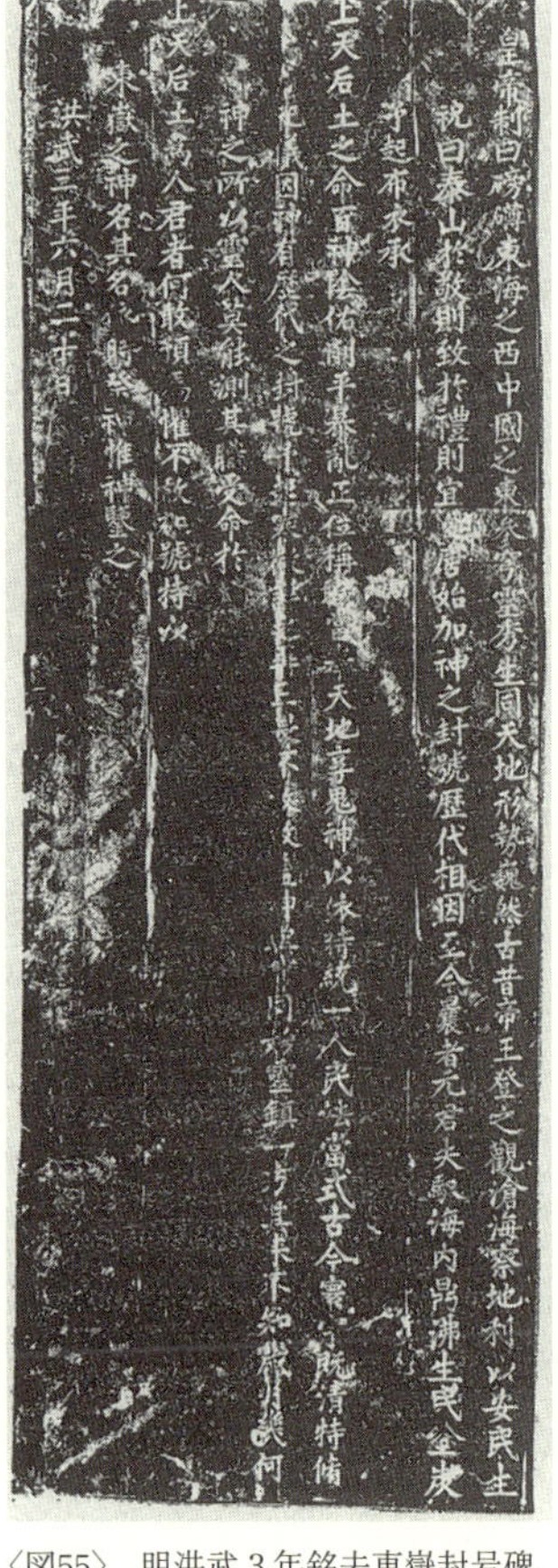

〈図55〉　明洪武３年銘去東嶽封号碑拓影［原書では図54のあとに本図が追補された。本訳書ではこれを図55としたので、図56以下は原書と番号がずれる］

〈図54〉　元至元22年銘嶽陽重修朝元観記拓影

第三章　泰山の民俗

聖なる山、泰山の民間信仰に関する資料は碑文の類におとらず豊富である。だが多くは冗長なわりに泰山の神の役割について特に新しい知見を提供するものではない。そこで、いちじるしく特徴のあるものや泰山信仰の理解に寄与し得るものを取捨選択する必要がある。はじめに稗史(はいし)や小説のなかから逸話をいくつか取材し、ついで泰山の霊力を伝えると信じられている「五嶽真形図と漢鏡と玉印の」図と銘記について検討したい。

一　泰山府君の民間信仰

泰山が人間の生と死をつかさどることを記した文献は、古くは前漢の最末期のものがある。

哀帝から平帝の時代（前六年〜後五年）に激増した讖緯［と呼ばれる予言］の一つに遁甲の『開山図』があり、次のように言う。「泰山は左におられ、亢夫は右におられる。亢夫は生をつかさどり、泰山は死をつかさどる(254)」。

泰山は人の死期を裁定する。そこで寿命を延ばしたい者は泰山に祈願するのが常道だった。後漢のなかごろ没した許峻は言う。「若いころ重い病をわずらって三年も癒えなかった。そこで泰山に詣でて延命を願った(255)」。

西暦三世紀ごろまで中国北東部にいた［北方民族の］烏丸に関する記録は、泰山にあるという死者の国に言及している。烏丸では葬儀に際して犬を生贄にする習慣があった。いわく「烏丸の人々は死者の魂が遼東の北西数千里なる赤山へ帰り着くまで犬を護衛につける。それはあたかも中国人が死者の魂は泰山にもどると信じているようなものだ(256)」。

駱賓王(257)は乾封元年（六六六）の封禅のまつりに際し、長安主簿の名で嘆願書をしたためた。その末尾に言う。「［遺体の口中に含む］玉が感じた最後のいぶき(258)は仙人の住まいをただよい、棺にやすらった魂は泰山の上を飛びまわる(259)」。

「泰山に行く」とは婉曲に「死ぬ」ことを意味する。三国魏の正元三年（二五六）に没した管輅が、そのまえの年に弟に訴えた。「泰山で死者を治めるのは並大抵ではなかろう。もうすぐ私は生きた人を治めることができなくなる(260)」。また、魏の嘉平四年（二五二）に没した応璩は、その百一詩に詠う。「この命も終わりに近づいた。東嶽が私に会う約束をされたのだから[261]」。

泰山の神が人間の運命を支配する存在と見なされるようになって、その役割も明確になった。以後は天帝の孫としてまつられ、行使する権限も正当化される。西晋の永康元年（三〇〇）に没した張華は『博物志』に言う。「泰山は天孫という。すなわち天帝の孫を意味する。人の魂を召し出すことをつかさどり、万物が生成する根源である東方におられる。それだから人の寿命の長短もご存じなのだ[262]」。

泰山の神は、ほかの神々と親族の関係を結んだ。干宝の『捜神記』［の古い版］にあった文は、川の神のうちもっとも名高い河伯、すなわち黄河の神が泰山の婿であったと述べる。「後漢のとき胡母班という人が泰山へおもむいた。胡は泰山府君に召されたのである。そこで婿の河伯に手紙を届けるよう言いつけられた。泰山府君は胡に言う。「そなたが黄河の中流まで行ったら、舟のへりをたたいて召使いを呼べ。手紙を取りに来るはずだ」。この言葉どおり胡は手紙を届けることができた。つづいて胡は河伯の手紙を泰山府君に届ける役目を仰せつかった[263]」。

泰山の神に婿がいるならば娘もいたことになる。それは一応の道理だろう。泰山の娘について言及がある張華の『博物志』［の現行本］はかなり手が加わっている[264]。碧霞元君という娘が登場するのは、それよりずっとあとのことである。［北宋の大中祥符元年に］泰山山頂に玉製の女神像がまつられ、具体的な形がそなわったときに碧霞元君の信仰はようやく明確なものとなった。

泰山の神には息子もいる。五世紀はじめの段承根（だんしょうこん）の伝に、父の段暉（だんき）に関して次のような逸話がある。「段暉には仲のよい少年がいた。二年して少年は段暉に別れを告げ、馬を一頭ねだった。段暉はたわむれに木の馬をこしらえた。少年は喜んで言う。「ぼくは泰山府君の子です。遠くの土地で学ぶように言われて来たけれど、今から父のもとに帰ります。君の親切にはどんな贈り物でもこたえられないほどです。君はやがて常伯の位に昇り爵位を受けることになるでしょう。お返しというほどではないけれど友情のしるしです」。少年は語り終え、木馬に乗って飛び去っていった(265)」。

こうした人間界との交渉が語られるにつれ、やがて泰山の神は実在の人物と結びつけて考えられるようになった。世間で名奉行と仰がれた人が泰山府君の生まれ変わりとされることもめずらしくなかった。ときどきに誰か特定の人物と結びついていった泰山府君の信仰は、［泰山の神のもう一つの側面である］東嶽大帝の称号が時代を追うごとに昇格した史実とそぐわない。どれほど公的な格づけが立派になっても一山の神であることに変わりはない。文献のなかでは泰山の神はただ一人だが、一方で世間には実在の人間を死後に神としてあがめる考えがあり、さまざまな人物の風貌が泰山府君に投影されているのもまた事実である。泰山の神が不変の一者であることはおのずから別の次元に属する。

南宋の嘉泰三年（一二〇三）に没した洪邁の『夷堅志』に言う。「孫黙と石倪と徐楷はあいついで泰山府君と目された。ところで呂弁老は「泰山府君之印」と彫られた印を所持していた。王太守はそれを吟味しようと借りだして間もなく亡くなった。王太守は優れた役人だったので、きっと泰山の長官として召されたのだとうわさされた」[266]。

死後に泰山府君となった人物について、ふたたび『夷堅志』は語る。「臨川の雷度、字は世則は威厳にあふれた人で、書を読むことを好んだ。［郡の文官である］郷貢まで進んだが、その上の試験を受けに都へ行くのをためらった。甥の蔡直夫は永康軍管区の助役に任じられ、任地におもむいた年の九月末ごろ、妻の徐氏が夢を見た。運輸長官からの出頭命令らしき手紙が届けられ、しまいまで読んだところで目がさめた。末尾に「泰山府君雷度押」と仰々しく署名してあったのが忘れられない。妻は不吉なものを感じたが、雷度の安否は知るすべもなかった。それから十日もたたぬうち蔡が亡くなった。妻子は遺骸を引き取りに行き、翌年に国へ帰りついた。そこではじめて雷度が前年の八月に亡くなったことを聞かされた。泰山にまつわる夢は正夢になるのだと知った」[267]。

泰山府君の手下には役人がたくさんいたであろう。人の生死を記録する事務官もいれば、寿命の尽きた魂を引き取りに行く下役もいたにちがいない。人々の想像力が大きくふくらんだのはまさにこの領域だった。しがない役人が死者の国で活躍する物語がはてしなく語りだされた。いくつかの例を以下に示したい。

一。『列異伝』に言う。」「蔣済が「近衛軍を統率する」領軍将軍であったとき、妻の夢に亡くなった息子があらわれ涙ながらに言う。「死んだあとの世界と生きている世界とでは境遇が異なります。この世では立派な家柄の子だったのに、あの世では泰山府君につかえる「兵卒の」伍伯にされ、言いようのない悲しみに打ちひしがれています。太廟の西に「霊を慰める歌を歌う」謳士の孫阿さんという人がいて、泰山の長官に任命されることが決まりました。お母さん、お願いですからお父さんにたのんで、孫阿さんが私を楽な仕事に就けてくれるよう取り計らってもらえませんか」。息子が語り終えたところで妻は目がさめた。翌朝、夫に夢のことを語った。蔣済は言う。「ただの夢だから気にするな」。次の夜、妻の夢にふたたび息子があらわれて哀願した。「お迎えにあがったところ、新しい長官は廟で休んでおられたので、出発までのわずかなあいだここに来ることができました。新しい長官は明日の昼にはお発ちになります。出発のときは準備に追われて来るひまはないでしょうから、いとまごいができるのは今だけです。お父さんは頑固なのでわかってもらえません。ですからお母さんにすがろうと思って来ました。もういっぺんお父さんにお願いしてください。どうしてお父さんは一度も耳を貸してくれないのでしょう」。それから息子は孫阿の人相をこまかに語った。夜があけると、妻は重ねて夫に訴えた。「あなたは夢などあてにならないとおっしゃいますが、どうしてそんなに頑固なんですか。なぜ一度くらい話を聞いてあげないんですか」。そう言われて蔣済は部下に太廟へ行かせたところ、孫阿に会うことができた。息子が夢に語った人相と寸分たがわない。それを聞くと涙があふれた。「すんでのことで息子のたのみを無にするところだった」。蔣済は孫阿に会ってことの次第を語った。孫阿は死が間近であることを恐れるようすもなく、かえって泰山の長官になることを喜んでいた。それよりも蔣済の言葉が本当かどうかの方が気がかりらしい。孫阿は申し上げた。「将軍のおっしゃるとおりでしたら、御意にかなうようにいたします。ところでご子息はどんな仕事をお望みですか」。蔣済は孫阿に答えた。「地下の仕事でなにか楽なのを息子にあたえていただきたい」。孫阿は申しあげる。「仰せのとおりにいたしましょう」。そこで蔣済は孫阿に手厚く礼をした。話がすんで家にもどると、蔣済はことのなりゆきを早く知りたくて、邸宅の門から廟まで十歩ごとに人を立たせ、孫阿のようすを知らせるよう命じた。辰の刻に胸の発作が伝えられた。巳の刻に病状の悪化が伝えられ、正午に死亡が伝えられた。蔣済は涙ながらに言う。「息子に先立たれた悲しみは消えないが、死後も意識があるならばそれがせめてもの救いだ」。……ひと月の後、息子は母の夢にあらわれて言った。「おかげで［帳簿を管理する］録事に転任することができました(268)」」。

二。「『捜神記』に言う。」「李玄石は鬼［すなわち死者］ではないかと人が言う。これを聞いた弟分の王子珍は、兄弟子の李に問いただした。李は答えた。「じつは私は鬼なのだ。しゃべったのは王仲祥だろう。おまえがそれを知ったからには、事情を話さぬわけにはいかなくなった。過ぎし因縁から、冥界の役所で私は泰山の主簿に任命された。それまで主簿を務めていた者が任期を終え、別の部署へ昇進することになった。冥界の王は後任を求めたが適任者がいない。そこで私を呼んで仰せられた。『そなたの力量は主簿の務めに堪えられると見た。ただし、そなたは勉強不足だから仕事をまだ十分に理解できまい。今から人間界へ行って、辺孝先［辺韶］のもとで教育してもらえ。学び終えたらすみやかにもどって来い。そうしたら泰山主簿に任じよう』。そこでみなが私の姿を恐れたりしないように人間の姿で来たのだ。弟分のおまえといっしょに師について、一年たたずに学業を終えた。泰山主簿の職に就いてはや二年が過ぎた(269)」」。

三。「『南史』に言う。」「僧昭、別名法朗は、若いとき天師道の信者で道士につかえた。甲子と甲午の夜はかならず黄色い頭巾をかぶって粗服をまとい、ひそやかに部屋で神をまつった。吉凶を占えばよく的中した。みずから言う。「私は泰山の録事である。冥界の役所で記録すべきことがあれば、僧昭と署名するのを忘れない(270)」」。

四。民衆啓蒙の道書『暗室灯』は、次のような逸話を語る。ある男の前に、だいぶ前に亡くなった友人があらわれ、一枚の令状を示して言う。「おれは東嶽の役所の務めで、君を捕まえて来なければならないのだが、昔のつきあいに免じて、ひと月だけ時間をあげたい」。男はこの猶予のあいだに三つの善行をはたし、これが斟酌されて二十年も寿命を延ばすことが許されたという。[271]

泰山府君の裁きは人が死ぬときかならずくだされる。また泰山府君の許しをあらかじめいただかなくては他人の命を奪うことは許されない。以下の二つの話はそれを語る。

五。［『夷堅志』に言う。］「張甘三が亡くなったとき、息子が幼かったので婿の陳昉というごろつきが家を差配し、息子を死なせてしまった。張が黄色い衣の男をしたがえて陳昉のもとにあらわれて命を奪おうとした。張が陳昉を捕らえるよう命じると黄色い衣の男は言った。「これは泰山府君がお決めになったことだ[272]」。

六。［同じく『夷堅志』に言う。］「滕迪功の妻の趙氏は、夫の妾であった召使いの陳馨を殺害した。間もなく趙も亡くなりその首が消えうせた。捜査がおこなわれると、妾の陳があらわれて趙の首を差し出して言う。「泰山府君に訴えて復讐を遂げました。無実の人に嫌疑がかかってはすまないので、事実をあきらかにするために参った次第です[273]」。

泰山府君の決定は動かすべからざるものである。いったん裁きがくだされれば、それにしたがうほかない。人間界と同じくあやまちの起こることもあるが、やがてかならず真実があきらかになる。

七。［『宋稗記』に言う。］「崔公誼が莫州任邱の主簿を務めていたとき地震があった。崔は任期を終え、家族を連れて南へ旅立った。宿に泊まっていると、突然戸を叩いて言う者がある。「崔主簿は地震で押しつぶされ、魂は引き取られて泰山に着く手はずだ。家に帰るつもりなら急ぎなさい」。崔はすでに自分の死がさだめられていることを悟り、妻子を寿陽の町まで送りとどけた。翌日、崔は亡くなった」(274)。

八。ウィジェ神父の民間説話集におさめる長い物語がある。要約を示したい。

地獄の獄卒が尹廷治を捕らえ、首に縄をかけて引っ立てて行った。尹家の土地の神が仲裁に立って逮捕状を確認したところあやまりに気づいた。そこへ西天獅子大王が通りかかったので、土地の神は裁定を乞うた。「私は尹家の［天窓に宿る土地の神］中霤です。この家では人が生まれるたびに泰山府君から寿命の通達を受けています。尹廷治の寿命は七十二歳とさだめられたはずなのに、五十歳で終わりとはどうしたことでしょう」。依頼を受けた西天獅子大王は真相をあきらかにするため天の役所へ使者を送り、所轄の裁判官を東嶽から呼び寄せて取り調べをおこなうよう命じた。しばらくして［泰山の裁判官である］岳司とその随員が空を駆けめぐって来た。岳司は取り調べをおこない誤解の原因をつきとめたのである。それによれば、死ぬさだめにあるのは尹廷治（いんていち）という男だった。ところが地獄の書記がその叔父であったため、自分の甥を救いたい一心で逮捕状の「尹廷治」の文字を一画伸ばして「尹廷治」にしたのだ。真相が露見して書記はただちに罰せられ、あやまって引っ立てられた尹廷治はこの世にもどることができたという(275)。

泰山の神がしろしめす死者の国はさまざまな伝説にいろどられ、そのうえにも逸話が豊富にあり数多くの奇瑞を語っている。元の雑劇の一つ『合汗衫（ごうかんさん）』は、やがて生まれてくる子が男か女か、はたまた鬼か知りたくて蘇（そ）州の東嶽廟に詣でる人々を描いている(276)。同じく元の雑劇『看銭奴（かんせんど）』は、貧乏から抜け出したい男が泰山の神に加護を求めたところ、増福神(277)のとりなしでゆたかな暮らしが二十年も約束された話である(278)。あるいは人間に化けた狐が出てくる話では、狐の総元締めである泰山娘娘、すなわち碧霞元君の姿が見え隠れする。たとえばどこかの女房に化けた狐は、月はじめの七日間いつも夫のもとを去って、泰山娘娘のところへ指図を仰ぎに行くという話である(279)。

以上の文献から結論できることは、泰山が中国でもとりわけ活力旺盛な神であり、民衆にとってこの世の出来事のなかで何にもまして重大な役割をもつ神と考えられてきたことである。ただし、どのような点において泰山の信仰が強く根をおろしたかを理解するには、文字資料だけに依存する研究方法とはどこかで決別しなければならない。その際に、信仰というはかりがたい人間のいとなみを心の奥底から読み取ることが大切だろう。巡礼の群れをこの聖なる山へ毎年のようにみちびき、子宝に恵まれない女性を碧霞元君のもとへ駆りたて、地獄の裁きのありさまを見せつけて罪びとを震えあがらせる、そうした得体の知れない力は理屈で割り切れるものではない。心のうちに秘められた衝動のうちにこそ信仰の根源があるのではないか。それこそが宗教のほとぼしり出る生きた泉なのだから。

二　五嶽真形図

道教徒は五嶽を表象する図「五嶽真形図」を考案した。五嶽の図をならべて示せば加護の力は絶大だという。図は金属の札や石碑に刻まれた。拓本に取っても効力は原本と変わらない。私たちは［華北の］調査旅行中に五嶽の図を刻んだ石碑を四基見つけた。もっとも古いのは泰安府知県の官衙にある土地祠の石碑である〈図56〉。明の洪武十一年（一三七八）の年紀があり、表に張徳輝の泰山登頂の次第が記され、裏に五嶽の図がある。二つ目は河南登封県の中嶽廟にあり、知県孫秉揚が刻ませた石碑である〈図57〉。孫秉揚は明代に登封県の知県を務めた六十六人中の四十二人目である。[280] 石碑は万暦四十二年（一六一四）に造立されたと『説嵩』に言う。[281] 三つ目の石碑も同じ年の銘紀を持つ。ただし前二者とは表現が異なる。泰山山頂にある東嶽廟の庭の壁面に嵌めこまれている〈図58〉。四つ目は西安碑林にある康熙二十一年（一六八二）銘碑である〈図59〉。文には誤記が少なくない。

四基のうち中嶽廟の碑文が文意明瞭である。以下に訳文を示したい。泰安府と西安碑林の碑文はおおむね一致する。東嶽廟の碑文にはほかの三つに加えるものがない[282]。

「このように聞いている。天地のうちで五嶽はなにより神々しい。なかでも泰山は五嶽の祖である。これにしたがわないものはない。混沌とした最初に世界が生じたとき、泰山は陰と陽からあらわれ出て天地をととのえた。古い聖典は言う。「五嶽は人間に関することとほかのことどもを分けあってつかさどる」」。［碑文はつづけて言う。］

「東嶽泰山は天帝の孫であり、霊力の集まるところ。兗州奉符県にそれはある[283]。成興公真人が道を体得した山である。長白[284]と梁父[285]の二つの山が泰山を補佐する。泰山の神、その姓は歳、諱は崈[286]［音未詳］、称号は天斉仁聖帝[287]。泰山は世の民と官吏の主であり、人々の生死の時をさだめる。そのうえに高貴な者と下賤な者を区別し、寿命の長短をつかさどる」。

「北嶽恒山は定州曲陽県にある[288]。長桑公真人が道を体得した山である。天涯[289]と崆峒[290]の二つの山が恒山を補佐する。恒山の神、その姓は晨、諱は嶹［音未詳］、称号は安天元聖帝。北嶽は江［長江］と河［黄河］と淮［淮水］と済［済水］の主であり[291]、かねて四足の獣をつかさどる。北嶽がたずさわるのは以上のことである」。

〈図56〉　明洪武11年銘五嶽真形図（泰安府碑）拓影

五嶽真形之圖

〈図57〉 伝明万暦42年五嶽真形図（中嶽廟碑）拓影

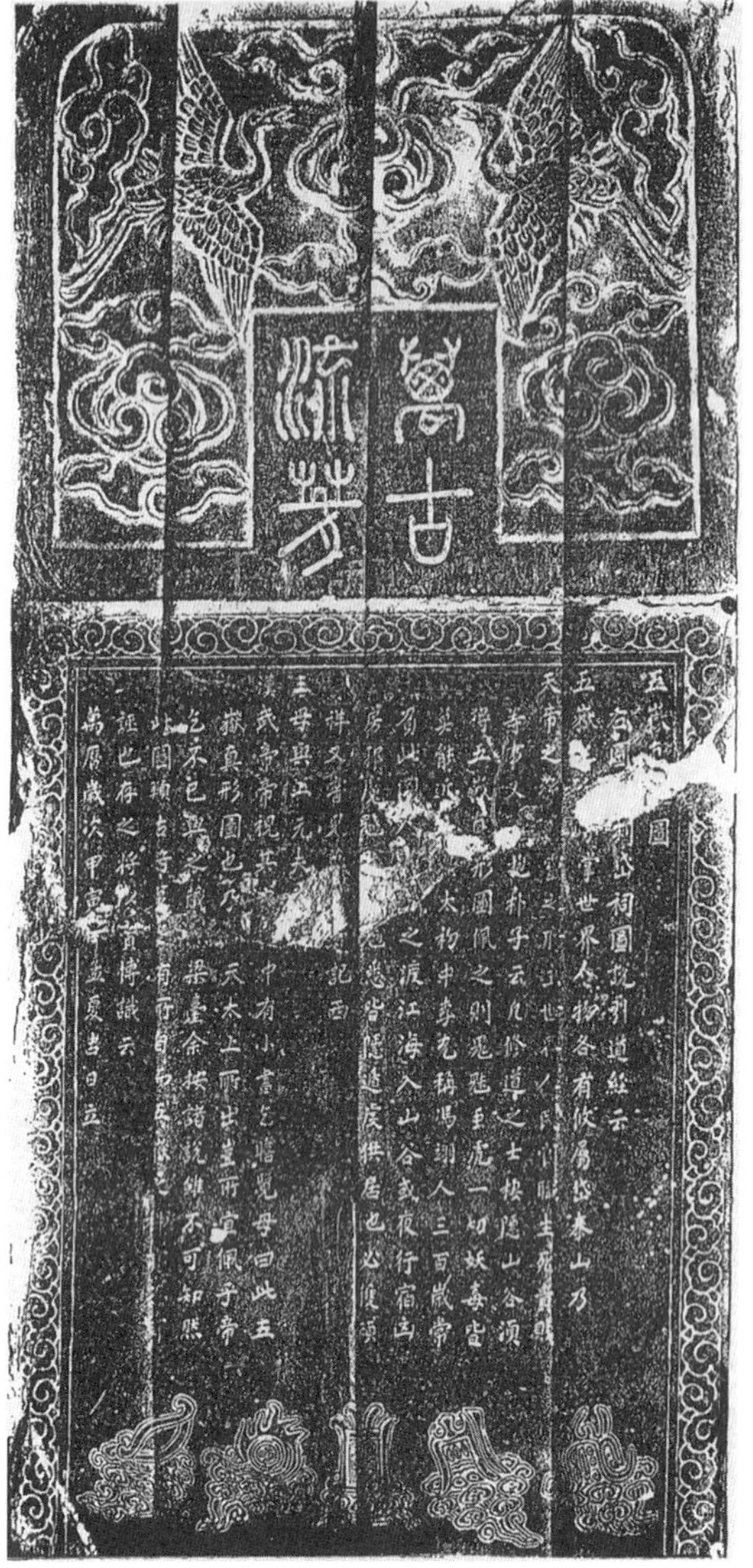

〈図58〉　明万暦42年銘五嶽真形図（東嶽廟碑）拓影

〈図59〉　清康熙21年銘五嶽真形図（西安府碑）拓影

「中嶽嵩山は西の都である河南府の登封県にある。寇謙真人(292)が道を体得した山である。女几(293)と少室(294)の二つの山が嵩山を補佐する。嵩山の神、その姓は惲、諱は喚［音未詳］、称号は中天崇聖帝。中嶽は大地と山々、河川と谷の主であり、かねて牛と羊、米を食べる獣をつかさどる。中嶽がたずさわるのは以上のことである」。

「南嶽衡山は衡州衡山県にある。太処真人が道を体得した山である。潜山と霍山(295)の二つの山が衡山を補佐する。衡山の神、その姓は崇、諱は䨻(296)［音未詳］、称号は司天昭聖帝(297)。南嶽は星座と天の区分を主宰し、かねて水の生き物と魚と龍をつかさどる」。

「西嶽華山は華州華陰県にある(298)。黄盧子真人(299)が道を体得した山である。終南(300)と太白(301)の二つの山が華山を補佐する。華山の神、その姓は姜、諱は崲［音未詳］、称号は金天順聖帝。西嶽は金と銀、銅と鉄(302)の主であり、かねて羽と翼を持った空飛ぶ生き物をつかさどる」。

「東嶽、蒼い光を放つ至高の力、人の寿命をさだめるまことの君主。
南嶽、紫の光を放つ喜ばしき華、人の生命を記すまことの君主。
中嶽、大いなる光を放つ根源なるもの、真理がつどう(303)まことの君主。
西嶽、無色にして魂を照らすもの、偉大な明るさをもたらすまことの君主。
北嶽、繁くこまやかな深き淵、限りなきまことの君主」。

「抱朴子は言う。「道の修行にはげんで山や谷に隠遁する人は、五嶽真形図を手に入れてつねに身につけよ。そうすれば山にひそむ鬼や精霊、毒虫や虎、妖怪や害をなすあらゆるものを寄せつけない(304)」。漢の武帝の元封二年（前一〇九）七月七日のことである。その夜、西王母が武帝のもとへ降ってきた(305)。西王母のたずさえた箱のなかに巻物があり、紫の錦の包みにくるんである(306)。それは五嶽の図であった。つづいて太初年間（前一〇四～前一〇一）のことである。馮翊の人で三百歳を自称する李充は、枝で編んだ「留(307)」［籠か］に五嶽の図を入れてかついで歩いた。武帝は負図先生と称えた。五嶽の図を身につければ、往来のときも旅のときも、川を渡り海を越え、山に登り谷を降り、夜あやしげな宿に泊まるときも、悪しき霊や山川の魔物や水辺の妖怪どもは、ことごとく跡をのこさず逃げていく。家に香と花をそなえ、うやうやしく五嶽の図をたてまつるなら、かならずや天の恵みがあるだろう。神々しい霊力で守られているのを感じるにちがいない」。［以上が中嶽廟の碑文である。］

泰安府の石碑には次のような跋がある。「洪武十一年十月某日、これをふたたび石に刻む」。

中嶽廟の石碑には次のような跋がある。「郭次甫はこの五嶽の図をつねにたずさえて二十年も旅をした。郭がこれを私に示したので、招隠亭において石に刻ませた。五嶽山人なる陳文燭がこれを写し、さらに登封県知県の孫秉揚が石碑に彫らせた」。

東嶽廟の石碑には次のような跋がある。「万暦年間の甲寅の年、猛夏四月のよき日、これを立てる」。

西安碑林の石碑には次のような跋がある。「私は思い出す。髪を総角に束ねていた子どものころ、この五嶽の図をはじめて見て、ひそかにこの不可思議なものに心を動かされた。しかし、そのとき見た図は赤と黒の二色で描かれていたため、写し伝えられていくうちに誤りが生ずるのではないかと案じられた。江西の南安県におもむいたおり、按察使宅で石に刻まれたこの図に再会した。さっそく拓本に取って西安の儒学堂で石に刻ませた。各地から集まる古物愛好者に資するためである。時に、康熙二十一年壬戌の年、孟冬十月初旬のよき日、江右の古盱鄧霖(308)が撰文し、卜世が石に刻んだ」。

三　泰山漢鏡

『金石索』は泰山にちなむ銘文を刻んだ漢代の鏡を三面おさめる(309)。以下に銘文の訳を示したい。いずれも内容は類似している。

第一の鏡［の銘文］に言う〈図60〉。「願わくは泰山に登り仙人にまみえ、まったき玉(310)［の器］で食し不老不死の水を飲み、角のない龍［蛟龍］に乗って浮雲を越え、白い虎に引かれてまっすぐ天に昇り、万年の寿命をさずかり、官位は昇進し子孫を約束されますように」。

第二の鏡［の銘文］に言う〈図61〉。「願わくは泰山に登り神人にまみえ、まったき玉［の器］

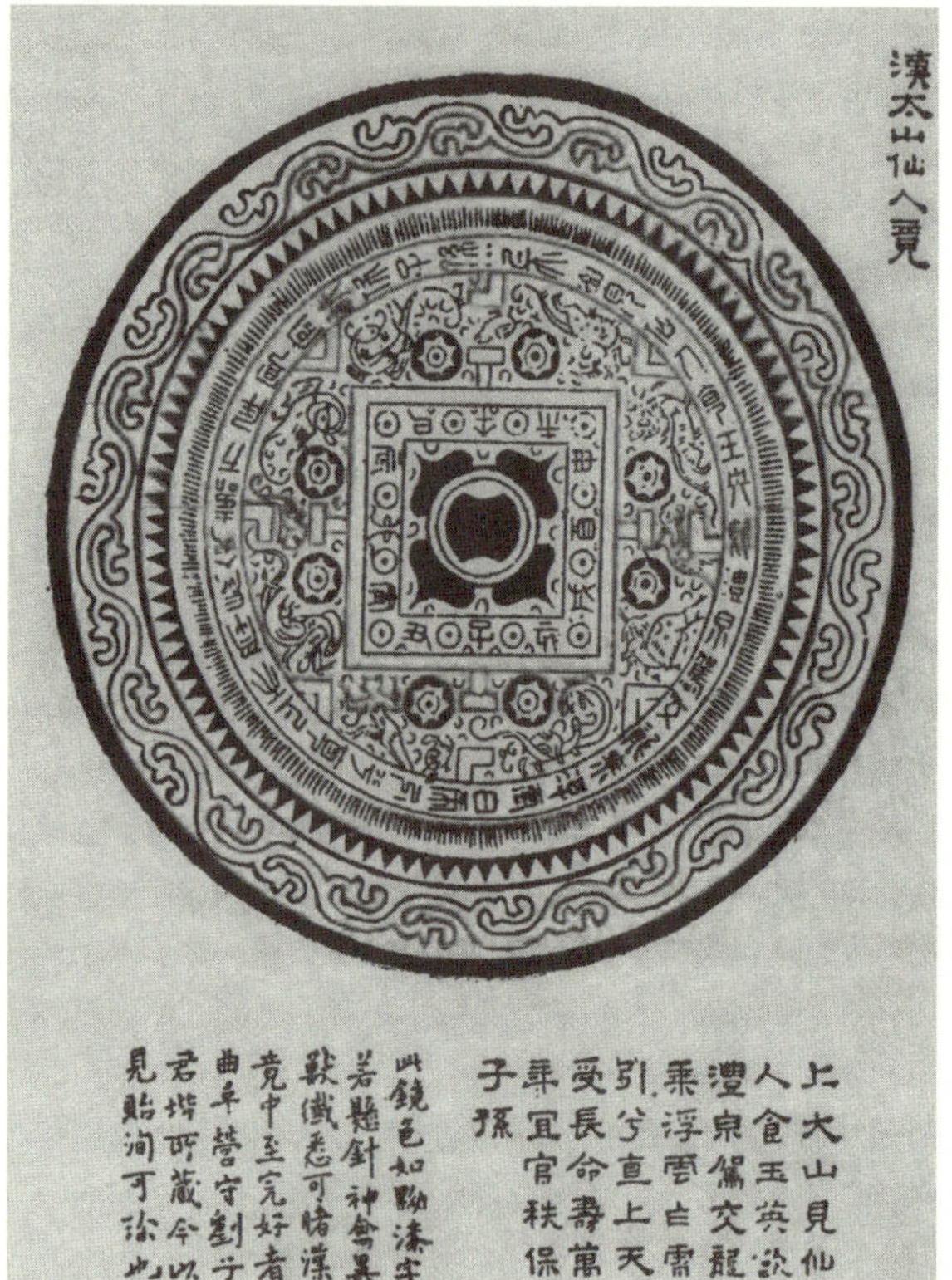

〈図60〉　泰山仙人鏡拓影［第一］

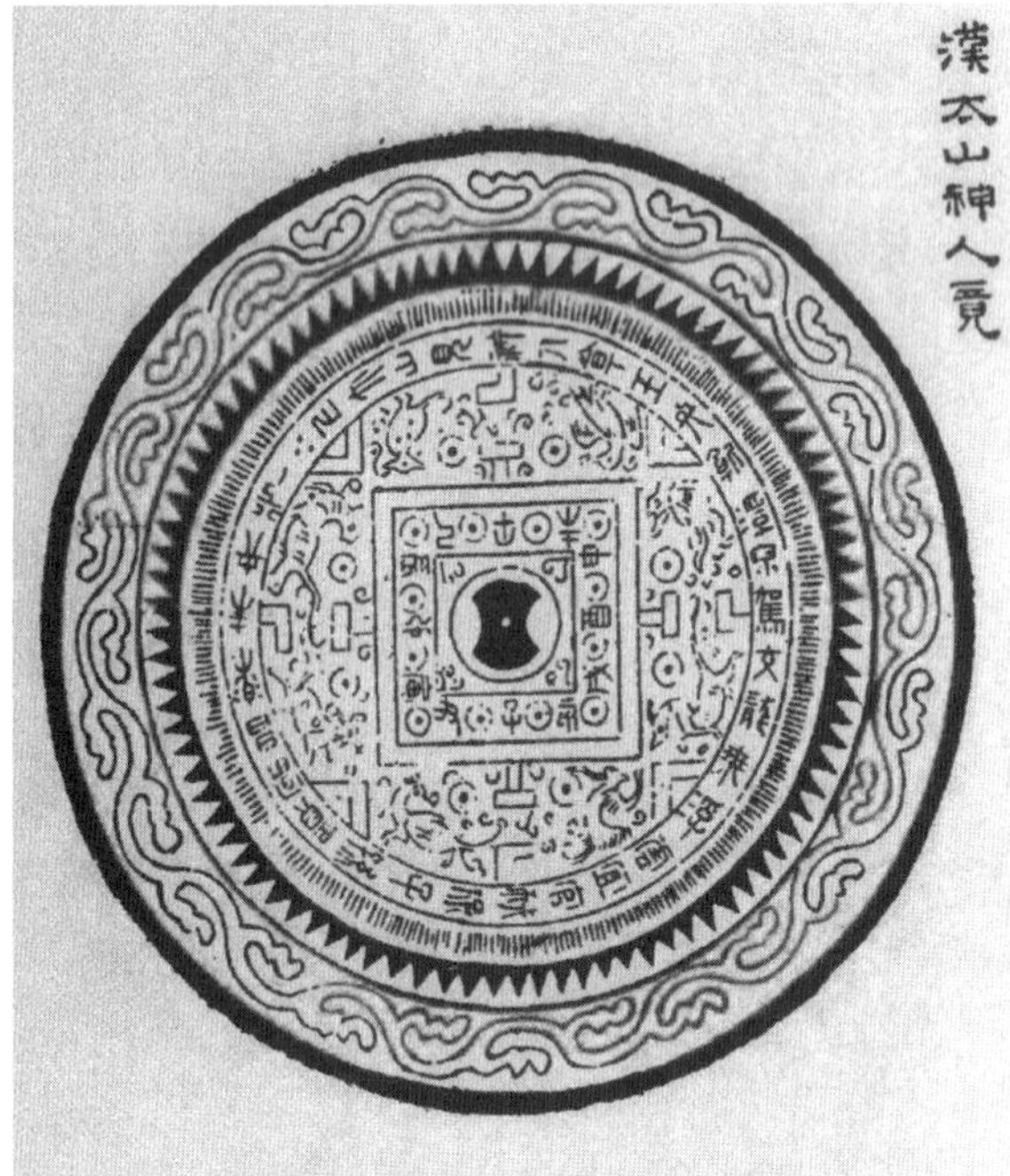

漢太山神人竟
上太山見神人
食玉英飲澧泉
駕文龍乘浮雲
宜官秩保子孫
貴富昌樂未央
兮

〈図61〉　泰山仙人鏡拓影［第二］

で食し不老不死の水を飲み、角のない龍に乗って浮雲を越え、官位は昇進し子孫を約束され、ゆたかに繁栄することかぎりないように」。

第三の鏡［の銘文］に言う。「願わくは飛龍に乗って浮雲を越え、泰山に登り神人にまみえ、まったき玉［の器］で食し金を［体内に］摂取し、官位は昇進し子孫を約束され、幸福はかぎりなく大いにゆたかに繁栄しますように」。

四　泰山玉印文

泰山にちなむ玉印の印影に附された銘記を次に取りあげたい〈図62〉。この玉印は大中祥符元年（一〇〇八）頃に彫られ、真宗が造らせた玉の女神［碧霞元君］像にささげたものだろう[311]。そこには「天僊照鑒（てんせんしょうかん）」とあり、天にいます仙女に私たちを照らしてくださるように祈願した文字が刻まれている。

印章の用途を逸脱するかのように、民衆の信仰はそこに霊力を認めた。その印影は強力な護符としてあがめられる。玉という高貴な印材の摩耗を防ぐために拓本が取られたが、それが印章からじかに得た印影と同じ効験を示したという。

玉印の印影には注記が附されている。以下に訳文を示したい。

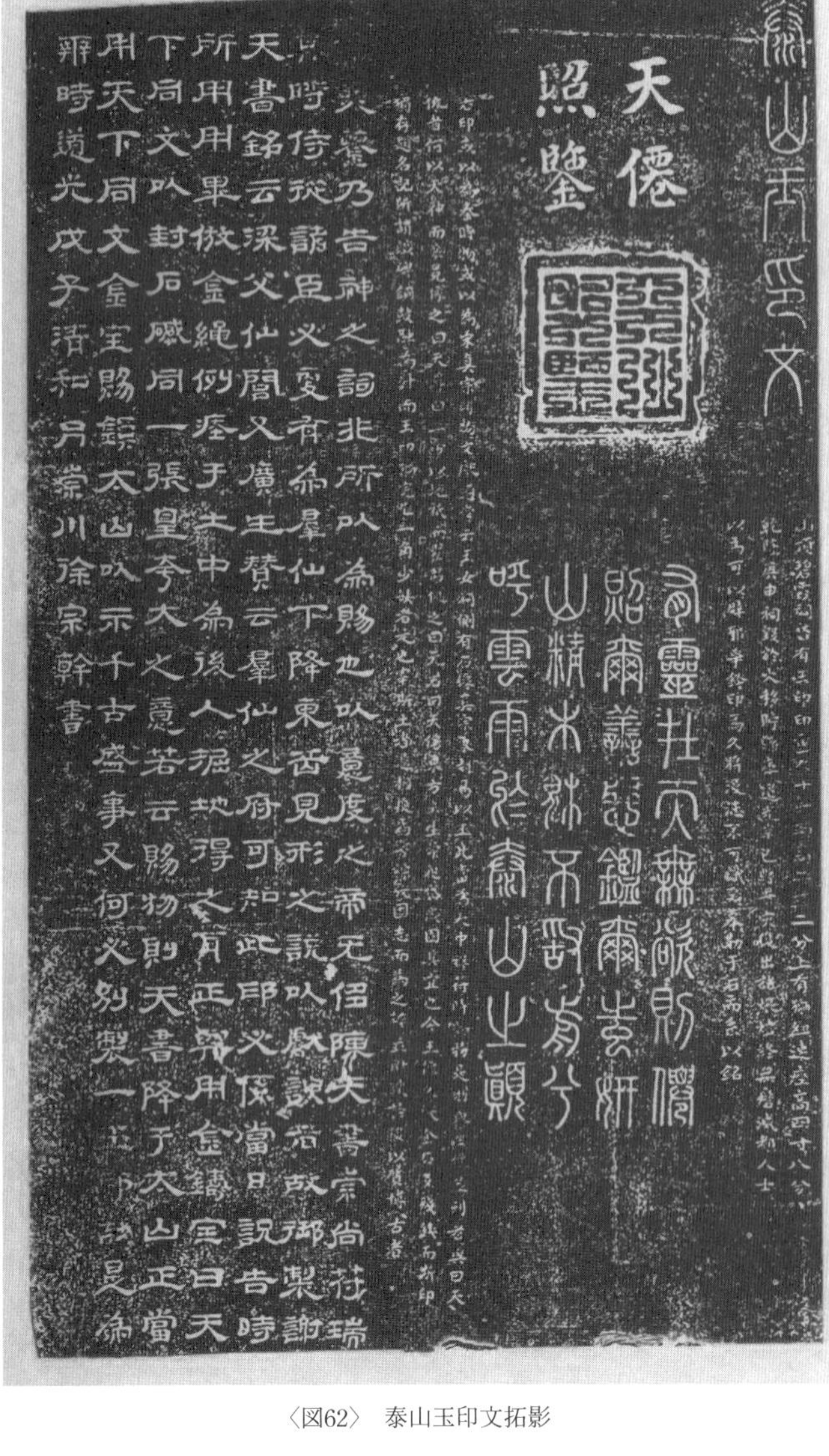

〈図62〉　泰山玉印文拓影

「［泰山］山頂の碧霞［元君］の祠にかつて玉印があった。重さ九十六両［約三・六キログラム］、高さ二寸二分［約七センチ］で、獅子の形のつまみをあわせれば四寸八分［約一五センチ］の高さになる。乾隆帝の庚申年（一七四〇年［乾隆五年］）に祠は罹災した。そのとき玉印は知県の官舎に移された。道光帝の辛巳年（一八二一年［道光元年］）に官舎が全焼したが、玉印は灰のなかから無事に取り出された。国人は玉印が災禍を退けたことを尊んだ。人々はきそって印影を得ようとした。やがて印面が磨滅して文字が判読しがたくなったので、印影を石に彫りつけて讃辞を加えた」。

この讃辞は篆書（てんしょ）で刻まれている。以下にその翻刻と訳文を示したい。

「有霊在天無欲則仙
照爾善悪鑑爾蚩妍
山精木魅不啓歪兮
呼雲雨於泰山之巓」

「［この玉印は］天上の霊性をやどし、とらわれるものなく不死の存在である。汝の善きおこないと悪しきおこないを照らし、愚かなおこないと清らかなおこないを映し出す。山々の精霊も木々の魑魅もよこしまなものをさらすことはない。泰山の頂きに雲を呼び雨を降らしてくださる」。

この讃辞の左に別の注記がある。以下のとおりである。

「玉印はあるいは秦代のものといわれ、あるいは宋代の真宗の時のものといわれる。『文献通考』にいわく、「玉女の像のかたわらに石の像があった。真宗が東方で封のまつりをおこなった際にこれを玉の像に替えた」。玉印はしたがって大中祥符年間（一〇〇八～一〇一六）に奉じられたにちがいなく、玉の像と同じ時期に作られたのだろう」。

「天僊の語は何を意味するのか。兗服を着て冕冠をかぶる姿は天上の神にほかならず、天尊あるいは上帝と呼ばれる。頭に飾りをつけた姿は［大地の女神］地祇にほかならず、元君あるいは天僊と呼ばれる。[312]東は生命をしろしめすことから、岱［山］の頂きでまつりがおこなわれるのはふさわしい。玉の像は損なわれてひさしく、金属や石で作られたものは割れたり砕けたりするが、玉の印は保たれてきた。『［泰山進香］題名記』が説くとおり、「鉄製の碑や銅製の鼓は溶けても、玉印だけは完全なままで、わずかに角が傷ついただけである。この地を統治する者が代々これを伝えた」という。[313]そこで印影と関連の文献をもとに考察をこころみ、たしかな知見を得ることができた。古物愛好者に資するために以下に記す」。［ついで書体を変えてその文が記してある。］

「照鑒の語は神々に祈願するときに用いる。この玉印は［感謝のしるしに］奉献されたものではなかろう。[314]思うに皇帝［真宗］は天書が降ったことを宣揚し、この奇瑞を大いに尊んだ。[315]

皇帝の随員のなかには、東嶽にあまたの仙人の降る姿を見たと追従した者もいたろう。［大中祥符元年（一〇〇八）の］「謝天書述功徳銘」は、梁父にあるという［仙人の里］仙閭について記し、[316]［同じ年の］「宋真宗広生帝君讃」は仙人の都である「群仙之府」について記している。[317]このとき神々へ祈りをささげるため、この玉印を用いたことが知られる。それから金縄の儀式にのっとり地中に埋めた。のちに掘り出されてふたたび世に知られることを期したのである」。

「同じく［国内の文字を統一する］「天下同文」の文字をほどこして石函に封緘するために印を用いた。いずれも皇帝を讃美し、その偉業を誇示するのが目的にちがいない。感謝のしるしとして奉献するのであれば、天書が降ったとき「天下同文」の文字をほどこした金印を用い、繁栄が末代までつづくことを願って泰山に託したはずである。そのためもうひとつ玉の印章を作ることが必要となったのだ。[318]以上が考察の結果である」。

「道光帝の戊子年（一八二八年［道光八年］）清和の月［陰暦四月］、崇川の徐宗幹がこれを記す」。［以上が銘記の全文である。］

結論

泰山とその周辺に生まれ、一つの宗教圏を形作っている信仰について考察をこころみた。研究を終えるにあたり、泰山の信仰を成立させてきたものが何か、もう一度ふりかえってみたい。そこにはじつにさまざまな要素があり、それがあいついで生起したのを見ることができた。

泰山のなみはずれた大きさは、あたかも壮大な大河の流れや天体の運行のように、変わらないものが持つ力強さを印象づけている。中国語の表現にはそれにちなむものがいくつかある。儀礼的な文章にも日常の慣用句にもそれが見出される。たとえば前漢の時代に諸侯に封じる誓いが次のようになされた。「黄河が帯のように細くなり、泰山が砥石のように小さくなるときがないように、国がとこしえに平和を保ち、子孫にまで伝えられるように[319]」。黄河と泰山が変わらずあるように宗室の永続を祝して誓いを立てたのである。日常語の「泰山北斗」や「山斗」「あるいは「泰斗」」は、とびぬけて優れた人に対して用いられる。その人の優秀さを言うには、つねならぬ山と星にたとえるのがふさわしかろう。「山斗」の文字はときおり墓碑銘にも見かける。亡くなった人をこよなく称える表現である。「泰山之安」すなわち泰山の落着きというのは、いかんともしがたい沈滞を意味する。これなどは現実の政治を風刺して使われる言葉である。

泰山と黄河と北斗七星は、壮大さと永遠なるもののイメージを中国人に抱かせるのだろう。このようなイメージこそやがて宗教心を呼びさますもとになる。自然の圧倒的な力を目にするとき、心に畏敬の念がおのずと湧き起こるにちがいない。とてつもなく巨大な存在をまえにすれば、どれほど自分が弱くはかないものか思い知って押しつぶされそうな気持ちになる。そのとき人はひれ伏してあがめるだろう。あがめる対象は民族によって時代によってさまざまである。それが唯一絶対の神であっても、あるいは「神のいます海がとどろき荒れ狂う、その崖っぷちで[320]」声を聞くよろずの神々であっても、神なる山であっても海や星であっても、宗教心を呼びおこさせる感情は一つである。つねに人々がひれ伏しあがめる存在、それは「世界に君臨する者」である。

宗教の歴史を考えるとき、根源にありつづけるこの感情にまでさかのぼることはぜひとも必要なことである。原因と結果をとりちがえて宗教心を説明するのは方法として誤っている。自然現象を説明するために人は神を考え出したわけではない。神がいると信じるからこそ、そこから自然現象も説明が可能となる。神の存在こそが大前提である。そして神の存在を前提させるものは理屈ではない。はげしく心が動くことによってである。理屈を持ち出さなければならないのは、神という超越した存在について説明をあたえるときだけだろう。このような視点から本書は泰山の信仰について考察をこころみた。その結果、どのようにして一つの神格が形作られてきたのかを理解することができたのではないか。

泰山はもとは一地方にだけ影響をおよぼす存在だった。その堂々とした大きさで大地が揺れ動くのをとどめ、頂きに雲を呼び寄せ雨を降らせる。そのとき泰山は自然界の秩序のなかに位置づけられており、あたかも人間界の序列における封建諸侯に相当するものだった。したがって諸侯のみが泰山をまつることができ、またその務めがあった。春秋時代に斉の景侯は、泰山をまつらず素通りしたので礼を失したと詫びている。[321] 孔子は諸侯にだけ許される泰山のまつりを魯国の臣下がおこなったことを非難した。[322]

天子である皇帝に封建諸侯が服属するように、泰山は天帝にしたがう。だから皇帝が天に訴えたいときは泰山に助力を乞うた。天に向かってそびえる泰山は皇帝を天にとりなすにうってつけの存在である。山頂でおこなわれた封のまつりで祈願されたのはそのことだったろう。そのとき人々が崇拝したのは泰山ではなく天そのものだったことは注意されてよい。ここではもはや泰山は天に伝達する代理の役割しかあたえられていない。現実世界の階級と並行するかたちで、天上世界の階級もさだめられたのである。

この時点では泰山はいまだ個性に乏しい神であった。ほかの聖なる山と泰山とを区別するものが見当たらない。そのため泰山の神を描こうにもはっきりした姿かたちが見えてこなかった。

後漢のはじめごろ泰山に新たな役割が加わる。東方をつかさどる泰山はあらゆる生命を支配する存在と見なされた。この役目をはたすためには人の寿命を管理する帳簿を細大もらさず厳重につけねばならない。泰山は気難しい役人になった。頂きを雲に覆われていたかつての自然神は、大人数の配下に向かって指図する長官というはっきりした姿かたちで人々のまえにあらわれた。

やがて仏教の影響でその姿はさらに修正を加えられる。人の生死を記録するといっても、道徳上の問題はあずかり知らぬことだった。今まではただ寿命の裁定をおこなうだけで任務は足りていた。それがここへ来て、あの世で罪人たちを罰する役目が加わった。そのときから泰山の神は恐るべき裁判官に変貌する。最高法院に算盤を据えて、善行や悪行を加えたり削ったりするのが仕事である。泰山の神はついに地獄の裁判長になった。

さらに時代をへて泰山の娘である碧霞元君の信仰がさかんになる。女性も大いに泰山を崇拝した結果である。世の母親は子どもたちの成長を碧霞元君に祈った。もともと確固としたものでなかった自然の神格に、女性の神が加わったことでようやく男女それぞれの固有の特質を二つながらそなえる結果となった。ここにいたって泰山の信仰はその発展を終えたのである。

人は自分の姿に似せて神々を作ったと言う。それはそのとおりだが、一度で作りあげたわけでは決してない。中国においてはそれがとりわけ顕著にうかがえるのではないか。そこでは新しい信仰が古い信仰の上に積み重なっている。古い信仰はそのままにのこしつつ幾重にも層をなしている。泰山は今も一地域の自然のいとなみを支配する大いなる脅威だが、泰山信仰の最初期からそれは変わりがない。それがある時代に、人の生死を記録する役人となり、つづいて地獄の裁判官となり、やがて女性の神格がそこから分かれ出て、女性たちも泰山を崇拝してきた歴史を刻みつけた。泰山の信仰の歩みには、神々を絶えず作り変えていく人間の知の展開のありようを見ることができるだろう。時間をかけてゆっくり練りあげることで、人々は神々の姿かたちを人間に近づけてきたのである。

注

第一章 泰山の信仰

（1） シャヴァンヌ『史記訳注』第三巻、四一五～四一六頁。天漢三年（前九八）以後に撰述された『史記』の「封禅書」に五嶽の名がはじめて登場する。ただし、五嶽がさだまったのはこの年代よりずっと古いと思われる。五嶽の位置はそもそも都からの方角で決められている。嵩山を中嶽とし、華山を西嶽に位置づけるのは、首都が洛陽にあった場合である。秦の都は咸陽、前漢の都は長安であるから、その東にある華山を西嶽とはできない。おそらく周が洛陽を都とした時代、すなわち前七七〇年から前二二二年までのあいだに、五嶽の名がさだめられたのだろう。『書経』「舜典」の注釈によれば、それは舜の時代もしくは「舜典」の書かれた時代までさかのぼるという。しかし「舜典」に出るのは四嶽のみで、中嶽は登場しない。しかも東嶽のほかに山名の記載がない。これを現在知られている五嶽の山名にあてはめても意味がない。ただ一つ東嶽だけが禹の事績を述べたなかで岱宗と記されている。岱宗とはすなわち泰山である。ここから言えるのは、泰山で天をまつることが「舜典」の書かれた時代には知られていたという事実である。山名の記載を欠いた南嶽と西嶽と北嶽については何も言うことができない。「舜典」のなかではただ四方をそろえるため言及されたにすぎない。

［1］ Édouard Chavannes, *Les mémoires historiques de Se-ma Ts'ien*, III, Ernest Leroux, Paris, 1899, pp.415–416.

『史記』巻二十八「封禅書」中華書局、点校本二十四史修訂本、二〇一三年、一六三二頁「尚書曰。舜在璇璣玉衡。以斉七政。遂類于上帝。禋于六宗。望山川。徧群神。輯五瑞。択吉月日。見四嶽諸牧。還瑞。歳二月。東巡狩。至于岱宗。岱宗泰山也。柴望秩于山川。遂覲東后。東后者諸侯也。（中略）五月巡狩至南嶽。南嶽衡山也。八月巡狩至西嶽。西嶽華山也。十一月巡狩至北嶽。北嶽恒山也。皆如岱宗之礼。中嶽嵩高也。五載一巡狩」

『尚書正義』巻三「舜典」十三経注疏整理委員会編、北京大学出版社、二〇〇〇年、六五、七一～七二頁「輯五瑞。既月乃日。覲四岳群牧。班瑞于群后。歳二月東巡守。至于岱宗柴。望秩于山川。肆覲東后。（中略）五月南巡守。至于南岳。如岱礼。八月西巡守。至于西岳。如初。十有一月朔巡守。至于北岳。如西礼。帰格于芸祖。用特」

（2） 本書の執筆にあたり以下の四書を参照した。

一は『岱覧』三十二巻である。唐仲冕、字は六幕が、乾隆四十七年（一七八二）から同五十八年（一七九三）までに撰述し、嘉慶十年（一八〇五）に呉錫麒の序を附して刊行した。

二は『泰山志』二十巻である。金棨撰。嘉慶六年（一八〇一）の阮元の序と同十三年（一八〇八）の孫星衍の序を附す。この書のために印刻した四三三葉の図版は嘉慶十三年に泰安府の岱廟に奉納された。

三は『泰安県志』十二巻および首一巻末一巻である。泰安県の知県であった黄鈐の監修、乾隆四十七年（一七八二）編纂と序に言う。

四は『泰山道里記』一巻である。聶鈫、字は剣光が乾隆二十九年（一七六四）に泰山を訪れ、同三十六年（一七七一）に成書［自序に「乾隆壬辰」とある。すなわち三十七年（一七七二）にあたる］。ここでは『小方壺斎輿地叢鈔』本によった。

泰山に関する専著はほかにいくつもあり、『岱覧』巻頭に書目が列挙されている。泰山の歴史や宗教をあつかった漢文文献はきわめて多い。参照し得たものはそのつど注に示した。ヨーロッパ人の手になるものとしては、ウィリアムソン夫妻、ポール・バーゲン、ヴァルター・アンツによる紀行文がある。唯一の研究書と言えるのはアルベルト・チェペ神父の著作『泰山と岱廟』であろう。記述は秀逸で三十五枚の貴重な写真をおさめている。ただ泰山の歴史や宗教上の意義について十分な説明がなく、漢文文献をもとにした考察の余地ものこされた。本書はその実現をめざすものである。私自身は泰山を二度訪れている。最初は光緒十七年（一八九一）一月二十四日で、二度目は光緒三十三年（一九〇七）六月二十一日である。本書におさめる写真は二度目の登攀のおりに撮影された。

［2］　唐仲冕撰『岱覧』三十二巻、果克山房刊。以下にも翻刻されている。『岱覧』江蘇広陵古籍刻印社、一

九九三年。湯貴仁・劉慧主編『泰山文献集成』第三・四巻、泰山出版社、二〇〇五年。本訳注は『泰山文献集成』に依拠した。

金棨撰『泰山志』二十巻、金氏自刻本。以下にも翻刻されている。『泰山文献集成』第六・七巻。本訳注は同書の本文に依拠し、早稲田大学図書館所蔵の嘉慶十五年（一八一〇）重刊本を参照した。

黄鈐輯『泰安県志』十二巻および巻首一・巻之末一巻、官刻本。本訳注は哈佛燕京図書館（Harvard-Yenching Library）所蔵の道光八年（一八二八）重刊本に依拠した。

聶鈫撰『泰山道里記』一巻、雨山堂刊。以下に影印および翻刻されている。呉省蘭輯『藝海珠塵』壬集。王錫祺輯『小方壺斎輿地叢鈔』第四帙。『中国方志叢書』華北地方第七〇冊、成文出版社、一九七〇年。沈雲龍編『中国名山勝蹟志』第三輯、文海出版社、一九七一年。上海商務印書館輯『叢書集成』初編史地類、中華書局、一九八五年。舟子据点校『泰山道里記』山東友誼出版社、一九八七年。『泰山文献集成』第九巻。本訳注は『泰山文献集成』に依拠し、『中国名山勝蹟志』所収の雨山堂刊本の影印を参照した。

Alexander Williamson, *Journeys in North China, Manchuria, and Eastern Mongolia*, II, Smith Elder & Co., London, 1869, pp.250–258;

Isabelle Williamson, *Old Highways in China*, The Religious Tract Society, Chefoo, 1884, pp.140–145;

Paul Bergen, “A Visit to T'ai shan”, *The Chinese Recorder. Journal of the Christian Movement in China*, XIX/12, Shanghai, 1888, pp.541–546;

Walter Anz, “Eine Winterreise durch Schantung und das nördliche Kiang-su”, *Petermanns geographische Mitteilungen*, L/6, Gotha, 1904, SS.131–140;

Albert Tschepe, *Der T'ai schan und seine Kultstätten*, Studien und Schilderungen aus China, I, Katholischen Mission, Jentschoufu, 1906.

（3）　ヘルマン・フリッチェ『中国東北部の地理、地磁気、高度測定に関する定点観測』一八七三年。

［3］　Hermann Fritsche, *Geographische, magnetische und hypsometrische Bestimmungen an 27. im nördostlichen China gelegenen Orten, ausgeführt in den Monaten Juli, August, September und Oktober 1871*, Repertorium für Metereologie hrsg., von der Kaiserlichen Akademie der Wissenschaften, III/8, A. Bazounov, Sankt-Peterburg, 1873.

（4）　本書「泰山の民俗」の章であつかう。

［4］　本訳書一五八〜一六一頁参照。

（5）　泰山を神として語るもっとも古い文章は『晏子春秋』にある。斉の景侯が宋を攻めたときのことである。夢に男がふたりあらわれた。占い師が言うには、それは泰山の神々であり、侯の軍隊が泰山でまつりをせず素通りしたのに立腹しているという。この夢解きに対して晏子は異議を唱えたが、少なくとも前六世紀には、泰山の神が人格を有する存在と考えられていたことはわかる。ただし「男がふたり」とあるだけで人物は特定されていない。

［5］　『晏子春秋集釈』巻一「景公将伐宋夢二丈夫立而怒晏子諫第二十二」新編諸子集成、中華書局、七九〜八〇頁「景公挙兵将伐宋。師過泰山。公夢見二丈夫立而怒。其怒甚盛。公恐覚。辟門召占夢者至。公曰。今

夕吾夢二丈夫立而怒。不知其所言。其怒甚盛。吾猶識其状。識其声。占夢者曰。師過泰山而不用事。故泰山之神怒也。請趣召祝史祠乎。泰山則可。公曰諾。明日晏氏朝見。公告之如占夢之言也。公曰。占夢者之言曰。師過泰山而不用事。故泰山之神怒也。今使人召祝史祠之。晏子俯有間。対曰。占夢者不識也。此非泰山之神。是宋之先湯与伊尹也。公疑以為泰山神。晏子曰。公疑之。則嬰請言湯伊尹之状也」

(6) シャヴァンヌ『史記訳注』第三巻、四一八頁。

［6］ Chavannes, *Les mémoires historiques, op. cit.*, III, p.418.

『史記』巻二十八「封禅書」一六三三頁「天子祭天下名山大川。五嶽視三公。四瀆視諸侯。諸侯祭其疆内名山大川」

(7) 『旧唐書』に天斉王とある（巻二十三、九紙表［シャヴァンヌが参照した刊本は『史記訳注』に用いたのと同じ一八八八年上海図書集成印書局刊行の乾隆版復印本であろう。以下、二十四史いずれも同様］）。天斉の語は『史記』「封禅書」に見える。斉と臍が同義であることから、天の臍(へそ)を意味するという（シャヴァンヌ『史記訳注』第三巻、四三二～四三三頁）。「封禅書」では、天の臍は［臨菑の南の］泉の名とされ、そこで天をまつったという。しかしこの泉と泰山とは接点がない。泰山を天斉と形容したのは天の臍にたとえたわけではなく、その高さが天に達すること（「峻極于天」）をいう。「封禅書」の記述と開元十三年（七二五）に授与された天斉王の称号とは関係がない。その一致は偶然ではないか。

［7］ Chavannes, *Les mémoires historiques, op. cit.*, III, pp.432–433.
『旧唐書』巻二十三「礼儀志三」中華書局、点校本二十四史、一九七五年、九〇一頁「封泰山神為天斉王」
『史記』巻二十八「封禅書」一六四五頁「八神。一曰天主。祠天斉。天斉淵水。居臨菑南郊山下者。二曰地主。祠泰山梁父。［『史記索隠』］斉記云。臨菑城南有天斉泉。五泉並出。有異於常。言如天之腹斉也」

（8）『宋史』に仁聖天斉王とある（巻百四、四紙表）。

［8］『宋史』巻百四「礼志七」中華書局、点校本二十四史、一九七七年、二五三四頁「天斉王加号仁聖。各遣使祭告」

同、巻百二「礼志五」二四八六頁「真宗封禅畢。加号泰山為仁聖天斉王。遣職方郎中沈維宗致告」

（9）『宋史』に天斉仁聖帝とある（巻八、一紙裏）。王から帝への昇格は五嶽すべてにおよぼされた。

［9］『宋史』巻八「真宗本紀三」一四九頁「［大中祥符四年五月］乙未。加上五嶽帝号。作奉神述」

同、巻百二「礼志五」二四八六頁「五月乙未。加上東嶽曰天斉仁聖帝。南嶽曰司天昭聖帝。西嶽曰金天順聖帝。北嶽曰安天元聖帝。中嶽曰中天崇聖帝」

（10）『元史』には天斉大生仁聖帝とある（巻七十六、一〇紙裏）。

［10］『元史』巻七十六「祭祀志五」中華書局、点校本二十四史、一九七六年、一九〇〇頁「其封号。至元二十八年春二月。加上東嶽為天斉大生仁聖帝。南嶽司天大化昭聖帝。西嶽金天大利順聖帝。北嶽安天大貞玄

聖帝。中嶽中天大寧崇聖帝」

（11） 洪武三年（一三七〇）の明の太祖による勅令は石碑に刻まれた。本書「碑文」の章であつかう［本訳書では訳出しない］。

［11］ 洪武三年「去東嶽封号碑」の碑拓は〈図55〉参照。文は以下に掲載。劉秀池主編『泰山大全』山東友誼出版社、一九九五年、九〇五〜九〇六頁。袁明英主編『泰山石刻』第二巻、中華書局、二〇〇七年、四一六頁。

（12） 『隋書』に言う。「ここに四つの海と名高い山々と大河の流れがあって、雲を呼び雨を降らせる。人々はそれをまつる仕度をする」（巻七、一紙裏）。また言う。「七日のあいだ、人々は雲と雨とを呼ぶ大きな山と海と大河、もろもろの小さな山と川とに祈った」（同、二紙表）。

［12］ 『隋書』巻七「礼儀志二」中華書局、点校本二十四史、一九七三年、一二七頁「爰有四海名山大川。能興雲致雨。一皆備祭」。同一二八頁「七日。乃祈岳鎮海瀆及諸山川能興雲雨者」

つづく本文に訳出された願文の原文は以下のとおり。「正統九年禱雨祭泰山文」古今図書集成『山川典』巻十六「泰山部芸文」鼎文書局、一九八五年、第一八冊、一七一頁中「予奉天育民。愧涼于徳。致兹久旱災及群生。夙夜省躬。中心倦切。神司方嶽。憂憫諒同。」雨農以時。冥任其責」

（13） 本書「願文」の章参照［本訳書では訳出しない］。

［13］ 「景泰六年災沴告泰山文」『山川典』巻十六「泰山部芸文」一七一頁下「然因咎致災。固朕躬罔避。而

転殃為福。実神職当専。夫有咎無功過。将惟一転殃為福。功孰与均」

(14)　本書「願文」の章参照［本訳書では訳出しない］。

［14］「景泰三年河決祭泰山文」『山川典』巻十六「泰山部芸文」一七一頁下「伊誰之責。固朕不徳所致。神亦豈能独辞。必使泉出得。宜民以為利。而不以為患。然後各得其職。仰無所負。而俯無所愧」

(15)　本書「願文」の章参照［本訳書では訳出しない］。

［15］「洪武二十八年討広西蛮酋告泰山文」『山川典』巻十六「泰山部芸文」一七一頁上「然予未敢軽告上帝。惟神鑑之。為予転達謹告」

(16)　本書「願文」の章参照［本訳書では訳出しない］。

［16］「洪武三十年討西南苗民告泰山文」『山川典』巻十六 一七一頁上「万冀神霊。転達上帝」

(17)　本書「願文」の章参照［本訳書では訳出しない］。

［17］「永楽五年征安南告泰山文」『山川典』巻十六 一七一頁中「万冀神霊。鑑予誠悃。聞於上帝」

(18)　本書「願文」の章参照［本訳書では訳出しない］。

［18］「嘉靖十一年祈嗣告泰山文」『山川典』巻十六「泰山部芸文」一七二頁下「惟神鐘霊孕秀鎮奠。一方陰翊国家。其来尚矣。（中略）伏望茂著神功。錫予元嗣。則我国家。綿慶祀于無窮。而神亦享福祚于有永矣」

（19） 本書「泰山の民俗」の章参照。

［19］ 本訳書第三章。『後漢書』巻八十二下「方術列伝」中華書局、点校本二十四史、一九六五年、二七三一頁「[許峻]自云。少嘗篤病。三年不愈。乃謁太山請命」
　顧炎武撰『日知録校注』巻三十「泰山治鬼」陳垣全集第一六冊、安徽大学出版社、二〇〇九年、一八二二頁「応璩百一詩云。年命在桑楡。東嶽与我期」

（20） シャヴァンヌ『史記訳注』第三巻、四二三〜四二四頁。

［20］ Chavannes, *Les mémoires historiques, op. cit.*, III, pp.423-424.
　『史記』巻二十八「封禅書」一六三七〜三八頁「秦繆公即位九年、斉桓公既覇。会諸侯於葵丘。而欲封禅。管仲曰。古者封泰山禅梁父者七十二家。而夷吾所記者十有二焉。昔無懐氏。封泰山禅云云。虙羲封泰山禅云云。神農封泰山禅云云。炎帝封泰山禅云云。黄帝封泰山禅亭亭。顓頊封泰山禅云云。帝佶封泰山禅云云。堯封泰山禅云云。舜封泰山禅云云。禹封泰山禅会稽。湯封泰山禅云云。周成王封泰山禅社首。皆受命然後得封禅」

（21） シャヴァンヌ『史記訳注』第三巻、四三一頁。

［21］ Chavannes, *Les mémoires historiques, op. cit.*, III, p.431.

『史記』巻二十八「封禅書」一六四四頁「而遂除車道。上自泰山陽至巔。立石頌秦始皇帝徳。明其得封也」

（22）　シャヴァンヌ『史記訳注』第三巻、五〇一、五〇四頁。

［22］　Chavannes, *Les mémoires historiques, op. cit.*, III, pp.501, 504.
『史記』巻二十八「封禅書」一六七九頁「礼畢。天子独与侍中奉車子侯上泰山。亦有封。其事皆禁。明日下陰道。（中略）奉車子侯暴病。一日死」

（23）　シャヴァンヌ『史記訳注』第二巻、四七三頁。第三巻、四五四頁。第四巻、二四五、三七九頁。

［23］　Chavannes, *Les mémoires historiques, op. cit.*, II, p.473; III, p.454; IV, p.245, p.379.
『史記』巻十「孝文本紀」五四一頁「十三年夏。上曰。蓋聞天道禍自怨起而福繇徳興。百官之非。宜由朕躬。今秘祝之官移過于下。以彰吾之不徳。朕甚不敢。其除之」。同、巻二十八「封禅書」一六五六頁「祝官有秘祝。即有菑祥。輒祝祠移過於下」
同、巻三十八「宋微氏世家」一九六九頁「熒惑守心。心宋之分野也。景公憂之。司星子韋曰。可移於相。景公曰。相吾之股肱。曰。可移於民」
同、巻四十「楚世家」二〇七〇頁「昭王病於軍中。有赤雲如鳥。夾日而蜚。昭王問周太史。太史曰。是害於楚王。然可移於将相」

（24）　本書「封禅関係文献」の章参照［本訳書では訳出しない］。

［24］『後漢書』志第七「祭祀志上」三一六一～七〇頁。『旧唐書』巻二十三「礼儀志」八八一～九〇四頁。『宋史』巻百四「礼志七」二五二七～三四頁。なお、四三頁以下の玉牒に関する記述はおおむね『宋史』の文によっている。

『宋史』巻百四「礼志七」二五二八～二九頁「以玉為五牒。牒各長尺二寸。広五寸。厚一寸。刻字而塡以金。聯以金縄。緘以玉匱。置石䃭中。正坐。配坐。用玉冊六副。毎簡長一尺二寸。広一寸二分。厚三分。簡数量文多少。匱長一尺三寸。検長如匱。厚二寸。闊五寸。纏金縄五周。当纏縄処刻為五道。而封以金泥。印以受命宝。封匱当宝処。刻深二分。用石䃭蔵之。其䃭用石再累。各方五尺。厚一尺。鑿中広深。令容玉匱。䃭旁施検処。皆刻深七寸。闊一尺。南北各三。東西各二。去隅皆七寸。纏縄処皆刻三道。広一寸五分。深三分。為石検十以擫䃭。皆長三尺。闊一尺。厚七寸。刻三道。広深如纏縄。其当封処。刻深二寸。取足容宝。皆有小石蓋。与封刻相応。其検立䃭旁。当刻処又為金縄三以纏䃭。皆五周。径三分。為石泥封䃭。用金鋳宝。曰天下同文。如御前宝。以封䃭際。距石十二分。距四隅皆闊二尺。厚一尺。長一丈。斜刻其道。与䃭隅相応。皆再累。為五色土圜封䃭。上径一丈二尺。下径三丈九尺。命直史館劉鍇。（中略）並先往規度之」

桐本東太は『墨子』「兼愛篇中」に周の武王が泰山で「隧」のまつりをおこなった記事を引き、隧は燧に通じ、煙をのぼらせ天をまつる燎祭に近いものとした（桐本東太『中国古代の民俗と文化』刀水書房、二〇〇四年、一五〇頁）。麥谷邦夫によれば、かつて皇帝の秘儀としておこなわれた封禅は玄宗の時代からその意義を変えて国家祭祀として機能するにいたったという（麥谷邦夫「唐代封禅議小考」小南一郎編『中国文明の形成』朋友書店、二〇〇五年、三三六頁）。池田雅典は『後漢書』「祭祀志」の記述をもとに封禅の中核をなす「封」の儀礼の手順とそこで用いられた器物について詳細に検討している（池田雅典「封禅儀礼に関する一考察——光武帝の「封」を視点として」『大東文化大学漢学会誌』四七号、二〇〇八年、四八〜七六頁）。

（25）　この句は『詩経』の「大雅」から引かれている。

［25］『毛詩正義』巻十八「大雅蕩之什崧高」十三経注疏整理委員会編、北京大学出版社、二〇〇〇年、一四一九頁「崧高維嶽。駿極于天」

（26）　奉天［現在の瀋陽］の娘娘廟にある陳震の光緒二十年（一八九四）銘記に見える。

（27）　本書第二章三五番「碧霞宮」参照。

（28）　孝子として名高い漢の郭巨の［母を葬った］石室が山頂にあるので、孝堂山の名がある。山東省肥城県孝里舗の東に位置する。

［28］　孝堂山石室の漢代銘記については以下を参照。Chavannes, *Mission archéologique dans la Chine septentrionale*, I/1, Ernest Leroux, Paris, 1913, pp.62–93.

（29）　入口上部に「清虚閣」とあり、左に崇禎八年（一六三五）の年号、右に「泰山天僊聖母碧霞元君行宮」の文字がある。建物は堅牢な石材でできており、めずらしい構造である。高さ二メートル八四センチ、東西六メートル四七センチ、南北六メートル九六センチあり、堂内には仕切りがない。屋根は丸天井でもと瓦が葺いてあった。現在は〈図9〉に見るように壁土が露出している。堂内には碧霞元君の像と祭壇がある〈図10〉。堂の周囲は平屋根のついた列柱廊で、高さ二メートル三六センチ、幅三六センチの一石からなる巨大な柱が各面に六本ずつならぶ。建物の東西にある階段が列柱廊に通じている。このような構造の建物はほかでは見かけたことがない。

(30) 高さ一メートル六〇センチ、膝張り九〇センチの大理石の像で、崇禎七年（一六三四）に造立された。像のまえにある祭壇の前面に獅子と麒麟が二頭装飾されている。

(31) 〈図11〉参照。画面はいくらか粗雑だが鳥の姿は判別できる。

(32) 『泰山聖母護世弘済妙経』の巻首に以下の刻記がある。「泰安府の南西、食品市が立つ広場の碧霞元君廟にこの経典の板木が保存してある。印刷を監督し、資金をつのったのは道那の蕭松一である。手を清め稿を終えた」。ここに見える「道那」は仏教の維那に由来すると思われ、道観の管主をいうのだろう。

［32］ 上記の刻記の原文は以下のとおり。「板存泰安府城西南関粮食市碧霞宮」「監修兼募道納蕭松一沐手脱稿」

なお、現在の道蔵には『泰山聖母護世弘済妙経』という名の経典はない。ただし大明続道蔵には『碧霞元君護国庇民普済保生妙経』（涵芬楼版『正統道蔵』第五七冊、一四四五番、藝文印書館、一九七七年。『中華道蔵』第六冊、八二番、華夏出版社、二〇〇四年）があり、五二〜五三頁に引く九人の女神の称号は見えないものの、その経題は内容の類似を思わせる。

（33）　たとえば西禅寺の奥の堂には九体の女神像がある。寺は八宝山と北京の西の玉泉山のほぼ中間にある。

（34）　東嶽泰生天斉仁聖帝の称号は至元二十八年（一二九一）に元朝が泰山にさずけた天斉大生仁聖帝の称号に類するものである（注（10）参照）。明の洪武三年（一三七〇）の勅令で廃されたが、泰山の崇拝者や道教の信者は皇帝の称号に執着した。泰山の神の像は皇帝の姿であらわされる。ところで泰神に姓名をあたえて人間になぞらえようとする中国人の傾向がここにもうかがえる。真理を得て泰山の神となった人物の名は肩吾である（レッグ『東方聖典』三九巻、二四四頁）。『荘子』によれば、泰山の神の姓名については諸書で異同がある。『岱覧』（巻六、三紙表）や『泰安県志』（末巻、二四紙裏）に引く『龍魚河図』によれば、泰山の神の姓は円、名は常龍という。五嶽真形図（本書「泰山の民俗」の章［本訳書第三章］参照）によれば姓は歳、諱（いみな）は崇である。梁代の『真霊位業図』によれば、五嶽の神々は五百年ごとに名を変えるが、そのときの泰山の神の名は秦顗、字は景倩であったという。

［34］　James Legge (tr.), *The Texts of Taoism*, The Sacred Books of the East, XXXIX, Clarendon Press, Oxford, 1891, p.244.

『荘子集釈』内篇第六「大宗師」新編諸子集成、中華書局、一九八二年、二四七頁「肩吾得之。以処大山」陶弘景纂『洞玄霊宝真霊位業図』道蔵洞真部譜録類騰字第七三冊、涵芬楼版『正統道蔵』第五冊、一六七番、一五紙左八行。『中華道蔵』第二冊、九三番、七二六頁中二行「五嶽君。五百年而一替」涵芬楼版『正統道蔵』二八紙右七行。『中華道蔵』七三一頁上一八行「泰山君荀顗。字景倩」

なお、現在の道蔵には『元始天尊説東嶽解冤謝罪真経』という名の経典はない。ただし大明続道蔵の『元始天尊説東嶽化身済生度死抜罪解冤保命玄範玄誥呪妙経』に記す称号は本文所引のものとおおむね一致する。同一もしくは同類の経典と見なせるのではないか。

『元始天尊説東嶽化身済生度死抜罪解冤保命玄範玄誥呪妙経』涵芬楼版『正統道蔵』第五七冊、一四四一番、一一紙左六行～一二紙右五行。『中華道蔵』第六冊、八一番、二五五頁下一～一一行「東嶽泰生天斉仁聖帝。四嶽四天聖帝岱嶽文武公卿。東嶽正宮淑明坤徳皇后。東嶽上卿司命鎮国真君。東嶽上殿太子炳霊仁恵王尊神。東嶽泰山天仙玉女碧霞元君。東嶽掌増福署福之神。東嶽子孫安監生衛房聖母元君。江東忠祐崇恵之神。嶽府太尉朱将軍都副統兵元帥。嶽庭七十五司冥官朝班官典」

（35）　北宋大中祥符四年（一〇一一）に東嶽大帝夫人にさずけられた称号が淑明后である。『岱覧』巻六、五紙表を参照。

［35］『宋史』巻百二「礼志五」二四八七頁「又加上五嶽帝后号。東曰淑明。南曰景明。西曰粛明。北曰靖明。中曰正明。遣官祭告」

『岱覧』巻六「岱廟上」一二二頁「［峻極殿］殿北為寝宮。広如殿九之五。祀東嶽淑明后。宋大中祥符四年十一月戊戌。加上東嶽帝后曰淑明。遣使祭告」

（36）この東嶽真君とは三茅真君の長兄の茅盈であろう。『岱覧』が引く『真霊位業図』に「司命東嶽上真卿太元真茅君、すなわち大茅君、諱は盈、字は叔申」とある。『岱覧』によれば大中祥符六年（一〇一三）に東嶽司命上卿祐聖真君に封じられたという（巻六、八紙表）。茅盈については第二章二一九番参照。

［36］『洞玄霊宝真霊位業図』涵芬楼版『正統道蔵』三紙左一〇行。『中華道蔵』七二二頁中二二行「司命東嶽上真卿太元真茅君。大茅君。諱盈。字叔申」

（37）炳霊公については第二章二一九番［一二三頁］参照。

（38）泰山の山腹にこの増福神をまつる廟がある。第二章六五番［七八頁］参照。

（39）この女神は碧霞元君の侍女の一人である。五二頁参照。

（40）この神については何も知ることができなかった。

（41）各地の東嶽廟には中庭の壁に沿って七十五の法廷が作られている。「嶽庭七十五司冥官」はこの七十五の法廷をつかさどる神々である。

[41] 北京朝陽門外東嶽廟の同類の施設については以下を参照。小柳司氣太「東嶽廟七十六司考証」『白雲観志附東嶽廟志』東方文化学院東京研究所、一九三四年、二二三～三四六頁。奈良行博『道教聖地――中国大陸踏査記録』平河出版社、一九九八年、六一頁。

(42) 元の至正二十六年（一三六六）に撰述された『輟畊録』に言う。「住まいの表門が路地や辻に面していたら、悪霊を祓いのけるため小さな石将軍もしくは「石敢当」と刻んだ碑を立てる」（『津逮秘書』巻十七、五紙表～裏）。戦国時代に石家という勇猛な一族がいたのにちなみ、悪霊に「敢当（立ち向かう）」石家の将軍をかたどる習わしになったという。この説明がどれだけ確実かは別として、この文章から言えるのは、『輟畊録』の時代には石に彫られた文字は「石敢当」であり、泰山の名はそこにはなかったということである。泰山の文字はあとで加わったのであり、本来その信仰とは無関係だった。

[42] 陶宗儀撰『南村輟畊録』巻十七「石敢当」毛晉輯『増補津逮秘書』汲古閣影印本、中文出版社、一九八〇年、五七三八頁「今人家正門適当巷陌橋道之衝。則立一小石将軍。或植一小石碑。鐫其上曰。石敢当。以厭禳之」

(43) 本書「泰山の民俗」の章でこの五嶽真形図について考察する。

[43] 本訳書一五〇～一五八頁参照。

第二章　泰山の史跡

（44）道光十年（一八三〇）の地図は十年ほど前にヴィシエール氏からゆずられたもので、光緒二十八年（一九〇二）の地図は泰安府で私が買い求めた一枚である。

［44］アルノルド・ヴィシエール（一八五八〜一九三〇）はフランス外務省の役人として北京で通訳を務め、一八九九年からパリの国立東洋語学校（現フランス国立東洋言語文化学院）で中国語を教えた。シャヴァンヌが泰山の地図を譲渡されたのは、ヴィシエールが北京に滞在した時期か。以下を参照。Paul Pelliot, "Arnold Vissière", *T'oung pao*, XXVII, Leiden, 1930, pp.407–408.

（45）光緒三十三年（一九〇七）に碧霞宮が改修された。作業用の石灰を籠に入れて運ぶ苦力（クーリー）の姿が見える。

［45］シャヴァンヌが泰山に登った翌年、一九〇八年五月十日に桑原隲蔵がここを訪れ、

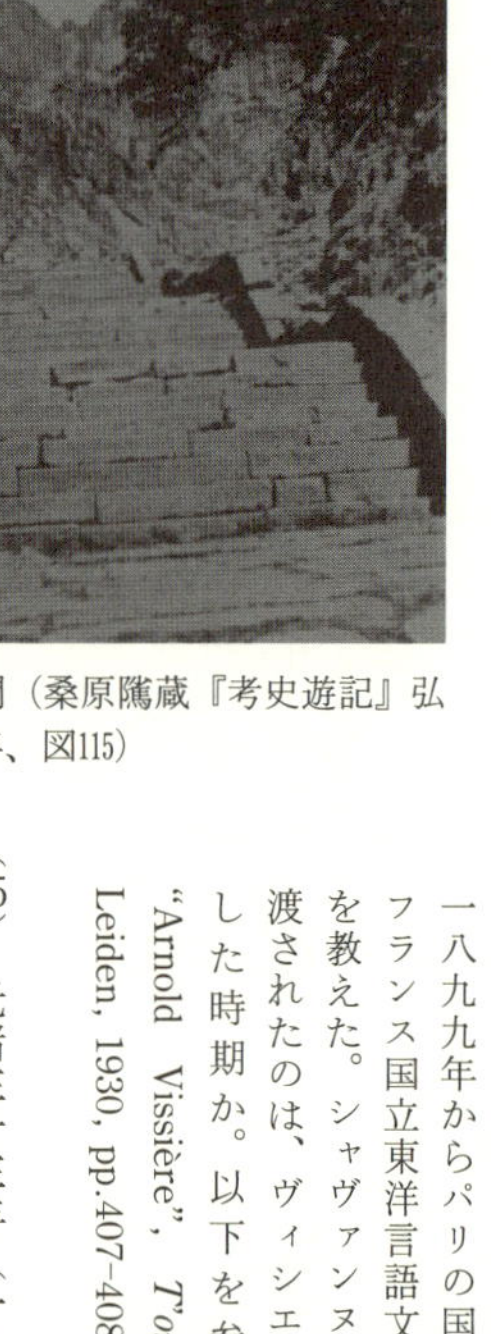

〈附図１〉　南天門（桑原隲蔵『考史遊記』弘文堂書房、1942年、図115）

階段のやや下から南天門を撮影した〈附図1〉。本文の記述に「［石］級すべて千四百余、十八盤登り尽くす処を南天門一天門より四十里となす」とある。桑原はその前年五月二十五日に京師大学堂（現在の北京大学）でシャヴァンヌに会っている。本訳書解説を参照されたい。桑原隲蔵「山東河南遊記」『考史遊記』弘文堂書房、一九四二年、一四六頁。『桑原隲蔵全集』第五巻、岩波書店、一九六八年、三九〇頁。同『考史遊記』岩波文庫、二〇〇一年、二一四頁。

(46)『論衡』巻四「書虚篇」。

[46]『論衡校釈』巻四「書虚篇」新編諸子集成、中華書局、一九九〇年、二六一頁「伝書或言。顔淵与孔子。倶上魯太山。孔子東南望。呉閶門外有繋白馬。引顔淵指以示之曰。若見呉閶門乎。顔淵曰見之。孔子曰門外何有。曰有如繫練之狀。孔子撫其目而正之。因与倶下。下而顔淵髪白歯落。遂以病死。蓋以精神不能若孔子。彊力自極。精華竭尽。故早夭死」

(47)『岱覧』巻十、八紙表。

[47]『岱覧』巻十「岱頂下」二三二頁「嶽頂以西為呉観峰。呉観峰可望呉門。孔子望呉閶門指示顔子処」

古くは『後漢書』劉昭注に引く『封禅儀記』に、秦観峰は長安を望見し、呉観峰は会稽を望見し、周観峰は嵩山を望見するとある。『後漢書』志第七「祭祀志上」三一六八頁「［封禅儀記曰］秦観者望見長安。呉観者望見会稽。周観者望見嵩山」

(48)『酉陽雑俎』巻十二。

［48］　段成式『酉陽雑俎』前集巻十二「語資」四部叢刊初編子部、台北商務印書館、一九六七年、六八頁上「明皇封禅星太山。張説為封禅使。説女婿鄭鎰本九品官。旧例封禅後。自三公以下皆遷転一級。惟鄭鎰因説。驟遷五品。兼賜緋服。因大脯次。玄宗見鎰官位騰躍。怪而問之。鎰無詞以対。黄幡綽曰。此乃太山之力也」

(49)　『岱覧』巻十、二四紙表～裏。

［49］　『岱覧』巻十「岱頂下」二三四頁「頂西稍北為丈人峰。峭石勒峰名。色如凍黎。状如台背。酉陽雑俎云。玄宗封禅泰山。張説為封禅使。女婿鄭鎰九品官。封禅後因説就遷五品。兼賜緋服。玄宗見鎰官位騰耀。怪而問之。黄旛綽曰。此泰山之力也。俗称外舅曰泰山。曰丈人本諸此。元黄氏筆記云。俗呼婦翁曰泰山。説者以為泰山有丈人峰。然古者通謂。尊長曰丈人。非特婦翁也」

(50)　『岱覧』巻八、二紙裏～四紙表。『泰山志』巻十、二一紙裏。『泰安県志』巻七、三四紙表［三五紙表］。

［50］　『岱覧』巻八「岱頂上」一七三頁「玉帝観。古太清宮也。旧冒其上。明成化十九年。中使以内帑重建。済南知府蔡晟記云。易梁以棗。易柱以石。冶鉄為瓴甓。将以垂永久也。隆慶六年。督河南昌万恭遷於石北。国朝乾隆十三年。御題額曰。妙運無窮。榜其楹曰。統馭群霊端紫極。絪縕真宰肇元功。石右有碣。題古登封台」

『泰山志』巻十「祠廟志」二四三頁「玉帝観。在玉皇頂。古称太清宮。明成化十九年。中使以帑金建修。隆慶六年。万恭撤観於嶺北。出嶺石而表之。国朝乾隆十三年。御題額曰。妙運無為。聯曰。統馭群霊端紫極。絪縕真宰肇元功」

『泰安県志』巻七「祠祀考」三五紙表「玉帝観。在玉皇頂。古称太清宮。明成化年重建。隆慶六年。万恭撤観於嶺北。国朝乾隆十三年。御題額曰。妙運無為。聯曰。統馭群霊端紫極。絪縕真宰肇元功」

（51）チェペ『泰山と岱廟』図三〇。

［51］Tschepe, *Der T'ai schan, op. cit.*, Abb.XXX.

（52）喬宇が正徳五年（一五一〇）ごろ撰述した泰山の旅行記は、古今図書集成の『山川典』（巻十六、一二紙裏～一三紙表）に掲載されている。

［52］喬宇「游泰山記」『山川典』巻十六「泰山部芸文」一七六頁下「殿中有宋真宗石匣。内蔵玉検十六。成化間曾入御覧。験為祀泰山后土文也」。なお、喬宇が泰山へ奉った正徳五年旱告泰山文の碑拓は〈図47〉参照。

（53）『岱覧』巻八、一五紙裏。

［53］『岱覧』巻八「岱頂上」一八二頁「［日観］峰西勒古登封壇。俗云宝蔵庫。以瘞金緘玉簡故。于慎行云。頂東里所。漢之封壇在焉。石碧膩屋覆其上。白云嶕嶇処。呉同春以為宋封壇。岱史因之。明喬宇記云。玉皇殿中。有宋真宗石匣。内蔵玉簡十六。成化間曾入御覧。験為祀泰山后土文」

（54）『岱覧』巻八、一五紙裏。

［54］『岱覧』巻八「岱頂上」一八二頁「考成化十八年。日観峰下雨水冲出。玉冊会中使有事東藩。馳以献。

命仍瘞旧所。非蔵之殿中也。乾隆十二年。工人於峰側鑿石。得玉匣二。各緘以縄検。啓視。其一為祥符玉冊。共十七簡。簡字一行。外用黄縵折迭裹之。其一未啓。簡度悉如宋史所載。巡撫阿里衮献於朝。則為宋封無疑。即邵伯温所謂真宗東封壇址也。而道里記据唐書礼楽志。乾封立登封壇於山上。施名万歳壇。開元於山上立円台。又於其上起方壇。以為此蓋唐時築也。要之前代登封大率在此。而壇壝亡矣」

（55）シャヴァンヌ『史記訳注』第二巻、一四〇〜一四二頁。

［55］Chavannes, *Les mémoires historiques, op. cit.*, II, pp.140–142.

『史記』巻六「秦始皇本紀」三一二頁「皇帝臨位。作制明法。臣下修飾。二十有六年。初并天下。罔不賓服。親巡遠方黎民。登茲泰山。周覧東極」

（56）『岱覧』巻八、五紙表〜六紙裏。

［56］『岱覧』巻八「岱頂上」一七五頁「[玉帝]観門外豊碑矗立。高丈五尺五寸。広三尺六寸。厚三之二。蓋如幢首。趺壅於地。或曰石表。或曰神主石。或曰函封禅文。或曰下有金書玉簡。以為鎮也。史記引晋太康地記云。樹石太山之上。高三丈一尺。広三尺。秦之刻石云。殆非此石。鄭樵通志云。泰山上有秦時無字碑。考古録云。嶽頂無字碑。世伝為秦始皇立。按秦碑在玉女池上。李斯篆書。高不過四五尺。而銘文并二世詔書咸具。不当又立此大碑也。考之宋以前亦無此説。（中略）然則此無字碑。明為漢武帝所立。而後之不読史者。誤以為秦耳」

（57）拓本は三点ある。最古のものは十二世紀の拓本で『金石索』に載せる（シャヴァンヌ『史記訳注』第二巻、五五四〜五五七頁に影印)。二番目の拓本は二十九字を存し、明代の石碑の状態を伝える。道光五年(一八二五)に複製を作る際の藍本となった。その複製は岱廟の魯班殿へ通じる中庭の壁に嵌めこまれ、鉄格子で保護されている。三番目の拓本は十字のみ存する。泰安府の道観が保存する泰山刻石の破片二個から採拓したという。岱廟を訪れたとき魯班殿の複製は実見したが、原石の破片二個は目睹できなかった。

[57] Chavannes, *Les mémoires historiques, op. cit.*, II, pp.554–557.
馮雲鵬・馮雲鵷輯『金石索』石索一「碑碣之属」書目文献出版社、一九九六年、九六九〜九七二頁。泰山刻石の原石破片二個は嘉慶二十年(一八一五)に玉女池の改修工事中に発見され、現在は岱廟碑林御座院の碑亭にある。拓本はほかにも宋拓百六十五字本(明の安国旧蔵、現在は三井氏聴冰閣蔵)と宋拓五十三字本(明の華氏真賞斎旧蔵、のち安国蔵、現在は三井氏聴冰閣蔵)が伝存する。以下を参照。角井博『石鼓文・泰山刻石』二玄社、一九八八年、一五頁。『泰山石刻』第二巻、四九〇〜四九一、五〇八頁。

(58) シャヴァンヌ『史記訳注』第三巻、四九九頁。
[58] Chavannes, *Les mémoires historiques, op. cit.*, III, p.499.
『史記』巻二十八「封禅書」一六七八頁「東上泰山。泰山之草木葉未生。乃令人上石立之泰山巓」

(59) 『岱覧』巻八、八紙裏。
[59] 『岱覧』巻八「岱頂上」一七七頁「張銓詩刻。文曰。奔蕩天風万里吹。玉函金検至今疑。袖携五色如椽筆。来補秦王無字碑。右詩碑行書。万暦四十五年。勒漢武立石左」。以下に掲載。『泰山石刻』第五巻、一

三四一頁。

(60) 泰山の絵図〈図1〉に番号を書き落とした。玉皇頂（一八番）の東にある小さな建物がそれである。

(61) 『岱覧』巻八、四紙裏。『泰山道里記』二〇紙表。

[61] 『岱覧』巻八「岱頂上」一七四頁「撫臣建亭其中。以備宸眺。額曰。浴日養雲」『泰山道里記』五一頁「[玉皇頂]東側為迎旭亭。今上額曰。浴日養雲。自南天門至絶巓六里余。登岱者必以為極焉」

(62) 『岱覧』巻八、一二紙表。

[62] 『岱覧』巻八「岱頂上」一八〇頁「頂南下東迤平頂峰。冠石砥夷。曠若無地。峰陽乾坤亭。明挟仙宮故址也。旧勒孔子小天下処。康熙甲子。聖祖仁皇帝登岱。賜額普照乾坤。因建亭而名之」

(63) チェペ『泰山と岱廟』図三二。

[63] Tschepe, *Der T'ai schan, op. cit.*, Abb.XXXII.

(64) 『孟子』第七上、二四節。

[64] 『孟子注疏』巻十三「尽心章句上」十三経注疏整理委員会編、北京大学出版社、二〇〇〇年、四二九〜

四三〇頁「孟子曰。孔子登東山而小魯。登太山而小天下。故観於海者。難為水。遊於聖人之門。難為言」

(65) 『岱覧』巻八、一六紙表。

[65] 『岱覧』巻八「岱頂上」一八三頁「[観海]亭北一石。長二丈余。博四之一。剡其首。昂指東溟。如人秉笏而拝者。曰探海石」

(66) 『岱覧』巻八、一六紙表。

[66] 『岱覧』巻八「岱頂上」一八二頁「[日観]峰巓有亭。故望海楼址也。(中略)明初建日照観。嘉靖間復置。観海亭楼在其北。今弁圯」

(67) 泰山に介丘の名を与えたのは司馬相如である。

[67] 『史記』巻百十七「司馬相如伝」三七一三頁「欽哉。符瑞臻茲。猶以為薄。不敢道封禅。蓋周躍魚隕杭。休之以燎。微夫斯之為符也。以登介丘。不亦恧乎。[『史記集解』] 漢書音義曰。介大丘山也。言周以白魚為瑞。登太山封禅。不亦慚乎」

(68) 『岱覧』巻八、一四紙裏~一六紙裏。

[68] 『岱覧』巻八「岱頂上」一八三頁「日観峰。高聳微譲絶頂。而軒曠可窮三面。太山記曰。東岩名日観者。鶏一鳴時。見日始欲出。長三丈許也。(中略)道里記謂即漢官儀及泰山記所云。山頂東岩。為介丘也」

明成化十八年ならびに清乾隆十二年における玉牒の発見については訳注[54]参照。文中『太山記』の記述の典拠は『後漢書』劉昭注に引く『封禅儀記』に求められよう。『後漢書』志第七「祭祀志上」三一六八頁「［封禅儀記曰］東山名曰日観。日観者。雞一鳴時。見日始欲出。長三丈所」

(69)　『岱覧』巻十七、四紙表～一〇紙表。

［69］　『岱覧』巻十七「岱陰」三九五頁「［山陽有元君廟］東上為蔚然閣。（中略）有元君墓。吾聞天仙不蛻。今有墓何也。自黄花桟至此。為松雲最深処。後石塢所由名与。或曰塢当為屋。以石屋名也」

(70)　『岱覧』巻八、二五紙裏。『泰山道里記』二二紙表。

［70］　『岱覧』巻八「岱頂上」一八九頁「日観峰南為愛身崖。三面陡削。絶天尾径。蚩氓軽生以求冥福。故旧名捨身。明巡撫何起鳴繚垣厳禁。始碣今名。然迄今投崖者。歳有人焉。可怪嘆也」『泰山道里記』五二頁「日観峯南為愛身崖。旧称舎身崖。三面陡削。絶無尾径。四方愚民。往往為親病誓代親。愈則躍身投崖以死。明何起鳴繚垣示禁。碣曰愛身」

自殺の原因はほかに孝心や借寿のためもあったという。以下を参照。Paul Demiéville, "Le T'ai-chan ou Montagne du suicide", *L'écho des Alpes*, Club alpin suisse, Genève, 1924, pp.362-363; id., *Choix d'études sinologiques (1921-1970)*, E. J. Brill, Leiden, 1973, pp.3-4. 澤田瑞穂「借寿考」『中国の民間信仰』工作舎、一九八二年、三二六頁。

(71)　『岱覧』巻十、八紙表～一三紙表。『泰安県志』巻八、一三紙表［巻七、一三紙表～一四紙裏］。

［71］『岱覧』巻十「岱頂下」二二三頁「嘉靖間。朱尚書衡創議建孔子廟。万歴間。郝推官大猷修正殿三楹。繚垣南以門。譚侍御耀。毛侍御在。査運使志隆奉至聖銅像。及四配像」

『泰安県志』巻七「祠祀考」一三紙表〜一四紙裏「至聖廟。在岱頂孔子崖下。青帝宮西南。旧為過化亭。基明万歴中。（中略）国朝康熙甲寅歳［十三年］。呉雲与楊霖重建。礱石為像。丁酉歳［五十六年］。巡撫李樹徳檄修廟」

（72）クヴルール『礼記訳注』二四三頁。

［72］Séraphin Couvreur, *Li ki, ou Mémoires sur les bienséances et les cérémonies*, I, Imprimerie de la Mission Catholique, Ho kien fou, 1899, p.243.
『礼記正義』巻十「檀弓下」十三経注疏整理委員会編、北京大学出版社、二〇〇〇年、三六二〜三六三頁「孔子過泰山側。有婦人哭於墓者而哀。夫子式而聴之。使子路問之曰。子之哭也。壱似重有憂者。而曰。然。昔者吾舅死於虎。吾夫又死焉。今吾子又死焉。夫子曰。何為不去也。曰。無苛政。夫子曰。小子識之。苛政猛於虎也」

（73）『金石索』（鏡部、六〇紙表）に載せる鏡、および［シベリア南部の］ミヌシンスクから将来されたウイグル語銘の鏡の断片を参照。

［73］Johann Reinhold Aspelin et Otto Donner, *Inscriptions de l'Iénissei: recueillies et publiées par la Société finlandaise d'archéologie*, Suomalais ugrilaisen Seuran toimituksia, Helsingfors, 1889, pl.XXXIX.
『金石索』金索六「鏡鑑之属」八六一頁「［栄啓奇竟］栄啓奇「問曰答「孔夫子」

（74）『列子』巻一「天瑞」。

［74］『列子集釈』巻一「天瑞」新編諸子集成、中華書局、二〇一三年、二二〜二三頁「孔子遊於太山。見栄啓期行乎郕之野。鹿裘帯索。鼓琴而歌。孔子問曰。先生所以楽。何也。対曰。吾楽甚多。天生万物。唯人為貴。而吾得為人。是一楽也。男女之別。男尊女卑。故以男為貴。吾既得為男矣。是二楽也。人生有不見日月。不免襁褓者。吾既已行年九十矣。是三楽也。貧者士之常也。死者人之終也。処常得終。当何憂哉。孔子曰。善乎。能自寛者也」

（75）『泰山志』巻十、一五紙裏。

［75］『泰山志』巻十「祠廟志」二三九頁「北斗壇。在魯班洞北。明万歴間築。四面皆門而中通。上復為台。曰礼斗。碧石並時多文采。俗呼輔弼二星。取泰山北斗之義也」

（76）クヴルール『中国語ラテン語辞典』「斗」字参照。

［76］Séraphin Couvreur, *Dictionarium linguae Sinicae latinum, cum brevi interpretatione gallica, ex radicum ordine dispositum*, Missione Catholica, Ho kien fou, 1877, p.230, no.3792.

（77）『泰山志』巻十、二一紙表。

［77］『泰山志』巻十「祠廟志」二四三頁「［東嶽廟］西為後寝宮。明称神憩宮。内設元君臥像。乾隆十三年。賜額曰。徳溥坤輿。亦有両配殿。繚以周垣」

ここに記述された碧霞元君の仰臥像は現存しないが、シャヴァンヌ登攀の翌年に桑原隲蔵は「元君後宮あり。元君の臥像を置く」と記した。澤田瑞穂も一九四一年に泰山を訪れたときこれを見ている（桑原隲蔵『考史遊記』前掲書、一四七頁。同、岩波文庫、二一五頁。澤田瑞穂『中国の泰山』世界の聖域別巻一、講談社、一九八二年、九五頁。再録『修訂地獄変――中国の冥界説』平河出版社、一九九一年、一八〇頁）。小南一郎によれば、春に山に登るのはそこで身に帯びた生命力を日常の場にもたらすためだった。泰山寝宮の女神は臥しているあいだ生命力をたくわえており、めざめのときに人々は碧霞元君廟に参詣してその力にあずかったという（小南一郎「女神の目覚め――碧霞元君と春の祀り」説話と説話文学の会編『中国と日本の説話Ｉ』説話論集第一三集、清文堂出版、二〇〇三年、一六頁）。奈良行博は本訳書初版の書評のなかでこの臥像にふれている。女神を主神とする本殿の背後に寝宮を設け、そこに寝台を据えて臥像を拝させる例は広東悦城の龍母廟や河南濬県の碧霞元君廟にもあり、子宝に恵まれない者が訪れる場であったことを考慮すべきであるという（奈良行博「シャヴァンヌ著・菊地章太訳『泰山――中国人の信仰』」『東方宗教』一〇一号、二〇〇三年、六六頁）。シャヴァンヌが訪れたとき参詣者がいたならば、その印象は違っていたかもしれない。

（78）『泰安県志』巻七、三四紙裏［三五紙裏］。

［78］『泰安県志』巻七「祠祀考」三五紙裏「青帝宮。在玉皇頂南。万歴十四年建。国朝乾隆十三年。御題額曰。慈天広佑」

（79）シャヴァンヌ『史記訳注』第三巻、四四六頁。

［79］ Chavannes, *Les mémoires historiques, op. cit.*, III, p.446.

『史記』巻二十八「封禅書」一六三四頁「秦襄公既侯。居西垂。自以為主皞之神。作西畤祠白帝」同、一六三七頁「秦宣公作密畤於渭南。祭青帝」。同一六四一頁「秦霊公作呉陽上畤。祭黄帝。作下畤。祭炎帝」。同一六四二頁「櫟陽雨金。秦献公自以為得金瑞。故作畦畤櫟陽而祀白帝」

（80） シャヴァンヌ『史記訳注』第三巻、四四九頁。

［80］ Chavannes, *Les mémoires historiques, op. cit.*, III, p.449.

『史記』巻二十八「封禅書」一六五七頁「［高祖］二年。東撃項籍而還入関。問。故秦時上帝祠何帝也。対曰。四帝有白青黄赤帝之祠。高祖曰。吾聞天有五帝。而有四何也。莫知其説。於是高祖曰。吾知之矣。乃待我而具五也。乃立黒帝祠。命曰北畤」

（81） 『岱覧』巻九、二二紙表〜三九紙表。『泰山志』巻十、一五紙裏〜二〇紙裏。『泰安県志』巻七、三〇紙表〜三四紙表［三一紙表〜三五紙表］。『泰山道里記』一九紙表〜二〇紙表。

［81］ 『岱覧』巻九「岱頂中」二〇七頁「［大観峰］其陽有碧霞元君祠。是為元君上廟。（中略）金為昭真祠。洪武時重修。弘治中更名霊応。嘉靖朝大内施万金拓建。額曰。碧霞霊応宮」

『泰山志』巻十「祠廟志」二三九頁「碧霞元君祠。在北斗台東。元君上廟也。旧名昭真観。宋真宗東封建。明洪武時重修。劉定之記。成化間改署碧霞霊応宮。万歴三十六年重修。邢侗記。祠南向。正殿五間。像設及蓋瓦鴟吻簷鈴之類。皆笵銅為之。殿東一間曰東宝庫。西一間曰西宝庫。儲諸所捐施。即漢武帝時所謂梨棗銭也。（中略）東西両廡。祀眼光送生二母。瓦皆鉄冶。中為香亭。即万歴中建金闕処。東西御碑亭二

『泰安県志』巻七「祠祀考」三一紙表～三五紙表「碧霞霊応宮。在嶽頂南。元君之上廟也。旧志云。宋真宗東封時所建。金称昭真観。明洪武中重修。有学士劉定之記。成化間改署今額。万歴三十六年重修。邢侗記云。蓋聞之。孔子云。質有余者。不受飾也。碧霞宮胡以修也」

『泰山道里記』四八～四九頁「東為碧霞祠。元君上廟也。（中略）祠正殿五間。像設及蓋瓦鴟吻簷鈴之類。皆範銅為之。其玉像不知毀於何時也。欄其東一間曰東宝庫。西一間曰西宝庫。用以投儲諸所捐施。名曰混施銭。蓋即漢武時所謂梨棗銭也」

（82）チェペ『泰山と岱廟』図二四。

［82］Tschepe, *Der T'ai schan, op. cit.*, Abb.XXIV.

（83）『岱覧』巻九、二二紙裏。

［83］『岱覧』巻九「岱頂中」二〇八頁「［碧霞元君祠］万歴年修葺。又為慈聖太后禳目眚。乃鍍金為元君像。笵銅殿居之。号曰金闕。（中略）今徙山麓社首東矣」

（84）『泰山道里記』一九紙裏。

［84］『泰山道里記』四八～四九頁「［碧霞祠］自乾隆二十四五年以来。毎遇四月盛会之期。御賜彝器。鼎炉缶罇琖。磁晶金玉之属。（中略）塩鉄論曰。古者庶人魚菽之祭。士一廟大夫三。以時有事於五祀。無出門之祭。今富者祈名嶽。望山川。椎牛擊鼓。戯倡舞像。則出門進香之俗。已自西京而有之矣。第四方男女。不遠数千里。進香報賽。皆先有事於元君。而後及於他廟也」

(85)『岱覧』巻九、一紙裏。『泰山志』巻十、二〇紙裏。『泰安県志』巻七、三〇紙表［三一紙表］。『泰山道里記』二〇紙表～裏［二三紙表～裏］。

［85］『岱覧』巻九「岱頂中」一九四頁「［摩崖］碑前左東嶽廟。従征記所謂太山上廟也。元張志純拓建。明嘉靖間巡撫曾銑重修。今皇上賜額。資始惟元。又曰。上摩蒼昊。廡檐東偏。有明万歴甲寅年所刻。五嶽真形図碑」

『泰山志』巻十「祠廟志」二四三頁「東嶽廟。在元君祠東北。従征記所謂上廟。在山頂。即封禅処也。元張志純重修。明嘉靖間巡撫曾銑継之。国朝乾隆十三年。賜額曰。資始惟元。又賜額曰。上摩蒼昊」

『泰安県志』巻七「祠祀考」三一紙表「東嶽廟。即泰山上廟也。在嶽頂唐磨崖碑前。元人張志純嘗修焉。明嘉靖間。都御史曾銑重修。布政使陳儒為之記。国朝乾隆十三年。御題額曰。資始惟元。又曰。上摩蒼昊」

『泰山道里記』四九頁「東北上為東嶽廟。従征記所謂上廟。在山頂即封禅処也。（下略）」

(86)『春秋公羊伝』僖公、三十一年。

［86］『春秋公羊伝注疏』巻十二「僖公」十三経注疏整理委員会編、北京大学出版社、二〇〇〇年、三一三頁「［三十有一年］触石而出。膚寸而合。不崇朝而徧雨乎天下者。唯泰山爾」

(87)『岱覧』巻十一、六紙裏。

［87］『岱覧』巻十一「岱陽上」二四八頁「朝陽洞。窃窕如厦而南辟。旧名迎陽。亦名雲陽。明朱衡更今名。泰山小史云。深如巨屋。可容二十人。旁樹扶疎。近塑元君像於内。（中略）勒皇上御製朝陽洞詩。字径三尺。

因名万丈碑。又御製詩二首。勒洞東石壁」

（88）『泰山道里記』一七紙裏。

［88］『泰山道里記』四六頁「坪北旧有五大夫松。（中略）泰山紀事。松旧有二株。蒼秀参天。四囲碧石欄。根無土蟠於石上。万歴三十年。泰山起蛟。遂失松所在。以為化龍去。按五大夫樹。唐陸贄称五株。今新栽五松。坊額曰五大夫。皆好事者為之」

（89）シャヴァンヌ『史記訳注』第二巻、一四〇頁。

［89］Chavannes, *Les mémoires historiques, op. cit.*, II, p.140.
『史記』巻六「秦始皇本紀」三一一頁「［二十八年］乃遂上泰山。立石封祠祀。下風雨暴至。休於樹下。因封其樹為五大夫」

（90）ルイ・ガイヤール「中国の十字文と卍文」二一八頁。

［90］Louis Gaillard, *Croix et swastika en Chine*, Variétés sinologiques, III, Imprimerie de la Mission Catholique, Shanghai, 1893, p.218.

（91）チェペ『泰山と岱廟』図二〇。

［91］Tschepe, *Der T'ai schan, op. cit.*, Abb.XX.

（92）『泰山道里記』一七紙表。

［92］『泰山道里記』四五頁「歇馬崖北有聖水泉。跨道殿閣鉅麗。即明嘉靖昇仙閣趾。乾隆十二年拓建。改名壺天閣。今上駐蹕於此。有御製閣額。及御製壺天閣詩三首。勒東北崖」

つづく七五番の歇馬崖については参照文献の記載がない。以下を補う。

『泰山道里記』四五頁「水簾洞北為登仙橋。東折而上為歇馬崖。亦曰馬棚崖。言崖可屋馬也」

（93）シャヴァンヌ「シルヴァン・シャリア氏筆録の碑文三題」六九八〜七〇〇頁。

［93］Chavannes, "Trois inscriptions relevées par M. Sylvain Charria", *T'oung pao*, VII, Leiden, 1906, pp.698–700.

（94）中国の地図には経石峪と記され、現在もそう呼ばれている。しかし宋代に通行していた石経峪の名が正しい。『岱覧』巻十一、二二紙表を参照。

［94］『岱覧』巻十一「岱陽上」二六〇頁「石経峪。宋時称石経谷。石経者。鐫隷体金剛経於石坡。字大如斗。随石所之。経尽而止。（中略）上有小瀑布。横闊若短簾。浸蝕経字。半剝落矣」

（95）『岱覧』巻十一、第二三紙表。『泰山道里記』一六紙裏。

［95］『岱覧』巻十一「岱陽上」二六一頁「［石経峪］案石経。旧伝右軍書。道里記云。北斉武平時。梁父令王子椿好内典。嘗於徂徠山刻石経。二俱隷書。字法古勁。与此如出一手。是経当亦子椿書。明人或刻大学聖経於上端。康熙間。猶有存者。今佚」

『泰山道里記』四四～四五頁「［橋北］為石経峪。宋陳国瑞題名石経谷。石坪広畝許。古刻隷書金剛経於上。字大如斗。不記姓名年号。残毀過半。明王世懋輩疑。為宋元人筆。而無所指実。按北斉武平時。梁父令王子椿好内典。嘗於徂来山刻石経。二倶隷書。字跡古勁。与此如出一手。則是経或亦子椿書耶」

（96）注（117）参照。

（97）シャヴァンヌ『史記訳注』第二巻、一八四頁。

［97］Chavannes, *Les mémoires historiques, op. cit.*, II, p.184.

『史記』巻六「秦始皇本紀」三三〇～三三一頁「［三十六年］秋。使者従関東夜過華陰平舒道。有人持璧遮使者曰。為吾遺滈池君。因言曰。今年祖龍死。使者問其故。因忽不見。置其璧去。使者奉璧具以聞。始皇黙然良久。曰。山鬼固不過知一歳事也。退言曰。祖龍者。人之先也。使御府視璧。乃二十八年行渡江所沈璧也。［『史記集解』］蘇林曰。祖始也。龍人君象。謂始皇也。服虔曰。龍人之先象也。言王亦人之先也。応劭曰。祖人之先。龍君之象」

（98）『泰山道里記』一六紙裏。

［98］『泰山道里記』四四頁「北為高老橋坊。自一天門坊至此五里。北即高老橋。古有高老。創開此道故名。有嘉靖三十九年副使高捷重修橋碑」

つづく八五番の斗母宮については参照文献の記載がない。以下を補う。

『岱覧』巻十一「岱陽上」二六五頁「［橋］坊南有斗姥宮。古龍泉観也。明嘉靖時徳藩重建」

『泰安県志』巻七「祠祀考」三〇紙表「斗母宮。在高老橋東。龍泉峰下。嘉靖中徳藩重修建。即古龍泉観」『泰山道里記』九八頁「北為斗母宮。古龍泉観也。明嘉靖二十一年。徳藩重建。済南陳�記」

現状は前殿に観音大士、後殿に斗姥を祀る。前殿だけ開けて尼僧が守るという。以下を参照。奈良行博『道教聖地』前掲書、一六八頁。

（99）『泰山志』巻十、一四紙表。『泰山道里記』一六紙裏。

［99］『泰山志』巻十「祠廟志」二三八頁「万仙楼。在観音閣北。旧称望仙。明万歴四十八年建。上祀王母。配以列仙。中為元君。乾隆十三年。賜額曰。景会群真」

『泰山道里記』四四頁「観音閣北跨道為万仙楼。旧称望仙。万暦四十八年建。上祀王母。配以列仙。中為元君。今上額曰。景会群真」

（100）『岱覧』巻十三、二五紙裏［四五紙裏］。『山東通志』巻三十六、二〇紙裏［二九紙裏］。

［100］『岱覧』巻十三「岱陽下」三二九頁「［唐封祀］壇北旧有白騾塚。開天伝信記。上将登封泰山。益州進白騾。潔朗豊潤。権奇偉異。上遂親乗之。柔習安便。不知登降之倦也。告成礼畢。復乗而下。纔下山坳。休息未久。而有司言。白騾無疾而潰。上嘆異之。謚曰白騾将軍。命有司具櫓櫝。累石為墓。在封祀壇北一里許。於今存焉」

『山東通志』巻三十六「泰安府」文淵閣影印本『欽定四庫全書』史部地理類、一九八六年、二九紙裏「［百川学海］唐玄宗将登封泰山。益州進白騾。至甚偉異上。遂親乗之。柔習便安。不知登降之倦。告成礼畢。復乗而下。纔下山坳。休息未久。而有司言曰。白騾無疾而殪。上嘆異之。謚曰白騾将軍。命有司具櫓櫝。累石為墓。在封禅壇北一里」

（101）『泰山道里記』一六紙表。

［101］『泰山道里記』四四頁「［一天門坊］北為元君廟。元君有上中下三廟。此其中廟也。旁有且止亭。明天啓六年。僧興旺拓建。知州于可久記。康熙間建紅門坊於前。額曰。瞻巌初歩。為登岱者。衆路之会」

（102）『泰山道里記』一六紙表。

［102］『泰山道里記』四四頁「［紅門坊］西為合雲亭。雍正三年。知州呉曙建。有今上賜亭額」

（103）『孟子』第七上、二四節。注（64）参照。

（104）『泰山道里記』一六紙表。

［104］『泰山道里記』四四頁「［関帝廟］北為一天門坊。明参政龍光題。康熙五十六年。巡撫李樹徳重建。自岱宗坊至此四里。是入盤道之始。凡坊皆跨道。遊者経其下也」

（105）多くの廟では、そこでまつる神の像は二体作られた。主な一体は堂内に安置したままで動かすことはない。二体目［の前立ちの像］はその写しで小さめに作られる。まつりの行列［行像］にかついで歩く像である。

（106）『泰安県志』巻七、二七紙裏［二八紙裏］。

［106］『泰安県志』巻七「祠祀考」二八紙裏「后土殿。在大王廟東北。有宋大観元年。范致君題名石刻」

（107）『泰安県志』巻七、二七紙裏［二八紙裏］。

［107］『泰安県志』巻七「祠祀考」二八紙裏「老君堂。旧為元都観。在王母池右。唐為老氏築宮。武后賜額白鶴即此。其下為古岱嶽観所。所謂泰山中廟也。唐時六帝一后。修斎建醮。皆在此殿。前有双碑」

（108）『金石萃編』巻五十三。『岱覧』巻十二。

［108］『金石萃編』巻五十三「岱岳観碑」石刻史料新編第一輯、新文豊出版公司、一九七七年、第二冊、八八八頁上～八九五頁下。ほかに「岱岳観双碑」は以下に掲載。孫星衍編『泰山金石記』石刻史料新編第三輯、新文豊出版公司、一九八六年、第二六冊、三頁下～六頁上。陳垣編『道家金石略』文物出版社、一九八八年、五六頁他。

『岱覧』巻十二「岱陽中」二七一～二七二頁「［王母池］老君洞在其東。古岱嶽観之一隅也。（中略）双碑亦有拝坊瑤池之語。由来已久」

（109）『岱覧』巻十二、一紙表。『泰安県志』巻七、一八紙表［二九紙表］。

［109］『岱覧』巻十二「岱陽中」二七二頁「呂公洞北為虬在湾。深広可勝小艇。即王母池。一曰瑤池。水経注。古者帝王升封。咸憩此水」

『泰安県志』巻三「山川考」六紙表～裏「王母池。亦曰瑶池。中有潜虬化龍去。因名虬在湾。（中略）今淤上立王母殿」。同、巻七「祠祀考」二九紙表「王母殿。在老君堂東。殿下臨虬在湾。有泉側出滙為池。甃以石欄。曰瑶池。又名王母池」

『道家金石略』一五六頁「大唐大暦七年。太歳壬子正月癸未朔二十三日乙巳。奉勅於岱岳観。修金籙斎醮。及於瑶池投告事畢」。同、一六三頁「大暦十四年二月二十七日。同登泰岳。時真君道士卜晧然。万歳道士郭紫微。各携茶菓相候於廻馬嶺。因憩於王母池。登臨之興。無所不至」

（110）『泰山道里記』一六紙表。

［110］『泰山道里記』四三頁「虬在湾北。石厂森陰。渓水潆瀯。泰山紀勝謂之小蓬萊。為工人采石所毀」

（111）『岱覧』巻十二、一紙裏。『泰山志』巻十、二二紙表～裏。『泰安県志』巻七、二八紙表～裏［二九紙表～裏］。『泰山道里記』一五紙裏。この洞窟に呂洞賓の伝説が結びついたのはそれほど古くない。老君堂（九七番）の石碑に刻まれた唐代の文には発生洞の名で出る。宋代に撰述された銭伯言の泰山紀行［逸文］には金母洞とある。『泰山道里記』一五紙裏を参照。

［111］『岱覧』巻十二「岱陽中」二七一頁「［王母池］東崖為呂公洞。唐夷洪謂之発生洞。宋銭伯言謂之金母洞。方広容十許人。内有呂仙石像。以紹聖政和年。仙嘗題詩於此故」

『泰山志』巻十「祠廟志」二四四頁「呂祖祠。在虎山東南。岱道村中。万歴間建。宋燾有碑記。（中略）呂祖閣。在岱麓王母池東北。嘉慶二年。巡撫伊江阿。知府金棨建」

『泰安県志』巻七「祠祀考」二九紙表～裏「呂公祠。在城東北五里。岱道村旁。創建無攷。明万歴四十三年。宋燾記云。郡城北二里許。有呂公祠。羽客心元所創建也」
『泰山道里記』四三頁「[王母橋今廃]旁為呂公洞。唐双碑韋洪詩。謂之発生洞。宋銭伯言紀遊。謂之金母洞。伝純陽子煉丹於此。内有純陽石像」

(112)『岱覧』巻十二、二紙表。

[112]『岱覧』巻十二「岱陽中」二七一頁「[呂公洞]東上為飛虬嶺。泰山紀事云。昔呂公題詩石壁。有虬常対詩頂礼。一夕呂公復至。揮筆点其額。遂化龍飛去」

(113)『泰山志』巻十、二二紙表。『泰安県志』巻七、三四紙裏[三五紙裏]。

[113]『泰山志』巻十「祠廟志」二四四頁「四陽庵。在岱東南。屏風巌前。一名潜仙。旧址在庵西南。明万歴初。道士柴慧庵修煉処。州人肅大亨。移建於此」
『泰安県志』巻七「祠祀考」三五紙裏「四陽庵。在嶽東南麓。摩天嶺下。旧名潜仙。前明時。崑山羽人柴慧庵修煉於此。有郡人蕭大亨碑記。其地山勢。嶙峋古松盤鬱。亦嶽陽勝境也」

(114)『岱覧』巻十二、二一紙裏、二五紙裏。『泰山志』巻十、一三紙表。『泰安県志』巻七、二七紙裏[二八紙裏]。

[114]『岱覧』巻十二「岱陽中」二八七頁「[北斗殿]北為金龍四大王廟。康熙初。祠河神。祠前有像没」。同、二九〇頁「国朝建金龍四大王廟碑。右王紀撰。曲允斌真書。趙宏文篆額。康熙元年十一月勒廟内」
『泰山志』巻十「祠廟志」二三七頁「金龍四大王廟。在玉皇閣北。山東通志称。神為南宋謝緒。行四銭塘

人。隠金龍山。宋亡投苕水死。明天啓四年。以擁護漕河封今号。国朝康熙元年祀此」『泰安県志』巻七「祠祀考」二八紙裏「金龍四大王廟。在玉皇閣北。偏按神為南宋謝緒。明天啓中。以擁護漕河封今号。祀於単県之黄堌。国朝康熙中。州人私祀於此」

(115)『大清一統志』巻二百十八、五紙表。

[115]『嘉慶重修大清一統志』巻二百八十五「杭州府」中国文献出版社影印第一〇一冊、一九三四年、一八紙裏「[謝緒]銭塘人。理宗皇后謝氏之族。世居邑之安渓。徳祐二年。帝北狩。謝太后以病請留。元兵突入宮。舁之而去。緒大慟。与其徒訣。遂赴水死。時苕水陡湧。高丈余。緒尸立而逆流。挙葬於金龍山之側」

(116)『岱覧』巻十二、二〇紙裏。『泰山志』巻十、一二紙裏［巻九、一一紙表］。『泰安県志』巻七、二七紙裏［二八紙裏］。

[116]『岱覧』巻十二「岱陽中」二八七頁「一天門南下一里。為白鶴泉。宋創郡城。疏泉繞隍北開水道。経岱廟東南流。折而西南為渠。可泛舟。今城内尚有運舟街。水至城西南出。会渿入泮帰汶」『泰山志』巻九「川泉志」二一六頁「白鶴泉。出一天門下一里。水西南流。明汪子卿志云。在嶽之南麓。升元観後。冽而甘美。好事者嘗以城中井泉称較之。軽重亦異。泰山小史云。宋創郡城。疏泉瀠繞其下。城北旧有水道。経岱廟東南流。折而西南。曰運舟街。至城西南出。会渿河入泮河帰汶」『泰安県志』巻七「祠祀考」二八紙裏「玉皇閣。古白鶴泉阯。旧為封家池。明封尚章別墅也。相伝章物故後。其家覆以巨釜泉遂塞。万歴中建崇閣。其上以祀玉帝。下有洞。当夏秋霖雨時。猶聞水声鍧然。東南以金母殿。又南亭五楹。西偏前後各亭三間。門外石坊一額。曰白鶴泉。再為北斗殿。中為人祖殿。門墉軒敞。

亦称傑構」

つづく一一〇番の玉皇閣については参照文献の記載がない。以下を補う。

『岱覧』巻十二「岱陽中」二八七頁「万歴八年建玉皇閣。臨道有坊。額閣名。乾隆年。知県馮光宿樹白鶴泉坊」

『泰山志』巻十「祠廟志」二三七頁「玉皇閣。在朝元観西北。上祀玉皇。下為三元洞。閣西為北斗殿。明隆慶間建。前有人祖殿。近改痘神祠」

(117)　三官思想の初見は後漢の熹平年間（一七二～一七七［一七八］）にさかのぼる。五斗米道と呼ばれる道教教団の創始者張魯もしくは父の張衡は、病人に姓名と罪の懺悔の文を三通記すようにすすめた。［この三官手書の］一通を山上に置き、一通を地に埋め、一通を水に沈めて、天官と地官と水官にたてまつった。次に三元思想が北魏時代にあらわれた。三元とは潔斎の日を一月と七月と十月の十三、十四、十五日目に配当したものである。のちに三官をもって三元に配するようになった。天官を上元すなわち正月十五日、地官を中元すなわち七月十五日、水官を下元すなわち十月十五日にあてる（『宋史』巻四百六十一、二紙裏）。この問題については趙翼の『陔余叢考』に引用された諸書を参照。

［117］『宋史』巻四百六十一「方技列伝」一三四九九頁「三元日。上元天官。中元地官。下元水官。各主録人之善悪」

『陔余叢考』巻三十五「天地水三官」曹光甫標点『趙翼全集』第三冊、鳳凰出版社、二〇〇九年、六五五頁「其説出於道家。以天地水為三元。能為人賜福赦罪解厄。皆以帝君尊称焉。（中略）有疾者令其自首。書名氏及罪之意。作三通。其一上之天著山上。其一薶之地。其一沉之水。謂之天地水三官。三官之名寔始于此云云」

(118) 『岱覧』巻十二、二二紙裏。『泰山志』巻十、一二紙裏。『泰安県志』巻七、二七紙表［二八紙表］。

［118］ 『岱覧』巻十二「岱陽中」二八八頁「玉皇閣東為升元観。県志云。自岱宗坊西徙建者。故名建封院。宋政和賜今額。元至元年張志純重修。名朝元」

『泰山志』巻十「祠廟志」二三七頁「升元観。在岱宗坊西。久廃。乾隆三十五年恭建行宮於此」

『泰安県志』巻七「祠祀考」二八紙表「升元観。岱宗坊西。初名建封院。宋政和中。賜今額有勅牒碑。元張志純重修。復改称為朝元観。有徐世隆碑記。其神祀東華帝君。道家謂之。東嶽福神」

(119) 『岱覧』巻十二、二三紙表~裏。

［119］ 『岱覧』巻十二「岱陽中」二八八~二八九頁「宋賜升元観牒碑。文曰。尚書省牒泰寧軍奉符県升元観。(中略)右碑連額高四尺六寸五分。闊二尺。字大小八行。毎行長短不斉。額曰升元観。(中略)案此碑自旧観移置今観中。南向尚完整。略録之。以見当日牒状之式」

北宋政和八年「升元観勅牒碑」の全文は以下に掲載。『金石萃編』巻百四十七「升元観勅」石刻史料新編、第四冊、二七二四頁下~二七二五頁上。『道家金石略』三三二~三三三頁。『泰山大全』八六三頁。『泰山石刻』第二巻、五二二五~五二二六頁。

（120）『岱覧』巻十二、二三紙裏～二五紙表。

［120］『岱覧』巻十二「岱陽中」二八九～二九〇頁「元重修朝元観。文曰。嶽陽重修朝元観記。（中略）右碑連額高八尺五寸。広三尺。額文全題八字二行。字径三寸半。籀文。文二十行。行四十六字。字径寸二分。小篆。書在今升元観内。西向」

元至元二十二年「嶽陽重修朝元観記」は以下に掲載。畢沅撰『山左金石志』巻二十一「元石」石刻史料新編第一輯、第一九冊、一四七二八頁上。『道家金石略』六五〇頁。

（121）『泰山道里記』一五紙表。

［121］『泰山道里記』四二頁「北為升元観。観初名建封院。宋政和八年。賜額升元。有勅牒碑。元至元二十二年。張志純重修。改曰朝元。有徐世隆碑。其神祀東華帝君。俗謂之東嶽福神。此則自西南而徙建者」

（122）『岱覧』巻十二、二二紙裏。

［122］『岱覧』巻十二「岱陽中」二八八頁「［升元観］神祀東華帝君。道家謂之。東嶽福神。今案重修碑文。但云為群臣之賀正。不言所祀為東華帝君也」

（123）『岱覧』巻十二、二二紙表。『泰山志』巻十、一二紙裏。『泰安県志』巻七、一二紙表。『泰山道里記』一五紙表。

［123］『岱覧』巻十二「岱陽中」二八八頁「［升元観］南為三皇廟。配八蜡先医。有明弘治遣中官致祭祝文碑。今為郡人蜡祭所」

『泰山志』巻十「祠廟志」二三七頁「三皇廟。在岱宗坊北。祀伏羲神農黄帝。配以八蜡。両廡祀先医。明宏治間。嘗遣中官致祭。有御祝文碑。今以歳十二月八日致祭。為郡人蜡祭之所」

『泰安県志』巻七「祠祀考」一二紙表「三皇廟。在岱宗坊北。正位祀伏羲神農黄帝。配以八蜡。両廡先医。明宏治間。嘗遣中官致祭。崇禎十六年重修。歳以十二月初八日致祭。今為郡人大蜡之所」

『泰山道里記』四二頁「[岱宗]坊北為三皇廟。祀伏羲神農黄帝。配以八蜡。両廡祀先医」

(124) クヴルール『礼記訳注』第一巻、五九四～五九六頁。レッグ『東方聖典』二七巻、四三一～四三二頁。

[124] Couvreur, *Li ki*, *op. cit.*, I, pp.594-596; James Legge, *The Li ki, or Collection of Treatises on the Rules of Propriety or Ceremonial Usages*, The Sacred Books of the East, XXVII, Clarendon Press, Oxford, 1885, pp.431-432.

『礼記正義』巻二十六「郊特牲」九三四～九三六頁「天子大蜡八。[『孔穎達疏』]蜡祭有八神。先嗇一。司嗇二。農三。郵表畷四。猫虎五、坊六。水庸七。昆虫八。伊耆氏始為蜡。蜡也者索也。歳十二月。合聚万物而索饗之也。蜡之祭也。主先嗇而祭司嗇也。祭百種。以報嗇也。(中略)迎虎。為其食田豕也。迎而祭之也」

(125)『泰安県志』巻七、一二紙表～裏。

[125]『泰安県志』巻七「祠祀考」一二紙表～裏「先医廟。附三皇廟内。[大清]会典。先医廟毎歳春二月冬十一月上甲日致祭。正列三皇。伏羲神農軒轅。左右四配。勾芒風后祝融力牧。(中略)按各郡県間。有立天医廟者。所祀互有不同」

（126）『泰山道里記』一五紙表。

［126］『泰山道里記』四九頁「出府城北門。外一里為岱宗坊。登岱者自此始。坊創於明隆慶間。巡撫姜延頤。総河翁大立。巡按羅鳳翔等。圮。雍正八年。郎中丁皁保赫達塞。奉勅重建。篆書坊額」

（127）『岱覧』巻十二、三三紙裏。『泰山志』巻十、一一紙裏。『泰安県志』巻七、二六紙表［二七紙表〜二八紙表］。

［127］『岱覧』巻十二「岱陽中」二九五頁「［岱宗］坊東為豊都廟。神称豊都大帝。配以冥府十王。皇上額曰。現因果法」

『泰山志』巻十「祠廟志」二三六頁「豊都廟。在岱宗坊東。神称豊都大帝。配以冥府十王。道経云。豊都為陰気之主。又曰十王之中。七曰泰山故祀此。乾隆十三年。賜額曰。現因果法。（中略）廟始于明宏治十四年。太監李瑾建」

『泰安県志』巻七「祠祀考」二七紙表〜二八紙表「酆都廟。岱宗坊東。明宏治間創。自中官有。李欽重修碑記云。岱嶽南麓。有廟曰酆都。其神為北陰酆都大帝。配以冥府十王。其東為曜霊五閻王。而左右十司曹官列焉。嘗稽道経所載酆都者。陰気之主。九地之枢機。拷罰罪鬼死魂之所也。（中略）国朝乾隆十三年。御題額曰。現因果法」

（128）豊都は四川の郡都で、地獄の入口があるところと民間に伝えられる。以下を参照。ヤン・デ・ホロート『中国の宗教体系』第五巻、八一一頁。シャルル・ド・アルレ「道書『暗室灯』」三九～四〇頁。

［128］ Jan Jacob Maria de Groot, *Religious System of China, Its Ancient Forms, Evolution, History and Present Aspect. Manners, Customs and Social Institutions connected Therewith*, V, E. J. Brill, Leiden, 1907, p.811; Charles de Harlez, "Le Gan-shih-tang, ou «Lampe de la salle obscure»", *Actes du onzième Congrès international des Orientalistes*, II, Imprimerie nationale, Paris, 1897, pp.39-40.

（129） 地獄の十王については、ギュスタヴ・デュムティエ［『安南の葬送儀礼』］およびジョージ・クラーク［「『玉暦鈔』考」］の研究を参照。

［129］ Gustave Dumoutier, *Rituel funéraire des annamites: Étude d'ethnographie religieuse*, F.-H. Schneider, Hanoï, 1904, pp.154-201;

George William Clarke, "The Yu-li or Precious Records", *Journal of the North China Branch of the Royal Asiatic Society*, new ser. XXVIII, Shanghai 1898, pp.233-400.

デュムティエの図九八と九九、およびクラークの図二〇と二一には、泰山王が主宰する七番目の法廷「七殿泰山王」とその刑罰のさまが描かれている。またデュムティエの図一〇七には、死者の魂が裁きを受けるまえに収容される「東嶽府」の扉口が描かれている。

（130） 『泰安県志』巻七、二六紙表［二七紙表］。

［130］ 『泰安県志』巻七「祠祀考」二七紙表「北極廟。城北門外。明天啓五年建。郡人蕭協中記。国朝康熙十年。柴以佐重修。又東建白衣堂」

(131)『泰安県志』巻七、二三紙表［二四紙表～裏］。

［131］『泰安県志』巻七「祠祀考」二四紙表～裏「永福閣。在永福街南。跨道為閣祀観音大士。康熙二十七年建。施天裔碑記云。岱下白衣閣。乃山右袁子之所建也。（中略）乾隆十五年燬於火。二十年復加葺焉」

同書（第二五紙表）には別に明万暦年間重修の「観音堂」の記載があるが、本文に記す「白衣堂」との関連がたどれない。

(132)『泰安県志』巻七、二三紙裏～二四紙表［二四紙表。本文には明朝の年号で「永暦五年」とあるが、『泰安県志』には清朝の年号で「順治八年」とある］。

［132］『泰安県志』巻七「祠祀考」二四紙表「青雲庵。在城東北隅。順治八年建」

(133)『泰安県志』巻七、九紙裏。

［133］『泰安県志』巻七「祠祀考」九紙裏「先農壇。在城東郊。国朝雍正六年。知州王一夔建。乾隆十八年。知県馮光宿重修。［大清］会典。壇東為耤田。四畝九分。自雍正五年。為始毎歳仲春亥日。府州県官率所属之員。耆老農夫。恭祭先農之神」

(134)『岱覧』巻十三、二八紙表～三六紙裏。

［134］『岱覧』巻十三「岱陽下」三一三頁「城南門迤東。為宋封祀壇故址。有王旦所撰封祀壇碑。東游紀略云。宋封祀壇合祀五方帝。壇南有碑」

同、三一五～三二一頁「封祀壇頌碑。文曰。大宋封祀壇頌并序。（中略）右碑連額高一丈一尺。広四尺四寸。額篆同題。額六字二行。字径四寸。文行書共四十三行。行一百字。字径八分。勒壇故址。南向」

大中祥符二年「封祀壇頌碑」は以下に掲載。『金石萃編』巻百二十七「封祀壇頌碑」石刻史料新編、第四冊、二三五二頁上～五七頁上。『泰山大全』八四三～八四六頁。『泰山石刻』第二巻、四〇一～四〇三頁。

（135）『岱覧』巻十三、四五紙裏。

［135］『岱覧』巻十三「岱陽下」三二九頁「山川壇東南。為唐封祀壇故址。即唐乾封元年。即太山為圜壇。於山南四里。号封祀壇。旋名舞鶴台。開元時。亦壇於此」

（136）『岱覧』巻二十一［巻十三］、二五紙表。

［136］『岱覧』巻十三「岱陽下」三一三頁「［宋朝観］壇上旧有寿昌殿。真宗所以朝百官也。又有御香亭。今為山川壇」

（137）本書「碑文」の章参照［本訳書では訳出しない］。

［137］大中祥符元年「登泰山謝天書述二聖功徳銘」は以下に掲載。『金石萃編』巻百二十七「謝天書述功徳銘」石刻史料新編、第四冊、二三四七頁上～四八頁下。『泰山大全』八四〇～八四二頁。『泰山石刻』第四巻、一二六六～六七頁。

（138）『泰安県志』巻七、一三紙表。

［138］『泰安県志』巻七「祠祀考」一三紙表「火神廟。在城南。関旧像設崇閣上。乾隆十五年。知県周藩移建於閣之東北。復於閣上増祀文昌。十九年。知県馮光宿成之。有碑記。［大清］会典。毎歳六月十三日。致祭司火之神」

（139）『泰安県志』巻七、二四紙表［二五紙表］。

［139］『泰安県志』巻七「祠祀考」二五紙表「迎旭観。在城西霊芝街南。康熙四十二年建」

（140）『岱覧』巻十六、一九紙裏。『泰山志』巻十、三四紙裏。『泰安県志』巻七、二四紙表～裏［二五紙表～二六紙表］。

［140］『岱覧』巻十六「岱陽之西下」三八四頁「［淶河橋］霊派侯廟在橋側。後晋天福六年建。旧称淶河将軍。又曰通泉侯。宋真宗東封。泉已匽。俄有清流涌発。賜封霊派。元至正間重修。（中略）霊派侯廟。至元十三年銘重修霊派侯廟記」

『泰山志』巻十「祠廟志」二五四頁「霊派侯廟。在郡城西南。後晋天福六年建。其神旧称淶河将軍。又曰通泉侯。宋真宗東封。泉水方涸。俄有清流涌出。賜封霊派侯」

『泰安県志』巻七「祠祀考」二五紙表～二六紙表「霊派侯廟。在迎旭観西。其神旧称淶河将軍。宋真宗東封。賜封霊派侯廟。創於後晋天福六年。元至元十三年重修」

（141）『岱覧』巻十六、一九紙裏～二六紙裏。

［141］『岱覧』巻十六「岱陽之西下」三八五～三八六頁「後晋［天福六年］淶河将軍廟堂碑。文曰。太嶽淶河

将軍廟堂石記銘。（中略）在霊派侯廟堂前。南向」

同、三八七〜三八八頁「宋［元豊八年］重修霊派侯廟木帳碑。文曰。東嶽霊派侯廟重修木帳記。（中略）碑已断。嵌廟内火池壁東面」

同、三八八〜三八九頁「元［至元十三年］重修霊派侯廟碑。文曰。泰安重修霊派侯廟記。（中略）在霊派侯廟二門東壁。南向」

以下を参照。『山左金石志』巻十四「後晋石」一四五六六頁上。同、巻十七「宋石」一四六三二頁下。同、巻二十一「元石」一四七二三頁下。

(142)『泰安県志』巻七、二五紙表［二六紙表］。
［142］『泰安県志』巻七「祠祀考」二六紙表「［霊派侯廟］廟左配為五哥廟。未詳所自」
(143)『泰安県志』巻七、二五紙表［二六紙表］。
［143］『泰安県志』巻七「祠祀考」二六紙表「許真君廟。在渿河東。渼糧市北。康熙六十一年。江西人建」
(144)『泰山志』巻十、二四紙裏［三四紙裏］。『泰安県志』巻七、二五紙表［二六紙表］。
［144］『泰山志』巻十「祠廟志」二五四頁「霊応宮。在社首山東。元君下廟也。廟創無攷。明万歴三十九年。奉勅拓建。賜今額。有張邦紀碑記」

『泰安県志』巻七「祠祀考」二六紙表「霊応宮。在社首山東。為元君下廟。明万歴中。勅建有張邦紀碑記。前後殿各五楹。露台雕欄。廻廊周密。南有殿像設。及棟宇欄楯。皆笵銅鍍金為之。旧在岱頂火池之上。後移置於此。左右有廊今廃。東西鐘鼓楼二門。外両観繚以周垣」

(145) 『岱覧』巻十六、一六紙表〜裏。

[145] 『岱覧』巻十六「岱陽之西下」三八一頁「[天書観]正徳間即其中為元君殿。嘗遣中官致祭。殿後為九蓮殿。万歴間孝定皇太后祔廟。尊為九蓮菩薩。命中使建。改観額為聖慈天慶宮。詳岱頂天啓五年金碑。又後為智上殿。崇禎末。追崇孝純皇太后為智上菩薩。詳副使左佩玹碑記。像設皆笵銅為之。乾隆十一年。観大門楼災」

二軀の菩薩像については以下にも記述がある。

『岱覧』巻十「岱頂下」二二八頁「[老君堂]東北有万寿殿址。亦曰御香亭。万暦四十二年建。祀九蓮菩薩。造大銅鐘。上有御製鐘讃。崇禎十四年。増祀智上菩薩。殿圮。移像青帝宮。置鐘後石屋矣。蓋両朝太后祔廟時。先後以菩薩建祀岱巓。并祀山麓天書観」

『泰山道里記』四八頁「[東北有万寿殿址]又有御香殿。亦曰御香亭。万暦四十二年建。祀九蓮菩薩。並造大銅鐘一。上有御製鐘讃。崇禎十四年。復増祀智上菩薩。殿久圮。移像於青帝宮。置鐘於後石屋」

(146) 『泰山志』巻十、三四紙裏。

[146] 『泰山志』巻十「祠廟志」二五四頁「[霊応宮]前後殿各五間。南有崇台。上為金闕。俗名銅楼。棟宇欄楯。以及像設。皆笵銅。鍍金為之。万歴時欽造。旧在岱頂。碧霞祠内。後移置於此処」

(147) 『泰安県志』巻七、二五紙表[二六紙表]。

[147] 『泰安県志』巻七「祠祀考」二六紙表「岱嶽禅院。即煉魔堂。在城西南。有明万歴九年碑」

（148）『漢書』巻六、一二紙表。

[148] 『漢書』巻六「武帝紀」中華書局、点校本二十四史、一九六二年、一九九頁「太初元年冬十月。行幸泰山。（中略）十二月。禮高里。［注］伏儼曰。山名。在泰山下。師古曰。此高字自作高下之高。而死人之里謂之蒿里。或呼為下里者也。字則為蓬蒿之蒿。或者既見太山神霊之府。高里山又在其旁。即誤以高里為蒿里。混同一事。文学之士共有此謬。陸士衡尚不免。況其余乎。今流俗書本此高字有作蒿者。妄加増耳。祠后土。東臨勃海。望祠蓬萊」

（149） 蒿里の丘の森羅殿にある至元二十一年（一二八四）銘碑の冒頭には「蒿里はいにしえの挽歌の名」とある。挽歌の冒頭にある蒿里の語は泰山の南にある高里の丘とは無関係である。しかし、そうではなくじつは挽歌の蒿里はこの丘を指すという説もある。このような異論の根拠は漢魏叢書本『古今注』（巻中、二紙裏～三紙表）の次の文にある。「薤露（かいろ）と蒿里はともに葬送の歌で、田横の門人の作である。田横がみずから命を絶ったとき、門人らがそれを悲しんで哀歌を作った。歌は二つに分かれ、人の命が薤（にら）の葉の朝露のごとくたちまち消えることと、蒿里に帰りゆく死者の魂とを歌う。最初の歌に言う。「薤の葉にたまった朝の露は、日が照ればたちまちに消えてしまう。露は消えても明日になればまた薤の葉は湿り気を取りもどす。しかし人が死んでひとたび去れば、もはやもどって来ることはない」。二つ目の歌に言う。「蒿里は誰の住む家か。賢い者の魂も愚かな者の魂も、へだてなくここに集められる。どうして鬼どもはそんなに急がせるのか。

人の命は束の間もとどまることがない」。漢の武帝の時代に李延年がこれを二つの曲にした。薤露は王侯貴族の野辺送りに歌われ、蒿里は役人や庶民を送るとき歌われる。棺を挽(ひ)く者たちに歌わせたので、二つの歌を挽歌と呼んだ」。

[149]『古今注』巻中「音楽」乾隆五十六年刻八十六種本『増訂漢魏叢書』大化書局、一九八三年、三〇三八頁「薤露蒿里並喪歌也。出田横門人。横自殺門人傷之。為之悲歌。言人命如薤上之露易晞滅也。亦謂人死魂魄帰乎蒿里。故有二章。一章曰。薤上朝露何易晞。露晞明朝還復滋。人死一去何時帰。其二曰。蒿里誰家地。聚歛魂魄無賢愚。鬼伯一何相催促。人命不得少踟躕。至孝武時。李延年乃分為二曲。薤露送王公貴人。蒿里送士大夫庶人。使挽柩者歌之。世呼為挽歌」

なお、「至元二十一年重修東嶽高里山神祠記」は本訳書では訳出しない。冒頭の原文は以下のとおりである。「蒿里者古之挽章之名」。また、本文に訳出されている光緒三十二年（一九〇六）蒿里山墓碑〈図29〉は以下のとおり。「山東済南府長山県南路孟家堰荘人等。敬祀昔維先代宗親之所。大清光緒歳次丙午仲春吉日。閤荘公立。□□張能純」。次に光緒二十九年（一九〇三）蒿里山墓碑〈図30〉は以下のとおり。「山東済南府長山県東路理順約五里橋道荘。三代宗親之位。光緒二十九年二月立。□□高智毓」

(150)『岱覧』巻二十、一九紙裏。『泰山志』巻八、二紙裏。同、巻十八、二六紙裏。『泰安県志』巻三、二〇紙裏。同、巻七、二五紙表～裏［二六紙表～裏］。

[150]『岱覧』巻二十「岱麓」四三九頁「高里社首之間。為高里山神祠。額曰森羅殿。（中略）則治鬼之祠。誠如［泰山］紀事所云。其創建殆非近代事也。元至元間重修。明万歴時奉勅重建」

『泰山志』巻八「支山志」一八五頁「高里山。在泰山南三里。漢書武帝紀。太初元年十二月。禮高里。伏儼曰。山名在泰山下」。同、巻十八「金石記」五二六〜五二七頁「蒿里七十五司碑。正書。在高里山神祠後殿西。至元二十一年。（下略）」

『泰安県志』巻三「山川考」二〇紙裏「高里山。在県西南三里。旧志云即亭禅山。顧炎武考古録云。俗云蒿里者。高里山之訛也。（中略）今有十王殿。及元明重修碑」。同、巻七「祠祀考」二六紙表〜裏「高里山神祠。在城西南三里。本名亭禅山。漢武帝太初元年禅。高里即此。其後因蒿里之歌。訛称蒿里。好事者従而附会。建十王殿於高里書社之間。其説輪廻因果。非君子之所取。（中略）又廟中有元明重修碑。皆不能詳其創建。蓋由来亦久矣」

(151)　一一六番［本訳書八八〜八九頁］参照。

(152)　本書「碑文」の章参照［本訳書では訳出しない］。

［152］　至元二十一年銘「重修蒿里山神祠記」は森羅殿が破壊されたのち、一九七二年に岱廟内に移された。文は以下に掲載。『道家金石略』六四七〜六四八頁。『泰山大全』八八七〜八八八頁。『泰山石刻』第二巻、三六六頁。

(153)　七十五司については、本書「碑文」の章であつから至元二十一年（一二八四）と同二十二年（一二八五）の石碑を参照［本訳書では訳出しない］。

［153］　至元二十一年「蒿里七十五司碑」は訳注［150］参照。至元二十二年「蒿里七十五司神房誌」は以下に掲載。『泰山志』巻十八「金石記」五二七〜五二八頁。

森羅殿の七十五司については記述のみで写真はない。後年ここを訪れた澤田瑞穂によれば、民国十七年（一九二八）には建物も塑像もことごとく破壊されていたという。ウィリアム・ゲイルの『中国の五嶽』に往時の写真が一枚ある〈附図2〉。澤田瑞穂『中国の泰山』前掲書、七二頁。同『修訂地獄変』前掲書、二六二頁。William Edgar Geil, *The Sacred 5 of China, is the 5th Book on China*, John Murray, London, 1926, pl.70; 以下をも参照。常磐大定『支那仏教史蹟踏査記』龍吟社、一九三八年、二八八頁。

(154)　『泰山志』巻四、二五紙裏〜二六紙表。

[154]　『泰山志』巻四「図考」八五頁「[社首高里二山図]鉄将軍楼」

〈附図2〉　森羅殿七十五司（Geil, *The Sacred 5 of China*, 1926, pl.70）

(155)　『泰山志』巻八、二紙表。

[155]　『泰山志』巻八「支山志」一八五頁「環翠亭。故址在社首壇西南。近改閻羅殿。下有石晋時石幢」

(156)　『泰山志』巻十五、四六紙表。

[156]　『泰山志』巻十五「金石記」三九七頁「揔持呪幢。釈帰仁正書。在高里山。天福九年。右幢高六尺五寸。作八面刻。摩泐殆尽」

以下に掲載。『泰山石刻』第二巻、四三四頁。

（157）シャヴァンヌ『史記訳注』第三巻、四二四頁。

〔157〕Chavannes, *Les mémoires historiques, op. cit.*, III, p.424.
『史記』巻二十八「封禅書」一六三八頁。原文は訳注〔20〕参照。

（158）本書「碑文」の章であつかう至元二十二年（一二八五）の石碑を参照。

〔158〕訳注〔153〕参照。

（159）『春秋』成公二年および八年。陽の語は河川の北、山の南を指し、陰の語は河川の南、山の北を指す。秦の都の咸陽は渭水の北、丘の連なる南に位置する。このことは登封県知県の林裕燾の教示による。中国人は水の流れと山々の連なりを西から東へ向かうものとしてとらえる。これは中国の地理的な位置からすればもっともなことだろう。東から昇り南天して西へ沈む太陽は、河川の北側の土手を照らし、山の南側の斜面を照らすから、そこはいつも光があたって「陽」になる。反対に日光は河川の南側の土手にはささず、山の北側の斜面にもささないから、そこはいつもかげって「陰」になる。そういうわけで、陽の語は河川の北と山の南を指し、陰の語は反対の状態を言うことになる。

〔159〕『春秋左伝正義』巻二十五「成公」十三経注疏整理委員会編、北京大学出版社、二〇〇〇年、七九〇頁

「［二年九月］取汶陽田」

同、八三八頁「八年春。晋侯使韓穿来言汶陽之田。帰之于斉」

(160)『岱覧』巻十六、一四紙表～一七紙表。『泰山志』巻十、二八紙裏～二九紙表。『泰安県志』巻七、二五紙裏［二六紙裏］。

［160］『岱覧』巻十六「岱陽之西下」三八〇頁「［汶陽］橋北為天書観。旧名乾元。門閣三重。殿廡三所。宋史礼志。大中祥符元年。真宗将封禅。王欽若言。木工董祚霊液亭北。見黄素書曳林木之上。有字不能識。言於皇城使王居正。居正睹上有御名。馳告欽若。遂迎至官舎。授中使捧詣闕。因於得天書処建此観」

『泰山志』巻十「祠廟志」二四九頁「天書観。在汶陽橋北。宋史大中祥符元年。封祀制置使王欽若。得天書於泰山西南。垂刀山下。霊液亭北。因建観於此。（中略）門西有醴泉。祥符中建亭於上。顔曰霊液。今圮。北有鉄浮図十三級。明嘉靖十二年造。又南有門楼三間。乾隆十一年燬於火。西有宋翠陰亭故阯」

『泰安県志』巻七「祠祀考」二六紙裏「天書観。在城西里許。観初名乾元。宋祥符中。王欽若得天書於此。改今名」

(161)『宋史』巻百四、六紙裏を参照。大中祥符四年（一〇一一）に真宗は布告して第二の天書が降った六月六日を天貺節に定めた（『宋史』巻八、一紙表）。

［161］『宋史』巻百四「礼志七」二五三九頁「先是。大中祥符元年正月乙丑。帝謂輔臣曰。朕去年十一月二十七日夜将半。方就寝。忽室中光曜。見神人星冠。絳衣。告曰。来月三日。宜於正殿建黄籙道場一月。将降天書大中祥符三篇」

同、二五三九〜四〇頁「六月八日。封祀制置使王欽若言。泰山西南垂刀山上。有紅紫雲気。漸成華蓋。至地而散。（中略）帝御崇正殿。趣召輔臣曰。朕五月丙子夜。復夢郷者神人言。来月上旬。当賜天書於泰山。宜斎戒祇受」

『宋史』巻八「真宗本紀三」一四七頁「［大中祥符四年春正月］丙申。詔以六月六日天書再降日為天貺節」

(162) 『泰山志』巻十、二八紙裏。『泰安県志』巻七、二五紙裏。同、巻十一、四九紙表〜裏。

［162］『泰山志』巻十「祠廟志」二四九頁「［天書観］殿廡三所。前祀元君像。中為九蓮菩薩。後智上菩薩。智上九蓮皆笵銅。鍍金為之」

『泰安県志』巻七「祠祀考」二五紙裏「［天書観］前明万歴建聖慈宮五間。尊孝定皇太后。為九蓮菩薩。崇禎建智上殿五間。尊孝純皇太后。為智上菩薩。像設皆笵銅為之」

同、巻十一「金石録」四九紙表〜裏「勅建智上菩薩宝刹碑。左佩玹撰。徐枏正書。考古録云。宋天書観後廃。為元君宮前一殿奉元君。万歴中尊孝定皇太后。為九蓮菩薩。構一殿於元君之後奉之。崇禎中尊孝純皇太后。為智上菩薩。復構一殿於後奉之。乃更名聖慈天慶宮」

(163) 『岱覧』巻十六、一五紙表。

［163］『岱覧』巻十六「岱陽之西下」三八一頁「［醴］泉側鉄浮図十三級。明嘉靖十二年造」

(164) 『泰安県志』巻七、二五紙裏［巻六、二八紙裏〜三三紙表］。

［164］『泰安県志』巻六「学校考」二八紙裏〜三三紙表「泰山書院。宋孫明復。偕石守道。胡翼之講学。岱陽

始建書院。（中略）［乾隆］二十九年。知府姚立徳因其漸就。傾圮還之。宋氏別購。西郭汶陽橋西。民舎広建堂宇書室。仍題曰泰山書院」

（165）『泰安県志』巻七、二紙表。

［165］『泰安県志』巻七「祠祀考」二紙表「社稷壇。在県治西。［大清］会典。毎歳春秋仲月上戊日。祭社用石主。半埋土中。稷用木主。今祭祀俱以木主。及供設矮案。壇壝北向為異。雍正十年礼部通行修理」

（166）『泰安県志』巻七、二六紙表［二七紙表］。

［166］『泰安県志』巻七「祠祀考」二七紙表「普慈庵。城北門外。順治間。知州傅鎮邦創建。龍泉観下院也。康熙四十一年。乾隆二十年皆重修」

（167）『泰安県志』巻七、一一紙表〜裏。

［167］『泰安県志』巻七「祠祀考」一一紙表〜裏「厲壇。在城北郊。［大清］会典。毎歳清明日。七月十五日。十月朔日。祭無祀鬼神於城北郭府州。為郡厲壇。県為邑厲壇。毎祭先期三日。牒告城隍。至期請城隍。神位壇上。主之設無祀鬼神。牌於壇下」

（168）『春秋左伝』昭公七年。

［168］『春秋左伝正義』巻四十四「昭公」一四三六頁「［七年］鄭人相驚以伯有曰。伯有至矣。則皆走知所往。（中略）斉燕平之月壬寅。公孫段卒。国人愈懼。其明月。子産立公孫洩及良止以撫之。乃止。子大叔問其故。

子産曰。鬼有所帰。乃不為厲。吾為之帰也」

（169）デ・ホロート『厦門（アモイ）の年中行事』第一巻、二三〇頁。

［169］Jan de Groot, *Les fêtes annuellement cérébrées à Émoui (Amoy): Étude concernant la religion populaire des Chinois*, I, Annales du Musée Guimet, XI, Ernest Leroux, Paris, 1886, p.230.

（170）『泰山志』巻十、三四紙裏。『泰安県志』巻七、二六紙表［二七紙表］。

［170］『泰山志』巻十「祠廟志」二五四頁「梳粧院。旧為白雲観。在岱宗坊西南。郡城北門外西北隅。明万暦間。周藩奉国将軍。勤鯤建祀王母。其後増祀元君」

『泰安県志』巻七「祠祀考」二七紙表「白雲観。在城西北隅。明万暦中。周藩建祀王母。後増祀元君。殿廡楼観。森然環列。今改称梳粧院」

（171）シャヴァンヌ「元代尚書省の碑文と文書（一）」三九二頁。

［171］Chavannes, "Inscriptions et pièces de chancellerie chinoises de l'époque mongole (I)", *T'oung pao*, IIe sér. V/4, Leiden, 1904, p.392.

（172）『泰山志』巻十、一三紙表。

［172］『泰山志』巻十「祠廟志」二三七頁「青帝観。在金龍四大王廟西。隋書礼儀志。開皇十五年春。行幸兗州。遂次岱嶽行礼畢。詣青帝壇祭焉。顧炎武云。即月令所謂其帝太皥也」

（173）『隋書』巻七、七紙裏。

［173］『隋書』巻七「礼儀志第二」一四〇頁「開皇十四年。群臣請封禅。高祖不納。（中略）十五年春。行幸兗州。遂次岱岳。為壇。如南郊。又壝外為柴壇。飾神廟。展宮懸於庭。為埋坎二。於南門外。又陳楽設位於青龍壇。如南郊。帝服兗冕。乗金輅。備法駕而行。礼畢。遂詣青帝壇而祭焉」

（174）帝君は道教の神統譜における称号の一つである。帝君は真君の上、真君は真人の上である。以下を参照。シャヴァンヌ「元代尚書省の碑文と文書（三）」四〇四〜四〇五頁。

［174］Chavannes, "Inscriptions et pièces de chancellerie (III)", *op. cit.*, IX/3, 1908, pp.404-405.

（175）『泰山志』巻十六、六紙裏〜七紙表。

［175］『泰山志』巻十六「金石記」四〇一〜四〇二頁「青帝広生帝君賛幷陰祝文。篆額。御製幷正書。在青帝観。今佚。青帝広生帝君賛。御製御書幷篆額。（中略）大中祥符元年十月二十七日、御書院模勒刻石」。同、四〇二頁「加青帝懿号詔。御製行書。在青帝観。今佚。大中祥符元年十月。（下略）」

大中祥符元年「青帝広生帝君賛」ならびに「加青帝懿号詔」は以下に掲載。曾棗荘・劉琳主編『全宋文』巻二百三十四「真宗」第一一冊、上海辞書出版社、二〇〇六年、三九六頁。同、巻二百六十三「真宗」第一三冊、一五九〜一六〇頁。『泰山大全』八四二〜八四三頁。『泰山石刻』第二巻、四九三〜四九四頁。

（176）『岱覧』巻十五、九紙裏〜一三紙表。『泰山志』巻十、一三紙裏［一三紙裏］。

［176］『岱覧』巻十五「岱陽之西上」三五四頁「普照寺。蓋古刹。金大定間奉勅重建。賜今額。寺蔵深埡。踏嶺遮邏。明永楽時僧満空。国朝康熙初僧元玉。先後卓錫於此。仏殿後倚山為閣。（中略）旁有元玉塔。寺西南有満空塔」

『泰山志』巻十「祠廟志」二四五頁「普照寺。在岱西南。凌漢峰南。相伝是唐時建。金大定間奉勅重修。明永楽間。高麗僧満空。国朝康熙初。崇川僧元玉。先後卓錫於此。寺東有元玉別構石堂。自為銘左右題凡十二。旁為元玉塔。有淄川唐夢賚志銘。西南為満空塔」

（177）『泰山志』巻十四、三九紙表。

［177］『泰山志』巻十四「人物志」三五六頁「雲公満空禅師。高麗僧也。永楽間。与数僧航海而来。宣徳三年。給度牒。令参方礼祖。因登泰山訪古刹。重建竹林寺。復駐錫普照。四方衲衣。受法者数千。天順七年閏七月二日。説偈而逝。弟子洪因為建塔立碑。称普照重開山第一代禅師」

満空は天順七年（一四六三）に没した。普照寺内に「泰安州普照禅師重開山第一代雲公満空禅師銘記」がある。以下に掲載。『泰山石刻』第六巻、一七〇四頁。伝は道階等編『新続高僧伝』に見える。

『新続高僧伝』巻五十二「興福篇」民国十二年北洋印刷局本影印、琉璃経房、一九七四年、一五四〇頁「釈満空者高麗僧也。人称為雲公。蓋其字耳。永楽間。与数僧航東海来。宣徳三年。給度牒令参方礼祖。因登泰山訪古刹。重建竹林寺。復駐錫普照。四方衲衣。受法数千人。天順七年閏七月二日。説偈而逝。弟子洪因為建塔立碑。称普照初祖云」

（178）『岱覧』巻十五、一四紙表～一五紙裏。『泰安県志』巻六、二八紙裏～二九紙裏。

［178］『岱覧』巻十五「岱陽之西上」三五八頁「宋泰山書院記。（中略）康定元年七月十八日記。右石介撰。見徂徠集。碑佚」

『泰安県志』巻六「学校考」二八紙裏～二九紙裏「［泰山書院］石守道為之記。（中略）康定元年七月十八日記。久而荒没。今伝其遺址。在凌漢峰下。立三賢祠」

同、巻七「祠祀考」三六紙裏～三七紙表「普照寺。在嶽西南麓。凌漢峰下。額曰普照禅林。金所勅建也。水抱山環竹樹参差東渓。有石堂遺址。釈祖珍卓錫之所。最為幽勝寺久而圮。乾隆三十九年。知府朱孝純捐建。後閣東偏闢禅室焉」

(179)　孫復と石介の伝は『宋書』巻四百三十二を参照。

［179］『宋史』巻四百三十二「儒林列伝」一二八三二～三三頁「孫復字明復。晋州平陽人。挙進士不第。退居泰山。（中略）石介有名山東。自介而下皆以先生事復」

同、一二八三三～三六頁「石介字守道。兗州奉符人。（中略）丁父母憂。耕徂徠山下。葬五世之未葬者七十喪。以易教授于家。魯人号介徂徠先生」

(180)　胡瑗の伝は『宋史』巻四百三十二、および以下を参照。ハーバート・ジャイルズ『中国人名辞典』三二二頁、八二七番。トーマス・ワッターズ『文廟祀位総覧』一一六～一一七頁。

［180］『宋史』巻四百三十二「儒林列伝」一二八三七～三八頁「胡瑗字翼之。泰州海陵人。（中略）嘉祐初。擢太子中允。天章閣侍講。仍治太学。既而疾不能朝。以太常博士致仕。帰老於家。諸生与朝士祖餞東門外。時以為栄。既卒。詔賻其家」

Herbert Giles, *A Chinese Biographical Dictionary*, Bernard Quaritch, London, 1898, p.322, no.827; Thomas Watters, *A Guide to the Tablets in a Temple of Confucius*, The American Presbyterian Mission Press, Shanghai, 1879, pp.116-117.

本文に引く胡瑗の逸話は『岱覧』に見える。

『岱覧』巻十五「岱陽之西上」三五七頁「投書澗。宋趙善璙自警篇云。安定胡侍講布衣時。与孫明復。石守道読書泰山。攻苦食淡。終夜不寝。十年不帰。得家問。見上有平安二字。即投之澗中。不復展読。澗上潘允端題碣曰。宋胡安定先生投書処」

(181)『泰安県志』巻七、一九紙表～二一紙裏。

[181]『泰安県志』巻七「祠祀考」一九紙表～二一紙裏「三賢祠。在普照寺西北。宋孫石両先生講学処也。胡安定亦読書於此。郡人建祠祀之。名曰三賢祠。康熙五十一年。学政黄叔琳。知州徐肇顕重建。有碑記云。岱宗之麓。有三賢祠。祀宋安定胡先生。泰山孫先生。徂徠石先生也」

(182)『岱覧』巻十五、一三紙裏～一四紙表。

[182]『岱覧』巻十五「岱陽之西上」三五七頁「[投書]澗西為泰山上書院。孫石学館自嶽徙此者也。元好問曰。上書院。唐詩人周朴所居。宋孫明復居之。案周朴即唐四僧之一。曰清塞。後返初服者也。明嘉靖時。僉事盧問之建仰徳堂。祠両先生。後又合祀安定。為三賢祠。(中略) 祠後石台。高可数丈。方坦亦数十笏。明鄒善題授経台」

（183）『岱覧』巻十五、一八紙表～二〇紙裏。『泰山志』巻十、二七紙表。『泰安県志』巻七、三四紙裏～三五紙裏［三五紙裏～三六紙裏］。

［183］『岱覧』巻十五「岱陽之西上」三六〇頁「［全真］崖左有三陽観。以羽士王三陽得名」。同、三六一～三六二頁「［重修三陽観碑］嘉靖辛亥。東平道士三陽王公。華陰雲山昝公輩。周爰相度得是地。自東之伐木薙草。鑿石為窟以居。（中略）万歴二十三年仲秋。礼部尚書于慎行撰。群人王応星書」

『泰山志』巻十「祠廟志」二四八頁「三陽観。在岱西南。香水峪東。旧名三陽庵。明嘉靖時。徳藩建。錬士王三陽廬此。万歴間重建。宇慎行為記」

『泰安県志』巻七「祠祀考」三五紙裏～三六紙裏「三陽庵。在嶽西南麓。鴈飛嶺南下。明時有王三陽者。宝始居此故名。万歴元年。中官監修蕭大亨。有記二十三年。于慎行碑記云。岱宗之陽。為淩漢之峰。其下曰香水峪。（中略）嘉靖辛亥。東平道士三陽王公。窮遊四域。偏歴名山。将帰而隠於嶽麓。乃携其徒。華陰雲山昝公」

万暦二十三年「三陽庵新建門閣記碑」は以下に掲載。『泰山大全』九一八～九一九頁。『泰山石刻』第六巻、一八二一頁。

（184）『泰山志』巻十、二二紙裏～二三紙裏。『泰安県志』巻七、三六紙表［三七紙表］。

［184］『泰山志』巻十「祠廟志」二四四頁「竹林寺。在岱西南。傲来峰左。黒龍潭北。莫知所始。自唐迄今。屢経興替。元元貞間。僧法海重修。明永楽間。僧満空拓建。寺多竹。今無」

『泰安県志』巻七「祠祀考」三七紙表「竹林寺。旧在傲来峰左。創建無攷。有元明重修碑。寺前清流。夾道銀杏参天。最称名勝。今廃」

（185）『説嵩』巻四、三紙裏。

［185］『説嵩』巻四「太室南麓」中国名山勝蹟志第三輯、文海出版社、一九七一年、二四八頁「道家称元始天尊。居玉清清微天。霊宝道君。居上清禹余天。太上老君。居太清大赤天。即化身為老子者。以是為三清」

（186）『泰山志』巻五、一一紙裏〜一二紙表。

［186］『泰山志』巻五「岱志」一〇一頁「宋銭伯言遊覧記。宣和己亥九月二十四日。面奉玉音。至奉符催視嶽祠。（中略）愛其泉石之勝。迺相与策杖散歩。還過鶏籠峰。始復肩輿。躬走社首山。視禅壇訪遺蹟。晩入乾元観。小飯翠陰亭而帰。銭伯言題」

（187）『岱覧』巻十五、二三紙裏〜二五紙表。

［187］『岱覧』巻十五「岱陽之西上」三六五頁「［天紳］泉水由嶽頂西渓流至崖巓。倒瀉下注黒龍潭。緑沈陰閟。湛瀩無底。蓋神物所蟠窟也」

（188）『岱覧』巻十五、二五紙表。『泰山志』巻九、九紙表。『泰安県志』巻七、一六紙表［三七紙表〜裏］。

［188］『岱覧』巻十五「岱陽之西上」三六六頁「白龍池。碧湫皚石。瑩潔澹溶。（中略）旁多宋人題名。池東為三元石。前為淵済公祠。岱史云。宋元豊五年。封白龍神為淵済公。始建祠。今圮。方壇存焉」『泰山志』巻九「川泉志」二一四頁「白龍池。在招軍嶺南。明汪子卿志云。在傲来山阯。広数尋深不可測。

池上有龍神祠。在州祀典。歳旱禱之輒応」

『泰安県志』巻三「山川考」八紙表「[岱西南]又南為白龍池。懸崖絶壑。旱禱輒応」。同、巻七「祠祀考」三七紙表〜裏「淵済公祠。旧在嶽西南麓。白龍池上。旱禱輒応。宋祥符中。封白龍為淵済公。建祠於此。趙合記云。泰嶽西南隅。有霊泉曰白龍池」

(189)『泰山志』巻十、一紙表〜裏。『泰山道里記』一三紙裏。

[189]『泰山志』巻十「祠廟志」二二七頁「遥参亭。在廟前。昔凡事於廟者。先拝於亭而後入。故名遥参。前有石坊。坊北為殿。祀碧霞元君。両廡翼之。其後為東嶽坊」

『泰山道里記』四〇頁「[岱廟]北為遥参亭。亭一名草参。凡有事於嶽者。拝於亭而後入。是為入廟之始。自明人設元君像於亭中。遂与廟隔。不可通輦路矣」

(190)『泰山道里記』一三紙裏。

[190]『泰山道里記』四〇頁「[岱廟]門外為台。上起石坊。乾隆三十五年。奉勅増建。額遥参亭三字」

(191)『泰山道里記』一三紙裏。

[191]『泰山道里記』四〇頁「[遥参]亭後為岱嶽坊。康熙間。布政使施天裔創建」

(192)『泰山道里記』一三紙裏。

[192]『泰山道里記』四〇頁「北為廟。城堞方三里。高三丈。門八。南闢者五。中曰正陽。[乾隆]三十五年。

奉勅重建。額岱廟二字。東西両掖門。東掖之東曰仰高。西掖之西曰見大。東一曰青陽。又名東華。西一曰素景。又名西華。北一曰魯瞻。又名厚載。門各有楼」

つづく本文は東の門を「正陽門」と記す。ただし一二六頁には「青陽門」とある。

(193)『岱覧』巻六、一五紙裏〜二一紙表。『泰山志』巻十六、三六紙裏〜四一紙裏。『泰安県志』巻十一、二二紙裏〜二六紙裏。

[193]『岱覧』巻六「岱廟上」一二九〜一三二頁「加封帝号碑。文曰。大宋東嶽天斉仁聖帝碑銘幷序。(中略)大中祥符六年歳次癸丑六月辛酉朔十四日甲戌建。中書省玉冊官御書院伺候潘進幷謝望之刻。右行書。篆額。大宋東嶽天斉仁聖帝碑。碑連額高二丈一尺。広六尺二寸。額十字二行。字径五寸。文三十四行。行八十字。字径寸二分。在延禧殿門外。南向」

『泰山志』巻十六「金石記」四二〇〜四二三頁「封東嶽天斉仁聖帝碑。篆額。行書。在岱廟。大中祥符六年六月。大宋東岳天斉仁聖帝碑銘幷序。(下略)」

『泰安県志』巻十一「金石録」二二紙裏〜二六紙裏「東嶽天斉仁聖帝碑銘。(中略)大中祥符六年六月。晁迥奉勅。撰尹熙。古行書幷篆額。碑甚鉅。在岱廟内西。延禧殿門外南向」

大中祥符六年「大宋東嶽天斉仁聖帝碑」は以下に掲載。『全宋文』巻百三十八「晁迥」第七冊、一六四〜一六八頁。『泰山大全』八五三〜八五六頁。『泰山石刻』第二巻、三八七〜三八九頁。

(194)『岱覧』巻六、二七紙表〜三〇紙表。『泰山志』巻十七、三二紙表〜三四紙裏。『泰安県志』巻七、三紙裏[二紙表]〜五紙表[九紙裏]。『金石萃編』巻百四十七。

［194］『岱覧』巻六「岱廟上」一三六～一三九頁「重修泰嶽廟碑。文曰。宣和重修東嶽廟碑。（中略）宣和六年歳次甲辰己酉朔十八日丙寅建。胡寧刊。右真書。勒炳霊宮門外南向。額同題奉勅書篆。書文篆額也。碑連額高一丈九尺。広六尺。額八字二行。字径七寸。文二十六行。行七十四字。字径二寸。碑陰刻廟官姓名。二十行。字径八分。前十五行宋刻。後五行有東平路宣差怯里焉赤等名目。元人続刻也」

『泰山志』巻十七「金石記」四六五～四六七頁「重修泰嶽廟碑。篆額。宇文粋中撰。張漴正書。在城内岱廟炳霊宮門外。宣和六年三月。宣和重修東嶽廟記。（下略）」

『泰安県志』巻七「祠祀考」二紙表「岱廟。在城内西北隅。泰山旧有上中下三廟。此其下廟也。凡歴代祭告皆於此。（下略）」

宣和六年「宣和重修東嶽廟碑」は以下に掲載。『金石萃編』巻百四十七「宣和重修東嶽廟碑」石刻史料新編、第四冊、二七二八頁下～二七三〇頁下。『泰山大全』八六四～八六六頁。『泰山石刻』第二巻、三六一～三六二頁。

（195）石碑表面の賛は朱孝純の撰文である。以下に掲載。『岱覧』巻七、二五紙裏～二七紙表。

［195］『岱覧』巻七「岱廟下」一六〇頁「泰山図賛碑。文曰。蓋泰山者。上応角慷之精。下据青兗之封。綜万物而交代。冠五嶽以独宗。緊一元之肇始。兼二気而成終。（中略）右碑乾隆四十年五月。知府朱孝純撰賛弁叙。八分書。勒配天門外西側。東向。碑陰有泰山図」

以下に掲載。『泰山石刻』第二巻、三八五頁。

（196）『岱覧』巻七、一四紙表。

〔196〕『岱覧』巻七「岱廟下」一五一頁「飛龍巌碑。右隆慶元年。劉翾真書。飛龍巌三大字。在配天門外西側。東向」

以下に掲載。『泰山石刻』第二巻、三九三頁。

（197）『岱覧』巻六、六紙裏。『泰安県志』巻七、二九紙裏〔三〇紙裏〕。

〔197〕『岱覧』巻六「岱廟上」一二二頁「〔配天門〕門東為三霊侯殿。三霊侯者。周諫官唐宸葛雍周武也。宋真宗登封。見於南天門因加封」

『泰安県志』巻七「祠祀考」三〇紙裏「三霊侯祠。旧在南天門内。州志称。宋真宗東封。三霊侯見於南天門。建廟置祀。所謂三霊侯。則周諫官。唐宸葛雍周武也。後改置白雲洞東北。而移白雲洞東北之関帝廟於此。乾隆十三年。御題額曰。乾坤正気」

（198）『岱覧』巻六、六紙裏。『泰山志』巻十、二紙裏。『泰山道里記』一四紙表。

〔198〕『岱覧』巻六「岱廟上」一二二頁「〔配天門〕西為太尉殿。祀𡒉公杜琮。見朱佐前定録補」。

『泰山志』巻十「祠廟志」二二八頁「配天門西為太尉殿。朱佐前定録補謂。為𡒉公杜琮也。西南有宋祥符晁廻撰加封碑。視宣和製稍亜焉。又西由延禧門入。為延禧殿。前有古槐。明甘一驥題曰唐槐也」

『泰山道里記』四一頁「配天門西為太尉殿。朱佐前定録補。所謂𡒉公杜琮也」

（199）本書五四頁の『元始天尊説東嶽解寃謝罪真経』に「嶽府太尉朱将軍」とある。

（200）　至元二十一年「蒿里七十五司碑」および同二十二年「蒿里七十五司神房誌」参照。

［200］　訳注［150］［153］参照。

（201）　奇岩の一つに銘記があり、金王朝の大安元年（一二〇九）に岱廟に寄進されたと記す。多くは明代に搬入されたようである。『岱覧』巻六、三三紙裏を参照。

［201］　『岱覧』巻六「岱廟上」一四〇～一四一頁「供石題勒。文曰。大安元年八月二十日。宣武□□泰山州奉符県令呉衎同母王氏謹献。真書。西台石上。扶桑石。呉興沈応龍題。八分書。岱嶽分奇。呉晃題。篆書。幷在扶桑石上。層云。真書。中台東北石上。古皖心田。王夢龍至。真書。中台前右石上。玉山高幷両峰寒。呉晃題。隷書。東台左石上。右十石。惟中台東南西南西北三石。及東台右石無字。亦有漫滅特甚者。故不録。諸題字多明人筆。而王世懋以為皆宋元間。浮海来献。今無可証。以有金大安一則。因幷附列於此」以下に掲載。『泰山石刻』第二巻、五〇五頁。

（202）　扶桑は東方を意味するから、扶桑石とは東方の石をいう。〈図36〉で石の脇に写っているのは調査旅行に同行したアレクセーエフ氏である。チェペ神父の著作の図三は碧霞元君廟となっているがこれは誤りである。私が写したのとは反対の方向から扶桑石を写しており、後方には東嶽大帝が鎮座する峻極殿の正面が見える。

［202］　二〇世紀のロシアを代表する中国研究者ヴァシリー・アレクセーエフ（一八八一～一九五一）は、ペテルブルク大学東洋学部の私講師であった一九〇四年にパリへ留学し、コレージュ・ド・フランスでシャヴァンヌの講義を聴講した。一九〇六年に中国へ留学、翌年五月十六日から四か月半のあいだシャヴァン

ヌの調査旅行に同行した。以下を参照。Василий Михайлович Алексеев, *В старом Китае, Дневники путешествия 1907 года*, Русские путешественники в странах Востока, Академия Наук СССР, Институт Китаеведения, Издательство Восточной литературы, Москва, 1958; Алексеев, «Три отчета о пребывании в Китае в 1906–1909 гг.», *Наука о Востоке, Статьи и документы*, Главная редакция восточной литературы издательства Наука, Москва, 1982, стр.271–275.

（203） 峻極の語は『詩経』「大雅」の「崧高維嶽。駿極于天」に由来する（注（25）参照）。「峻極于天」の文字は元の中統三年（一二六二）銘碑にすでに見える（『岱覧』巻七、一紙表～裏）。天斉と同じ意味をあらわす。

［203］『岱覧』巻七「岱廟下」一四二頁「祀東嶽記。文略曰。維嶽奠茲東土。峻極于天。為国巨屏。（中略）右碑見明汪子卿泰山志云。元統三年。学士張起岩撰。欧陽元書勒延禧殿前。今不知所在。元統当是中統」

岱廟の本殿で現在は天貺殿（てんきょうでん）と呼ばれる。ゲイルの『中国の五嶽』は一九二六年以前に撮影された本殿の写真を掲載する〈附図3〉。Geil, *The Sacred 5 of China, op. cit.*, pl.112.

（204）『岱覧』巻六、二五紙表～裏。

［204］『岱覧』巻六「岱廟上」一三五～一三六頁「二鉄桶記。文曰。大宋国兗州奉符県献鉄桶。（中略）建中靖国元年五月吉日。会首李諒等献。右桶制各高三尺八寸。周闊一丈八尺。厚寸。上哆下隘如甗。通体作両層。上層横字四段。毎段間以花紋。下層以螭文。繞繚夾縫処施獅。紐四俱有孔相対」

〈附図３〉　岱廟峻極殿（Geil, *The Sacred 5 of China*, 1926, pl.112）

（205）　チェペ『泰山と岱廟』図八。

［205］　Tschepe, *Der T'ai schan, op. cit.*, Abb.VIII.

（206）　一七一番［本訳書一〇〇頁］参照。

（207）　チェペ『泰山と岱廟』図七。チェペ神父はこの石幢を秦の始皇帝の時代のものとするが誤りである。『岱覧』巻六、六紙表を参照。

［207］　Tschepe, *Der T'ai schan, op. cit.*, Abb.VII.

『岱覧』巻六「岱廟上」一二三頁「［峻極殿］西南台上。石幢制甚古。八棱壘剝無字。蓋再重亦刓蝕。僅存跗若礎而累者三。承幢者大如車輪。而穹其下。傅地者穹其上。大倍之。其間如皋陶。皆離婁軿轢。文斑駁可玩。童童然。高将二丈。礎得弱半焉」

以下に掲載。『泰山石刻』第二巻、四一三頁。

（208）　本書「願文」の章参照［本訳書では訳出しない］。

(209) 碑題は「天貺殿碑」である。岱廟の場所にはかつて天貺殿があったのではないか。天貺殿の名は大中祥符元年（一〇〇八）に泰山の山麓に降った天書に由来する。『岱覧』巻六、一一紙裏～一五紙裏。『泰山志』巻十六、三二紙表～三六紙裏。『金石萃編』巻百二十七参照。

［209］『岱覧』巻六「岱廟上」一二五～一二九頁「宋天貺殿碑。文曰。大宋天貺殿碑銘并序。（中略）大中祥符二年十一月十七日。右行書。額篆。大宋天貺殿碑。碑連額高一丈。広四尺四寸。額六字二行。字径四寸五分。文三十二行。行八十一字。字径八分。在西廊外碑台。明刻薛瑄修廟文於碑陰。転置東向而此文西向矣」

『泰山志』巻十六「金石記」四一七～四二〇頁「天貺殿碑銘。篆額。楊億奉勅撰。尹熙古行書。在岱廟西墀。大中祥符二年十一月。大宋天貺殿碑銘并序。（下略）」

大中祥符二年「大宋天貺殿碑銘并序」は以下に掲載。『全宋文』巻二百九十八「楊億」第一五冊、二〇～二四頁。『金石萃編』巻百二十七「天貺殿碑」石刻史料新編、第四冊、二三六九頁上～二三七二頁上。『泰山大全』八四六～八四九頁。『泰山石刻』第二巻、四一一～四一二頁。

(210) 『岱覧』巻七、八紙裏～一二紙表。

［210］『岱覧』巻七「岱廟下」一四八～一五〇頁「重修東嶽神廟碑。文曰。東嶽泰山之神廟重修碑。（中略）大明天順五年歳次辛巳冬月吉日。済南府推官雁門斉魯立石。済南程春程暋程恂程紀程習。奉高孟昭鐫。右真書。額文同題勒宋天貺殿碑陰。東向」

天順五年「東嶽泰山之神廟重修碑」は以下に掲載。『泰山大全』九〇六～九〇八頁。『泰山石刻』第二巻、四一四～四一五頁。

（211）『岱覧』巻七、八紙表～裏。本書「願文」の章参照［本訳書では訳出しない］。

［211］『岱覧』巻七「岱廟下」一四七～一四八頁「東嶽祝文碑。文曰。朕荷上天后土之眷命。蒙神之効霊。以致平群雄。息禍乱。君主黔黎於華夏。統控蛮夷。於今十年。中国康寧。（中略）自今以後。歳以仲秋詣祠致祭。惟神鑒之尚。洪武十年八月。右真書。勒西廊外碑台」

洪武十年「東嶽祝文碑［洪武祭祀碑］」は以下に掲載。『泰山大全』九〇六頁。『泰山石刻』第二巻、四〇六頁。

（212）『岱覧』巻七、一九紙表。

［212］『岱覧』巻七「岱廟下」一五四頁「重修東嶽廟碑。右碑康熙十七年四月。施天裔撰。真書。碑陰有題名。在西廊外碑台」

康熙十七年「皇清重修岱廟碑」は以下に掲載。『泰山大全』九二三～九二四頁。『泰山石刻』第二巻、四〇七～四〇八頁。

（213）本書「碑文」の章参照［本訳書では訳出しない］。

［213］訳注［11］参照。

（214）本書「願文」の章参照［本訳書では訳出しない］。

（215）『岱覧』巻七、一九紙表～二一紙表。

[215]『岱覧』巻七「岱廟下」一五五頁「奉命祭告東嶽廟碑。文曰。天下之穹然峙者。惟嶽乎。五嶽視三公。而泰山居東方。生物之地。能出雲雨。以潤天下。故於五嶽為長。王者膺図受命。必禋祀以告代焉。（中略）康煕二十八年正月。李振裕撰。真書。在露台西」

(216)『岱覧』巻七、一六紙表。碑の文字は草体である。

[216]『岱覧』巻七「岱廟下」一五三頁「劉元琬詩碑。右登岱七律一首。行書。在東廊外碑台」

(217)『岱覧』巻六、三〇紙表～三三紙表。『泰山志』巻十七、六一紙裏～六四紙表。『金石萃編』巻百五十六、一紙以下［「重修中嶽廟碑」と誤認か］。

[217]『岱覧』巻六「岱廟上」一三九～一四〇頁「重修東岳廟碑。文曰。大金重修東岳廟碑。（中略）右真書。額文同題勒。東廊外碑台西向。碑連額高一丈四尺。広六尺。額篆九字三行。字径六寸五分。文二十七行。行六十一字。字径一寸五分。建碑年月不具。文中亦欠此数字。案碑文云大定十八年廟災。明年興建。二十一年告成。欠字下有。二年四月。制詔楊伯仁紀其事。当是大定二十二年。立石亦当在是年矣」

『泰山志』巻十七「金石記」四八九～四九一頁「重修東岳廟碑。楊伯仁撰。黄久約正書。党懐英篆額。在岱廟大殿前東墀。大定二十二年。大金重修東岳廟碑。（下略）」

『泰安県志』巻十一「金石録」三一紙表「重修東嶽廟碑。大定□□年四月。楊伯仁奉勅撰。黄久約楷書。党懐英篆額。在岱廟内東碑台西向」

大定二十二年「大金重修東岳廟碑」は以下に掲載。閻鳳梧主編『全遼金文』中冊、山西古籍出版社、二〇〇二年、一七六六～六八頁。『泰山大全』八七二～八七三頁。『泰山石刻』第二巻、三九九～四〇〇頁。

(218) 本書「願文」の章参照［本訳書では訳出しない］。

[218] 正徳五年「旱告泰山文」は以下に掲載。『山川典』巻十六「泰山部芸文」一七二頁下。

(219) 本書「願文」の章参照［本訳書では訳出しない］。

(220)『泰安県志』巻一中、二三紙表～裏、二四紙裏［二一紙表～裏、二二紙裏］。

[220]『泰安県志』巻一中「盛典紀」二一紙表～裏「乾隆二十年七月二十八日。皇帝遣内閣侍読学士龔学海。致祭於東嶽泰山之神。（下略）」

同、二二紙裏「乾隆二十四年十二月十五日。皇帝遣吏部右侍郎五福。致祭於東嶽泰山之神。（下略）」

(221)『泰安県志』巻一中、四紙裏。本書「願文」の章参照［本訳書では訳出しない］。

[221]『泰安県志』巻一中「盛典紀」四紙裏「康熙十五年二月朔越七日巳未。皇帝遣宗人府府丞加二級馬汝驥。致祭於東嶽泰山之神」

(222)『泰安県志』巻一上、一三紙裏～一五紙裏。漢文部分は本書「碑文」の章参照［本訳書では訳出しない］。

[222]『泰安県志』巻一上「天章紀詩文」一三紙裏～一五紙裏「重修岱廟碑記。泰山位長群嶽。称宗最古表望

最尊。（中略）乾隆三十五年歳在庚寅。孟冬月之吉御筆」

乾隆三十五年「重修岱廟碑記」は以下に掲載。『泰山大全』九二九～九三〇頁。『泰山石刻』第二巻、四〇四頁。

（223）以上列挙した石碑の拓本はすべてパリの国立図書館写本部に管理を委託した。

（224）『後漢書』巻十七［志第七］、三紙表。

［224］『後漢書』志第七「祭祀志上」三一六三頁「風俗通曰。博県十月祀岱宗。名曰合凍。十二月涸凍。正月解凍。太守潔斎。親自執事。作脯広一尺。長五寸。既祀訖。取泰山君夫人坐前脯三十朐。太守拝章。県次駅馬。伝送洛陽」

（225）漢魏叢書本『風俗通』巻十、一紙裏。

［225］『風俗通義校注』巻十「五嶽」新編諸子集成、中華書局、二〇一〇年、四四七頁「岱宗廟在博県西北三十里。山虞長守之。十月日合凍。臘月日涸凍。正月日解凍。皆太守自侍祠。若有穢疾。代行事法七十万五千三牲。燔柴上福脯三十朐。県次伝送京師」

（226）『岱覧』巻六、五紙表。

［226］訳注［35］参照。

(227)　〈図42〉は漢柏図の碑拓である。碑は乾隆帝がその二十七年（一七六二）に刻ませた。図中の詩と題跋は乾隆帝の御製である。詩は以下に採録されている。『泰安県志』巻一上、三一紙裏。

[227]　『泰安県志』巻一上「天章紀詩文」三一紙裏「［題漢栢］遥望嵩山結昆仲。嵩陽書院漢栢。昔会為図。近臨西院是雲仍。廟西院有唐槐。大椿歳月猶虚擬。万古堪垣永瑞凝」
以下に掲載。『泰山石刻』第二巻、四三八頁。

(228)　『文献通考』巻九十、一九紙裏。『宋書』（巻百二、二紙表）によれば、大中祥符元年（一〇〇八）に威雄将軍と呼ばれる神が炳霊公に封じられたという。

[228]　馬端臨撰『文献通考』巻九十「郊社考」上海師範大学古籍研究所・華東師範大学古籍研究所点校本、中華書局、二〇一一年、二七六九頁「炳霊公廟在泰山下。後唐長興三年。詔以泰山三郎為威雄将軍。大中祥符元年十月。封禅畢親幸加封。令兗州増葺祠宇。経度制置使王欽若。自言嘗夢睹神。又於廟北壖建亭。名曰霊感」
『宋史』巻百二「礼志第五」二四八六頁「真宗封禅畢。加号泰山為仁聖天斉王。遣職方郎中沈維宗致告。又封威雄将軍為炳霊公」

(229)　シャヴァンヌ『史記訳注』第二巻、一六二頁、注三。

[229]　Chavannes, *Les mémoires historiques, op. cit.*, II, p.162, n.3. シャヴァンヌはここで『史記集解』が引く「太原真人茅盈内紀」の記事を訳出している。
『史記』巻六「秦始皇本紀」三二二頁「三十一年十二月。更名臘曰嘉平。賜黔首里六石米二羊。［『史記集

解』」太原真人茅盈内紀曰。始皇三十一年九月庚子。盈曾祖父濛。乃於華山之中。乗雲駕龍。白日昇天。先是其邑謡歌曰。神仙得者茅初成。駕龍上昇入泰清。時下玄洲戯赤城。継世而往在我盈。帝若学之臘嘉平。始皇聞謡歌而問其故。父老具対此仙人之謡歌。勧帝求長生之術。於是始皇欣然。乃有尋仙之志。因改臘曰嘉平」

(230) 梁の普通三年（五二二）銘の茅君碑の題跋がその初見である。北宋の元豊年間（一〇七八～一〇八六）に撰述された曾鞏の『元豊題跋』に載せる。いわく、「三茅とは茅盈太元真君と茅固定禄真君と茅衷保命僊君である。前漢の景帝の中元年間（前一四九～前一四四）の人々である。茅盈は、武帝の天漢四年（前九七）に道を体得し、元帝の初元五年（前四四）に長江下流の句曲山（江蘇省句容県の南東四十五支那里にある）に赴いた。句曲山はのちに茅盈の事績にちなんで茅山と呼ばれた。道書は茅山を三十六洞天の第八、七十二福地の第一に数えている。哀帝の元寿二年（前一）に茅盈は雲に乗って昇天した。それから現在（梁の普通三年）まで五百四十四年たつ（この数字は誤りである）。元帝の時代（前四八～前三三）に茅固は近衛長官に任じられ、宣帝の地節四年（前六六）に茅衷は上郡太守および五更大夫に任じられたが、二人とも官を辞して学問に専念した。成帝の永始三年（前一四）に茅固は定禄真君と称せられ、茅衷は保命仙君と称せられた。梁の普通三年に道士張繹がこの石碑を立てた。孫文韜が文字を書いた」。

［230］曾鞏撰『元豊題跋』巻一「茅君碑」中国学術名著第五輯『宋人題跋』上冊、世界書局、一九六七年、一頁「三茅者。盈太元真君。固定禄真君。衷保命僊君。皆漢景帝中元間人。盈天漢四年道成。至元帝初元五年。来江左句曲之山。哀帝元寿二年。乗雲而去。至梁普通三年五百四十四年矣。固至孝元時。拝執金吾卿。宣帝地節四年。拝上郡太守五更大夫。並解任還家修学。成帝永始三年。固為定禄真君。衷為保命仙君。梁

普通三年。道士張繹建此碑。孫文韜書」

（231）　延禧殿の前には石碑が二基あった。元の泰定元年（一三二四）〔聖旨泰定鼠児年碑〕と至正四年（一三四四）〔聖旨至正猴児年碑〕の銘記があり、元朝の外交文書に特有の文体で書かれている。顧炎武（一六一二～八一）の時代には二基とも存在しており、うち一基〔聖旨泰定鼠児年碑〕の文は伝存する。乾隆三十六年（一七七一）以降に『泰山道里記』を撰述した聶鈫によれば、そのときすでに二基とも失われていたという。『泰山道里記』一四紙表を参照。

［231］　以下に翻刻と訳がある。Chavannes, "Inscriptions et pièces de chancellerie (II)", *op. cit.*, VI/1, 1905, pp.40-42.

『泰山道里記』四一頁「西為延禧殿。今並祀三茅於内。集仙伝所謂東嶽上卿。漢茅盈及弟茅固茅衷也。殿前有元聖旨泰定鼠児年。至正猴児年碑。及杜翺撰東嶽別殿重修堂廡碑。幷亡」

（232）　『文献通考』巻八十二〔巻八十三〕、一七紙表。『唐会要』（巻五十、一九紙裏～二〇紙表）は開元九年（七二一）に祠の建立を上言した道士の名を司馬承円とする。

［232］　『文献通考』巻八十三「郊社考」二五五一～五五二頁「開元時。天台道士司馬承禎言。今五嶽神祠。是山林之神也。非正真之神也。五嶽皆有洞府。有上清真人降任其職。山川風雨。陰陽気序。是所理焉。冠冕服章。佐従神仙。皆有名数。請別立斎祠之所。上奇其説。因勅五嶽各置真君祠一所」

なお、現在通行する『唐会要』刊本のうち武英殿聚珍版は「司馬承員」とし、歴代会要叢書本は「司馬承禎」に作る（王溥撰『唐会要』巻五十「尊崇道教」武英殿聚珍版、中華書局、一九五五年、八七九頁。同、

歴代会要叢書、上海古籍出版社、一九九一年、一〇二九頁)。

(233) 『岱覧』巻七、二三紙表〜二五紙裏。

[233] 『岱覧』巻七「岱廟下」一五六〜一五九頁「環咏亭石刻。漢張衡四思篇之一。魏曹植飛龍篇。晋陸机泰山吟。宋謝霊運泰山吟。(中略)右弁元徐世隆王惲賈魯三刻。共九十五碣。合種明逸詩題跋二石。弁勒亭之周垣。其詩篇之佳者。分載各覧」

張衡詩碑と曹植詩碑は以下に掲載。『泰山石刻』第二巻、四四六頁。

(234) 注(57)参照。

(235) 『泰山道里記』一四紙裏。

[235] 『泰山道里記』四一頁「[環咏亭]北為蔵経堂。内貯歴代経文典誥」

明の正統十年(一四四五)に編纂された正統道蔵五千三百五巻は、のちに残欠箇所を補ってたびたび刊行された。北京白雲観の道蔵は帙に重修の年紀があり、道光二十五年(一八四五)に復刻されたことが知られる。以下を参照。尾崎正治「道教経典」『道教』第一巻、平河出版社、一九八三年、九七〜九九頁。

(236) 『詩経』「雅頌」魯頌、第四歌。

[236] 『毛詩正義』巻二十「雅頌魯頌閟宮」一六七一頁「泰山巌巌。魯邦所詹」

(237)『泰山志』巻十、三二紙表［三四紙表］。『泰安県志』巻七、二二紙裏。

［237］『泰山志』巻十「祠廟志」二五四頁「長春観。旧在岱廟西北。元初知州張郁建。女官訾守。慎修真於此。賜号妙真観。圯。有中統二年元和子記碑」

『泰安県志』巻七「祠祀考」二二紙裏「長春観。旧在城西北隅。元邱処機弟子某。修真於此。今遺址。有中統二年碑」

(238)『泰山志』巻十八、八紙表～一〇紙表。

［238］『泰山志』巻十八「金石記」五一三～五一四頁「長春観碑。篆額。路大中正書。在城西北隅故址。中統二年七月。長春観記。寿陽路大中書丹篆額。（中略）中統二年七月十五日建。東平路府判兼権摧課税所官張郁」

(239)『泰安県志』巻七、二二紙裏。

［239］『泰安県志』巻七「祠祀考」二二紙裏「蓮華庵。在法華寺西南。創於明。国朝歴加修。葺後有楼祀大士。乾隆十三年燬於火。僅存前殿」

(240)『泰安県志』巻七、二一紙裏。同、巻八、三一紙表～裏［巻十、八紙表～裏］。

［240］『泰安県志』巻七「祠祀考」二一紙裏「朱公祠。在劉将軍廟西。康熙中州守。朱麟兆多恵政。士民建祠祀之。後祠頽圮。移主於徐公祠内」

同、二一紙裏「徐公祠。在朱公祠西。州守徐肇顕有善政。康熙五十一年。士民立生祠。将肖像公固辞。衆即以祠署名。為徐公書院。有碑記其事」

同、巻十「政蹟録」八紙表「朱麟兆。字石安。盛京人監生。康熙十年。知泰安州。廉潔厳正。（中略）最内擢刑部郎」。同、八紙裏「徐肇顕。字宜庵。山陰人監生。康熙四十七年。知泰安州。多恵政尤留心。（中略）後内擢部郎」

(241)『泰山志』巻十、三二紙裏。『泰安県志』巻七、一五紙裏～一九紙表。

[241]『泰山志』巻十「祠廟志」二五二頁「魯両先生祠。在関帝廟南。祀孫明復石守道。今名二賢祠。旧在岱廟東偏。即両先生講学旧館。金大定十九年。即其地建祠。党懐英記。明成化間。知州胡瑄建祠於此。呉寛記。天啓中。知州侯応瑜重修。国朝順治十年。学道施閏章修」
『泰安県志』巻七「祠祀考」一五紙裏～一九紙表「二賢祠。在和聖祠南。祀宋孫明復石守道。本名魯両先生祠。按祠旧在嶽廟東。偏即両先生講学旧館。所謂泰山書院也。金大定十九年。即其地建魯両先生祠堂」

(242)『泰安県志』巻七、二一紙表。

[242]『泰安県志』巻七「祠祀考」二一紙表「蕭公祠。在和聖祠西。祀明万歴中。兵部尚書蕭大亨。有万歴三十六年州守江湛然碑記」

(243)『泰山志』巻十、三四紙表。『泰安県志』巻七、一四紙裏～一五紙裏。

[243]『泰山志』巻十「祠廟志」二五四頁「和聖祠。在魯両先生祠西北。多明人石刻。歳時祭焉」
『泰安県志』巻七「祠祀考」一四紙裏～一五紙裏「和聖祠。在参将署西。祀柳下恵。明万歴四十五年。州守侯応瑜建。国朝順治十三年。守道畢振基重修。戴京曾為之記云。上党畢公分済南之三年。行部至奉高按

図書得。所謂柳下展大夫祠者。易敞葺旧赫然。新之或曰尚賢也。或曰彰古蹟」

（244）ジャイルズ『中国人名辞典』八頁、一八番。

［244］Giles, *A Chinese Biographical Dictionary*, *op. cit.*, p.8, no.18.

（245）『山川典』巻二十二、六紙裏。

［245］『山川典』巻二十二「泰山部外編」第一八冊、二三八頁中「岱史遺蹟紀。唐張偁不知何許人。開元中与李某。同至泰山。学道久之。李以宗室辞帰。仕至大理丞。属安禄山乱。携家襄陽。尋奉使揚州。途覯張子。邀李同宿。門庭壮麗。儐従璀璨。李視女妓中有持箏者。酷似其妻。及罷張呼持箏者。以林檎繫裙帯上。各散去。明日李復至。門館荒穢。無行人跡。詢隣人曰。此劉道元宅。已十余年無居者。尋還襄陽。索其妻裙帯。果得林檎。問其故云。一夕夢見。五六人追云。張偁喚擱箏。臨別以林檎繫裙帯上。於是知張已得僊矣」

（246）『泰山志』巻十、三一紙裏～三二紙表。『泰安県志』巻七、一一紙裏～一二紙表。

［246］『泰山志』巻十「祠廟志」二五二頁「関帝廟。故会真宮也。在龍王廟東。即古奉高宮。宋真宗東封斎宿地。即以宴群臣。父老者也。内有玉皇殿。成化十八年重修。有学正任式記。万歴二十二年八月初七日。燬於火。後即故阯。改建関帝廟。歳時致祭焉」

『泰安県志』巻七「祠祀考」一一紙裏～一二紙表「関帝廟。在府治南。明万歴十七年重修。国朝知県邱恩栄拓建。［大清］会典。順治九年。勅封忠義神武関聖大帝。毎歳五月十三日致祭。雍正三年。勅令天下郡県。春秋祀関帝以太牢」

(247) 『泰山志』巻十、三一紙裏。

〔247〕『泰山志』巻十「祠廟志」二五一頁「龍王廟。在資福寺南。即宋封白龍為淵済公也。乾隆三十年。知県程志隆。以白龍池淵済公祠。久廃。始建祠城中」

(248) 『泰安県志』巻七、一二紙裏。

〔248〕『泰安県志』巻七「祠祀考」一二紙裏「劉将軍廟。在遥参亭西。歳以春秋仲月上戊日祭。按神名承忠。呉川人。元末授指揮弱冠。臨戎盗皆鼠竄。適江淮飛蝗千里。揮剣逐之。須臾蝗飛境外。後因鼎革。自沉於河。有司奏授。猛将軍之号。国朝雍正二年。奉勅立祠。三年。知州呉曙建。乾隆十七年。知県馮光宿重修」

(249) 至元二十一年「蒿里七十五司碑」および同二十二年「蒿里七十五司神房誌」参照。

〔249〕訳注〔150〕〔153〕参照。

(250) 『泰山志』巻十、三〇紙裏。『泰安県志』巻七、二二紙表。

〔250〕『泰山志』巻十「祠廟志」二五〇頁「資福寺。在郡城岱廟東南。初名冥福禅院。唐開元間創建。後唐釈智順。後晋釈志隠。相継増修。偽斉劉予時。釈海巌重建。改曰崇法禅院。元修之。国朝乾隆五十七年。知府徐大榕重修。易今名。並於寺東建岱麓書院」

『泰安県志』巻七「祠祀考」二二紙表「冥福寺。在岱廟東。偏内有後唐長興四年。及晋天福八年碑」

(251) シャヴァンヌ「元代尚書省の碑文と文書（一）」三九五頁。

[251] Chavannes, "Inscriptions et pièces de chancellerie (I)", *op. cit.*, p.395.

(252)『泰山志』巻十、三〇紙裏～三一紙裏。同、巻十、三六紙裏～三八紙表［巻十八、第三〇紙裏］。

[252]『泰山志』巻十「祠廟志」二五一頁「金粲重修資福寺記。（中略）嘉慶二年四月立石」。同頁「金粲資福寺施灯油田記。（中略）嘉慶三年十一月勒石」同、巻十八「金石記」五三〇頁「聖旨焚燬偽道蔵碑。篆額。唐方撰。粘合瑋正書。在冥福寺。今佚。至元二十二年五月」

至元二十二年王磐等撰「聖旨焚燬偽道蔵経碑」は以下に名称の記載がある。法偉堂輯『山左訪碑録』石刻史料新編第二輯、第一二冊、新文豊出版公司、一九七九年、九〇七六頁「聖旨焚燬偽道蔵経碑。王磐等撰。粘合瑋正書。八合禿篆額。至元二十二年五月。岱覧有孫有。冥福寺」

(253) 一七一番［本訳書一〇〇頁］参照。

第三章　泰山の民俗

(254) 顧炎武『日知録』巻三十。

[254]『日知録校注』巻三十「泰山治鬼」一八二二頁「自哀平之際。而讖緯之書出。然後有如遁甲開山図所云。

泰山在左。亢夫在右。亢夫知生。梁父主死」

同文が『水経注』に見える。酈道元撰『水経注疏』巻二十四「汶水」段熙仲点校、陳橋駅復校、江蘇古籍出版社、一九八九年、二〇六九頁「開山図曰。泰山在左。亢父在右。亢父知生。梁父主死」

(255)『後漢書』巻百十二下［巻八十二下］、二紙表。唐儀鳳元年（六七六）の注に言う。「泰山は人の生死をつかさどるがゆえに、許峻は延命を願って泰山に赴いたのである」。

［255］『後漢書』本文の原文は訳注［19］参照。注の原文は以下のとおり。『後漢書』巻八十二下「方術列伝」二七三二頁「太山主人生死。故詣請命也」

(256)『後漢書』巻百二十［巻九十］、一紙裏。『三国志』（巻三十、一紙裏）注釈に引く「魏書」をも参照。

［256］『後漢書』巻九十「烏丸鮮卑列伝」二九八〇頁「言以属累犬。使護死者神霊帰赤山。赤山在遼東西北数千里。如中国人死者魂神帰岱山也」

『三国志』魏書巻三十「烏丸鮮卑東夷伝」八三三頁「［魏書曰］特属累犬。使護死者神霊帰乎赤山。赤山在遼東西北数千里。如中国人以死之魂神帰泰山也」

(257) 駱賓王は七世紀末に没した（『旧唐書』巻百九十上、一〇紙裏。ジャイルズ『中国人名辞典』一五三五頁、一三九一番。八九八頁、二三六九番）。封禅のまつりに際しての嘆願書は以下に掲載。『岱覧』巻五、二一紙表～二二紙表。『泰山志』巻十二、二二紙裏～二三紙表。文は以下のとおり。

「夢瓊余息甑仙閭以相歓。就木残魂遊岱宗而載躍」

〔257〕『旧唐書』巻百九十上「文苑列伝」中華書局、二十四史点校本、一九七五年、五〇〇六頁「駱賓王。婺州義烏人。（中略）高宗末。為長安主簿。（中略）文明中。与徐敬業於揚州作乱。敬業軍中書檄。皆賓王之詞也。敬業敗。伏誅。文多散失」。ここには乾封元年の封禅の記事はない。

Giles, *A Chinese Biographical Dictionary, op. cit.*, p.535, no.1391; p.898, no.2369.

『岱覧』巻五「岱礼下」一〇七頁「為斉州父老請陪封禅文。唐駱賓王。（中略）望雲紓素。叫天閽於九重。倘允微誠。許陪大礼。則夢瓊余息。甑仙閭以相歓。就木残魂。遊岱宗而載躍」

『泰山志』巻十二「封禅志」二九七頁「駱賓王為斉州父老請陪封禅文。（下略）」

駱賓王の封禅文は『全唐文』巻百九十七「駱賓王二」に収めてある。董誥等編『全唐文』第二冊、山西教育出版社、二〇〇二年、一一九〇頁。

（258）「夢瓊余息」は、口中に含んだ玉とともに永眠する死者を言うものと解する。同じく「就木」は棺の中の死者を言うものか。

（259）『漢書』（巻六、一二紙裏）によれば、太初三年（一〇二）四月に武帝が泰山で封のまつりをおこない、石閭で禅のまつりをおこなった。応劭はこれに注して言う。「石閭の山は泰山山麓の南にある。方士らは仙人の住まいと言っている」。

〔259〕『漢書』巻六「武帝紀第六」二〇一頁「(太初) 三年春正月。行東巡海上。夏四月。還。修封泰山。禮石閭。応劭曰。石閭山在泰山下阯南方。方士言仙人閭也」

（260）『三国志』巻二十九、一一紙表。

〔260〕『三国志』魏書巻二十九「方技伝」八二六頁「但恐至太山治鬼。不得治生人」

（261）顧炎武『日知録』巻三十。

〔261〕原文は訳注〔19〕参照。

（262）この文は『博物志』に二度出る。漢魏叢書本巻一、四紙表、六紙表を参照。

〔262〕『博物志』巻一「地」八十六種本『増訂漢魏叢書』三〇五二頁「泰山一曰天孫。言為天帝孫也。主召人魂魄。東方万物始成。知人生命之長短」

同、巻一「山水総論」三〇五三頁「援神契曰。五嶽之神聖。四瀆之精仁。河者水之伯。上応天漢。太山天帝孫也。主召人魂。東方万物始成。故知人生命之長短」

（263）干宝は四世紀の人。その撰述という『捜神記』は文に錯乱が少なくない。古今図書集成の『山川典』（巻二十二、七紙裏）によってここに引用した文は、漢魏叢書本『捜神記』の版本には見出せないが、確実なことは疑いない。趙翼の『陔余叢考』（巻三十五、三紙裏）によれば、この文は『三国志』注釈にも引用されているという。

〔263〕『山川典』巻二十二「泰山部雑録」第一八冊、二三六頁下「捜神記。後漢胡母班嘗至泰山側。為泰山府

君所召。令致書於女婿河伯云。至河中流。扣舟呼青衣。当自有取書者。果得達。復為河伯致書府君」

『陔余叢考』巻三十五「泰山治鬼」六五七頁「干宝捜神記。胡母班死。往見泰山府君。為之致書於河伯。此事亦見三国志註」

『三国志』魏書巻六「袁紹伝」一九三頁「[裴松之註]班嘗見太山府君及河伯。事在捜神記。語多不載」

(264)　泰山の娘に言及する『博物志』の文は、古今図書集成の『山川典』に見える。いわく、「文王は太公を灌壇の知事に任じた。それから丸一年、木の枝が風にざわめくことがない。文王は夢で道すがら婦人が泣いているのを見た。わけを尋ねるとこう答えた。「私は東海の泰山の神の娘でございます。西海の神のもとに嫁ぎ、東へ里帰りするところです。通り道に太公殿が知事をなさっておられる土地があります。太公殿は徳のあるお方ですので、強い風と激しい雨といっしょに通り過ぎればご迷惑をおかけすることになります」。文王は夢から覚めた明くる日、太公を呼び出した。それから三日三晩、西からの強い風と激しい雨があった。文王は太公の徳を称えて大司馬に封じた」(巻二十二、七紙裏)。ここでは泰山の名がつけたしであることはすぐにわかる。一人の女性が泰山の娘であり、しかも東海の神の娘であるわけがない。漢魏叢書本の『博物志』では、婦人は「東海の神の娘で、西海の神の息子に嫁いだ」と答えている(巻七、一紙裏)。こちらの文を採るなら、古今図書集成の文は泰山に娘がいたという根拠にはならない。

[264]『山川典』巻二十二「泰山部雑録」第一八冊、二三四頁中「晋時已有之。張華博物志。文王以太公為灌壇。令期年風不鳴條。文王夢見有一婦人。当道而哭。問其故曰。我東海泰山神女。嫁為西海婦。欲東帰灌壇。令当吾道。太公有徳。吾不敢以暴風疾雨過也。文王夢覚。明日召太公。三日三夕。果有病風驟雨。自

西来也。文王乃拝太公為大司馬」

『博物志』巻七「異聞」三〇七〇頁「太公為灌壇令。武王夢婦人。当道夜哭。問之曰。吾是東海神女。嫁於西海神童。今灌壇令当道廃我行。我行必有大風雨。而太公有徳。吾不敢以暴風雨過。是毀君徳。武王至明日召太公。三日三夜果有疾風暴雨。従太公邑外過」

ただし津逮秘書所収の二十巻本『捜神記』は、泰山の神の娘が東海の神に嫁いだとする。干宝撰『捜神記』巻四『増補津逮秘書』六三一四頁「文王以太公望為灌壇令。期年風不鳴條。文王夢一婦人甚麗。当道而哭。問其故曰。吾泰山之女。嫁為東海婦欲帰。今為灌壇令当道有徳。廃我行。我行必有大風疾雨。大風疾雨。是毀其徳也。文王覚。召太公問之。是日果有疾雨暴風。従太公邑外而過。文王乃拝太公為大司馬」

なお『捜神記』の最近の刊本はいずれも該当箇所を採録していない（汪紹楹校注『捜神記』中華書局、一九七九年。李剣国輯校『新輯捜神記 新輯捜神後記』中華書局、二〇〇七年）。以下同様である。

（265）『北史』巻三十四、六紙裏～七紙表。

［265］『北史』巻三十四「段承根列伝」点校本二十四史、中華書局、一九八三年、一二六六頁「有一童子与暉同志。後二年童子辞帰。従暉請馬。暉戯作木馬与童子。甚悦謝暉曰。吾太山府君子。奉勅遊学。今将帰。捐子厚贈。無以報徳。子後至常伯封侯。非報也。且以為好。言終。乗馬騰虚而去」

（266）この『夷堅志』の文は趙翼の『陔余叢考』に引用されている。しかし引用は必ずしも正確ではなさそうである。陸心源の十万巻楼叢書に編入された『夷堅志』では、話に突然の中断があって、孫点（『陔余叢考』本は孫默に作る）が病気で幻覚に悩まされているところへ、泰山府君に任じるむねの召喚状を持った男が現れたとだけある（甲志巻二十）。王太守についての記事は見出せなかった。もっともまったく記載がないとまでは言えない。大部な書物だけに私の見落としがあるかも知れない。

［266］『陔余叢考』巻三十五「泰山治鬼」六五八頁「夷堅志。孫默石倪徐楷。相継為泰山府君。又呂弁老得一印。文曰泰山府君之印。王太守借観之。未幾王死。王素有善政。人以為必主岱岳也」

洪邁撰『夷堅志』甲志巻二十「太山府君」何卓点校本、中華書局、一九八一年、一七八頁「孫点字与之。鄭州人。温靖公固諸孫也。建炎四年。知泉州晋江県。居官以廉介自持。是歳七月。叛将楊勍。自江西軼犯郡境。点出禦寇。帰而疽発于背。主簿入臥内省之。胥吏数人在旁。点顧戸外曰。何人持書来。皆莫見少焉。点挙手左右。口中囁嚅。為発書疾読之状。主簿問。何書曰。檄召点為太山府君。顧吏曰。此有石倪及徐楷二人乎。吏曰。有石教授者。居別村。無徐楷。但有徐楷解元耳。点曰。何用措大為。諸吏怪其語不倫。無敢問。後三日卒」

（267）十万巻楼叢書本『夷堅志』丙志巻九、一二紙裏～一三紙表。その意味するところは、すなわち雷度が泰山府君に任じられたので、甥の蔡直夫を自分のもとに呼ぶため使者をつかわしたということか。雷度と蔡が亡くなり、はたして蔡夫人の夢が現実となったのである。

［267］『夷堅志』丙志巻九「泰山府君」四四五頁「臨川雷度字世則。性剛介好読書。雖登名郷貢。而不肯赴省試。其甥蔡直夫。為永康軍通判。既之官。是年九月晦。蔡妻徐氏夢人持尺書類漕台檄。徐読之竟迨寤。但憶紙尾大書云。泰山府君雷度押。畏其不祥。且未知度之安否。不旬日蔡卒。妻孥護柩以帰。明年至郷里。始知度以故歳八月卒矣。泰山之夢其然乎」

（268）劉宋の元嘉六年（四二九）刊行の『三国志』裴松之注に引用された『列異伝』にこの話が見える（巻十四、一二紙裏）。漢魏叢書所収の［八巻本］『捜神記』にも類似の物語がある（巻四、三紙表～四紙裏）。ただし登場人物の名は異なる。

［268］『三国志』魏書巻十四「蔣済伝」四五五頁「列異伝曰。蔣為領軍。其婦夢見亡児涕泣曰。死生異路。我生時為卿相子孫。今在地下為泰山五伯。憔悴困辱。不可復言。今太廟西謳士孫阿。今見召為泰山令。願母為白侯。属阿令転我得楽処。言訖。母忽然驚寤。明日以白済。済曰。夢為爾耳。不足怪也。明日暮。復夢曰。我来迎新君。止在廟下。未発之頃。暫得来帰。新君明日日中当発。臨発多事。不復得帰。永辞於此。侯気彊。難感悟。故自訴於母。願重啓侯。何惜不一試験之。遂道阿之形状。言甚備悉。天明。母重啓侯。雖云夢不足怪。此何太適。適亦何惜不一験之。済乃遣人詣太廟下。推問孫阿。果得之。形状証験悉如児言。済涕泣曰。幾負吾児。於是乃見孫阿。具語其事。阿不懼当死。而喜得為泰山令。惟恐済言不信也。曰。若如節下言。阿之願也。不知賢子欲得何職。済曰。随地下楽者与之。阿曰。輒当奉教。乃厚賞之。言訖遣還。済欲速知其験。従領軍門至廟下。十歩安一人。以伝阿消息。辰時伝阿心痛。巳時伝阿劇。日中伝阿亡。済泣曰。雖哀吾児之不幸。且喜亡者有知。後月余。児復来語母曰。已得転為録事矣」

『捜神記』巻四『増訂漢魏叢書』三二六六頁「昔太祖年七十。只養一子。年十三而夭。太祖与夫人。昼夜悲泣不止。夫人忽一夜夢見。亡児来謂母曰。某今差在泰山五百日。駆使苦無暫休。今泰山府君。取周王為獄宿。阿娘可為児嘱王。安児於楽処。免有駆役。言訖洒涕而別。其母睡覚。悲不自勝。太祖問有何故。具以事白。太祖曰夢以想成。生死殊道。漠漠然何可憑也。翌日昼寝。復自夢見亡子曰。昨日請阿娘咨告。如何郤以為無憑也。既若不信。但看周王。三月十八日必死。若不死即虚也。太祖夢覚信之。明旦喚文王来語曰。朕昨昼寝。夢見亡子云。被差向泰山府。五百日駆使。今泰山府君。取卿為宿。今夢想之頃。朕亦不信。儻如所夢。卿即方便。安児於楽処。周王曰短長之数。豈可逃乎。然念永別清朝。将辞昭代。已審聖旨。豈敢違命。泣涕交下。哀恋久之。太祖乃賜王絹十疋。以贖亡児。果于三月十八日卒。経十余日。太祖又夢見児。顔色和悦。謂父曰蒙托文王。文王任所職。遷児於泰山府録事参軍。下監印差帝南人代役。仰荷君恩。敢不上報。太祖夢覚。喜而復悲。即発人往問。帝南人死虚実。使回云亡経十五日。事験有実方知。鬼神之道昭然。不可謂之無矣」

(269) 漢魏叢書本『捜神記』巻二、二紙表~三紙表。

[269] 『捜神記』巻二『増訂漢魏叢書』三二五九頁「仲祥知李玄石是鬼。及旦与子珍執別。語曰某与弟連枝有事不可不説。弟今朋友李玄石是鬼耳。実非生人。(中略)子珍聞此語故咨兄。玄石曰。我実鬼矣。向弟言者是仲祥也。弟今既知須話元由。昨縁冥司挙我為泰山主簿。任職年久業満。合捨此司。遷於勝処。王銓一人以当其職。銓定無之。人皆不可乃喚玄石云。吾観汝之才量堪赴此任。然汝寡学。未能該通。汝且人間辺孝先処求業。業成早来。委汝泰山主簿。我恐世懼我。即為生人。与弟同師。不経一年。学問已成。任泰山主簿二年矣」

(270) 『南史』巻三十七、八紙表。

[270] 『南史』巻三十七「攸之伝」中華書局、点校本二十四史、一九七五年、九七〇頁「僧昭別名法朗。少事天師道士。常以甲子及甲午日。夜著黄巾衣褐。醮於私室。時記人吉凶。頗有応験。自云。為泰山録事。幽司中有所収録。必僧昭署名。中年為山陰県」

（271）レオン・ウィジェ『近代中国民俗誌』三八九〜三九〇頁。

［271］Léon Wieger, *Folklore chinois moderne*, Imprimerie de la Mission Catholique, Sienhsien, 1909, pp.389-390.

善書の文を集成した『暗室灯』は、嘉慶年間（一七九六〜一八二〇）に刊行されてから民間に流布し、清朝の末頃まで増補・重刻を繰り返した。以下を参照。Charles de Harlez, "La Lampe de la salle obscure (Gan-shih-tang). Traité de morale taoïste. La piété filiale, l'infanticide, le respect du ciel, les biens de la fortune", *Revue de l'histoire des religions*, XXVII/3, Paris, 1893, pp.294-314; id., "Le Gan-shih-tang", *op. cit.*, 1897, pp.37-48; 酒井忠夫『増補中国善書の研究（下）』酒井忠夫著作集第二巻、国書刊行会、二〇〇〇年、一九四〜二〇〇頁。

（272）『陔余叢考』（巻三十五、四紙裏）に引く洪邁の『夷堅志』より。

［272］『陔余叢考』巻三十五「泰山治鬼」六五八頁「張廿三既死。子幼。贅婿陳昉主其家事。而斃其子。已而張同一黄衣者。向陳索命。顧黄衣者使執之。黄衣曰。須先于泰山府君処下状」

（273）『陔余叢考』巻三十五、四紙裏。

［273］『陔余叢考』巻三十五「泰山治鬼」六五八頁「滕迪功妻趙氏。殺其妾陳馨奴。未幾趙死而失其首。方捕治而陳現形。提其頭出示人曰。我已訴岳帝。得報此讐。恐干連無辜。故来明此事」

（274）『陔余叢考』（巻三十五、四紙表）に引く『宋稗記』より。この書物については知見が得られなかった。

［274］『陔余叢考』巻三十五「泰山治鬼」六五八頁「宋稗記。崔公誼補莫州任丘簿。会地震。公誼任満。已挈家南行。夜宿忽有人叩戸云。崔主簿係合地動圧殺人。已収魂到岱。到家宜速。崔自度必死。乃送其孥帰寿陽。明日遂卒」

（275）ウィジェ『近代中国民俗誌』一七五～一八三頁。

［275］Wieger, *Folklore chinois moderne, op. cit.*, pp.175-183.
この話は土地神と天窓の神である中霤を同一とする。これは住まいの社の神にほかならない。以下を参照。Chavannes, "Le dieu du sol dans la Chine antique", *Le T'ai chan, op. cit.*, p.438; 拙訳『古代中国の社――土地神信仰成立史』平凡社東洋文庫、二〇一八年、九頁。

（276）アントワーヌ・バザン『元代中国演劇』所収。

［276］Antoine Bazin, "Ho-han-chan, ou la Tunique confrontée", *Théâtre chinois: Choix de pièces de théâtre composées sous les empereurs Mongols*, Imprimerie Royale, Paris, 1838, pp.133-219.
張国賓『合汗衫』は元人百種曲の一。題目は『東嶽廟夫妻占玉玦』、正名は『相国寺公孫合汗衫』という。

（277）増福神については五四頁および六五番［本訳書七八頁］参照。

（278）ジョゼフ・ノーデ『プラウトゥス演劇集』三六九～三七一頁［シャヴァンヌの参照した版は不明］。同書にスタニスラス・ジュリアンによる『看銭奴』の解題がある。

［278］Joseph Naudet, *Théâtre de Plaute*, II, Bibliothèque latine française, LXXII, C. L. F. Panckoucke, Paris, 1833, pp.374-385.

鄭延玉『看銭奴』は元人百種曲の一。題目は『窮秀才売嫡親児男』、正名は『看銭奴買冤家債主』という。

（279）ウィジェ『近代中国民俗誌』一五〇頁。

［279］Wieger, *Folklore chinois moderne*, *op. cit.*, p.150.

（280）『登封県志』巻十四、一〇紙裏。

［280］『登封県志』巻十四「職官表」中国方志叢書華北地方四六二冊、成文出版社、一九七六年、三九六頁「孫秉揚懐遠進士」

（281）『説嵩』巻十五、一八紙表。著者は景日昣。序文に康熙五十五年（一七一六）の年紀がある。

［281］『説嵩』巻十五「金石」七八三頁「五嶽真形図。在峻極門。有跋万暦甲寅刻」

（282）『山川典』巻八、二紙裏。

［282］『山川典』巻八「五嶽総部外篇」第一八冊、八一頁下「五嶽真形図」は以下に掲載。『道家金石略』一

三一三～一四頁。ここでは全文を〈図56〉から翻刻する。

「蓋聞。乾坤之内。五嶽者謂之神。五嶽之中。岱嶽為其祖。莫不応乎。造化生於混沌之初。立自陰陽鎮乎。坤維之位。且五嶽者。古経云。分掌世界人間等事」

「東岱嶽泰山。乃天帝之孫。辟霊之府也。在兗州奉符県。是成興公真人得道之処。長白梁父二山為副嶽。神姓歳諱崇。封号天斉仁聖帝。岱嶽者主於世界人民官職。及定生死之期。兼注貴賤之分。長短之事也」

「北嶽恒山。在定州曲陽県。是長桑公真人得道之処。天涯崆峒二山為副嶽。神姓晨諱鶚。封号安天元聖帝。北嶽者主世界江河淮済。兼四足負荷之類。管此事也」

「中嶽嵩山。在西京河南府登封県。是寇謙真人得道之処。女几少室二山為副嶽。神姓惲諱𤇍。封号中天崇聖帝。中嶽者主世界土地山川谷峪。兼牛羊食稲之類。管此事也」

「南嶽衡山。在衡州衡山県。是太処真人得道之処。潜山霍山為副嶽。神姓崇諱嵩。封号司天昭聖帝。南嶽者主世界星象分野。兼水族魚龍之事也」

「西嶽華山。在華州華陰県。是黄盧于真人得道之処。終南太白二山為副嶽。神姓姜諱堂。封号金天順聖帝。西嶽者主世界金銀銅鉄。兼羽翼飛禽之事也」

「東嶽太霊蒼光司命真君。南嶽慶華紫光注生真君。中嶽黄元大光合真真君。西嶽素元耀魄大明真君。北嶽欝微洞淵無極真君」

「謹按。抱朴子云。凡修道之士。棲隠山谷。須得五嶽真形図佩之。其山中鬼魅精霊虫虎妖怪一切毒物。莫能近矣。漢武帝元封二年七月七日夜。西王母親降。見王母巾器中有書巻。紫錦嚢盛之。亦是斯図。太初中。李充称馮翊人三百歳。荷菓華留負五嶽図。帝封負先生。此図如人出入作客。過江渡海。或入山谷。或夜行。又恐宿凶房。若此図随身。一切邪魔。魑魅魍魎。水怪等。尽皆隠跡逃遁矣。所居之処。香花供養。虔心扶侍。必降真祥之祐。以感聖力護持」

「此図郭次甫携之嚢遊二十年。持以見示勒招隠亭中。五嶽山人陳文燭記。登封県知県孫秉揚刻石」

泰安府碑跋は「洪武十一年十月日重刊」とある。

東嶽廟碑跋は「万暦歳次甲寅年猛夏吉日立」とある。

西安府碑跋は「憶子総角時。獲見此図。心窃感其異然。所見皆朱墨図写。恐不無伝迷之誤業。至南安見臬署中石刻此図。亟為摹搨。刻之西安儒学中。以公諸四方。好古之士云。時康熙二十一年歳次壬戌孟冬上浣之吉日。江右古盱鄧霖題。卜世鐫」とある。

(283) 泰安府を宋・金・元朝では奉符と呼んだ。

(284) 長白山は山東省済南府の東にある。

(285) 梁父山は泰安府の南にある〈図27〉。

(286) 神々の諱は「山」を三つ上に重ねた文字である。

[286] 音はいずれも未詳。

(287) 天斉仁聖帝の称号は北宋の大中祥符四年（一〇一一）に泰山にさずけられた（二九頁参照）。ここから図の作成が宋代をさかのぼらないことが知られる。

(288) 恒山は直隷省真定郡（現在の河北省正定郡）曲陽県の北西百四十支那里［約八〇・五キロメートル］、山西省渾源郡の南二十支那里［約一一・五キロメートル］にある。

(289) 天涯山は山西省代郡崞県の南にある。

(290) この崆峒山は山西省の北にある。道書に名高い甘粛省の崆峒山ではない。

(291) 水は［五行の］北に対応する。それゆえ北嶽は四つの大河をつかさどるという。

(292) 『山川典』は寇真人とする（巻六十二下、二紙表）。脱字であろう。

［292］『山川典』巻六十二下「嵩山部外編」第一八冊、六二五頁中「是寇真人得道之処」

(293) 女几山は河南省宜陽県の西九十支那里［約五二キロメートル］にある。

(294) 少室山は嵩高山塊の一部でその西側にあり、中央峰にあたる太室山は東に位置する。少室山は登封県の西十支那里［約五・八キロメートル］にあり、太室山はその北八支那里［約四・六キロメートル］にある。

(295) 『続博物志』によれば黄帝が衡山の補佐に潜山と霍山を任じたという（『山川典』巻百六十三上、四紙表）。霍山と潜山は同じ山塊に属し、北は霍山県に接し南は潜山県と境を接する。いずれも安徽省にあって衡山からは距離がある。それを南嶽としたのは、衡山があまりに遠いため漢の武帝が南嶽を霍山に改めたためである。『爾雅』は霍山を南嶽とする（『山川典』巻百六十三上、四紙表）。

［295］『山川典』巻百六十三「衡山部彙考」第一九冊、一五〇二頁中「按続博物志。衡山五嶽之南嶽也。黄帝以潜霍為衡之副。爾雅云。霍山為南嶽。至漢武以衡山。道遠徒祭於廬江潜山」

(296) 「里」字に「山」を三つ載せる。『山川典』も同様に作る（巻八、三紙裏）。

［296］『山川典』巻八「五嶽総部外編」第一八冊、八二頁中「按五嶽真形図。見万花谷記。又見抱朴子謂。南嶽衡山。在衡州衡山県。大処真人得道之処。潜山霍山二山為副嶽。神姓崇諱薑」

(297) 東嶽廟碑〈図58〉は「司」を「同」に作るが誤りであろう。

(298) 華州華陰県は陝西省の南東である。

(299) 黄盧于は黄蘆子に作るべきではないか。黄蘆子が隠棲した黄神谷は華山の東側にある。旱魃のとき雨乞いを祈願する黄龍池がこの谷にある。池の神は宋代に広潤侯に封じられた。

［299］『山川典』巻六十七「華山部彙考」第一八冊、六七八頁下「黄神谷。在華山東。真人黄廬子隠処。谷口有黄龍潭。旱則禱焉。宋封広潤侯」

(300) 終南山は陝西省西安府の南五十支那里［約二九キロメートル］にある。

(301) 太白山は陝西省鳳翔郡郿県の南東四十支那里［約二三キロメートル］にある。

(302) 五行の西に対応するのは金である。したがって西嶽華山は金属をつかさどる。

(303) 中嶽廟碑は「合真」に作るが、『山川典』の「合徳」が正しい（巻六十二下、二紙表）。中央は五行の本源なる徳が合うところである。

［303］『山川典』巻六十二「嵩山部外編」第一八冊、六二五頁「五嶽名号。中嶽黄元大光合徳真君」

(304) 抱朴子は葛洪の号である。多くの道書を著し、東晋の咸和年間（三二六～三三四）に八十一歳で没した。『晋書』に伝がある（巻七十二）。

［304］『抱朴子内篇校釈』巻十七「登渉」新編諸子集成、中華書局、一九八五年、三〇〇頁「上士入山。持三皇内文及五嶽真形図。所在召山神。及按鬼録。召州社及山卿宅尉問之。則木石之怪。山川之精。不敢来試人」

『晋書』巻七十二「葛洪伝」中華書局、点校本二十四史、一九七四年、一九一三頁「自号抱朴子。因以名書。其余所著碑誄詩賦百巻。移檄章表三十巻。神仙良吏隠逸集異等伝各十巻。（下略）」

（305）西王母が武帝のもとへ降った話は『漢武帝内伝』の主題をなしている。『漢書』を著した班固に仮託されて漢魏叢書に編入されている。そこでは西王母が武帝に降った年を元封二年（前一〇九）ではなく元封元年の七月七日とする。

［305］『漢武帝内伝』八十六種本『増訂漢魏叢書』一〇九三頁下「元封元年正月甲子登嵩山。起道宮帝斎七日。（中略）至七月七日王母暫来也。帝下席跪諾」

（306）『漢武帝内伝』の本文は中嶽廟碑の理解に資する。『漢武帝内伝』は言う。「武帝は西王母のたずさえた竹箱のなかに巻物があり、紫の錦の包みにくるんであるのを目にした」。それから西王母は五嶽真形図の巻物を武帝に託した。武帝はこれを柏梁台に納めたが、太初元年（前一〇三［前一〇四］）一月十日の失火で柏梁台ともども焼失したという。いかにも荒唐無稽な内容であり、作者を班固とするのも無理である。ただ撰述年代が隋代よりさかのぼることはまちがいない。『隋書』には『漢武帝内伝』の名があげてある（巻三十三、九紙表）。五嶽を表象する文字を呪符として用いることは古くからあった。

［306］『漢武帝内伝』八十六種本『増訂漢魏叢書』一〇九六頁下「帝又見王母巾笈中有一巻書。盛以紫錦之囊。帝問此書是仙霊方耶。不審其目可得瞻眄否。王母出以示之曰。此五嶽真形図也」

同、一一〇〇頁上「太初元年十一月乙酉。天火焼柏梁台。真形図。霊飛経録十二事。霊光経。及自撰所受。凡十四巻幷函並失」

『隋書』巻三十三「経籍志二」九七九頁「漢武内伝三巻」

（307）「畱」字は理解しがたい。漢魏叢書本『洞冥記』にあるように「畚」に作るべきだろう。李充の伝に言う。「李充は馮翊の人で三百歳と自称した。五嶽真形図を草畚（草籠）に入れてかついで歩いた。武帝は敬意をもって負図先生と呼んだ」と。『洞冥記』の作者は後漢の郭憲とされるがこれは無理である。おそらく四～五世紀の撰述ではないか。

［307］『洞冥記』八十六種本『増訂漢魏叢書』三三二五頁下「李充馮翊人也。自言三百歳。荷草畚負五嶽真図而至。帝礼待之。亦号負図先生也」

（308）鄧霖の文字は拓本では欠損しているが、行末の落款から復元できる。二つ目の落款には「動楫」とある。鄧霖の号である。

（309）鏡のうち二面を〈図60〉と〈図61〉に掲載する。

［309］『金石索』金索六「鏡鑑之属」七六三頁「［漢太山仙人竟］上太山見仙人。食玉英飲澧［醴］泉。駕交［蛟］龍乗浮雲。白虎引兮直上天。受長命寿万年。宜官秩保子孫」

同、七六四頁「［漢太山神人竟］上太山見神人。食玉英飲澧［醴］泉。駕交［蛟］龍乗浮雲。宜官秩保子孫。貴富昌楽未央兮」

同、七六五頁「［漢太山神人竟］駕蜚龍乗浮雲。上太山見神人。食玉英餌黄金。宜官秩葆［保］子孫。長楽未央大富昌」

(310) まったき玉を意味する玉英は、人倫の五つの徳［徳目は諸書により一定しない］が実現したとき世にあらわれるめでたいしるし［祥瑞］である。武梁祠の浮彫に四角い板の形で表現されている（『華北古美術調査』図四八、八九番）。この玉英で什器をこしらえた。漢の文帝の後元元年（前一六三）に玉英の杯があらわれた（『史記訳注』第二巻、四八一頁、注三）。玉英の器で食事をすれば人は不死にいたるという。鏡の銘文に「まったき玉［の器］で食し」とあるのはその意味にほかならない。

［310］ Chavannes, *Mission archéologique, op. cit.*, I/1, pp.169–170; pl.XLVIII, no.89; id., *Les mémoires historiques, op. cit.*, II, p.481, n.3.

『史記』「孝文本紀」によれば、文帝の十七年（前一六三）に玉杯を得たところ、「人主延寿」の文字が刻まれていた。そこで後元に改元し、民に宴を設けることを許したという。また『史記集解』は「瑞応図」を引いて、「玉英は五常［五徳］がすべて実現したときあらわれる」とした。

『史記』巻十「孝文本紀」五四四頁「十七年。得玉杯。刻曰人主延寿。於是天子始更為元年。令天下大酺」

同頁「設立渭陽五廟。欲出周鼎。当有玉英見。［『史記集解』］瑞応図云。玉英。五常並修則見」

(311) すでに見たとおり「天僊」もしくは「天仙」は碧霞元君を形容する言葉である。

［311］ 本訳書五二頁参照。つづく本文に翻刻された篆文の三行目「不啓歪兮」は「不敢寿兮」と読むべきで

はないか（『泰山石刻』第二巻、四六一頁参照）。「壭」は「前」と同義であり、「山々の精霊も木々の魑魅もみだりに姿を現さない」と訳すことができよう。

(312) このように「天僊」の語は女神にふさわしい。この玉印もしたがって東嶽大帝ではなく碧霞元君にちなむものである。

(313) 明の時代に山東の巡撫［郭詔］は泰山に蔵される青銅器を集め、四季をかたどる四個の鼓を鋳造させた。泰山山頂の碧霞元君祠を壊滅させた乾隆五年（一七四〇）の大火で焼失したが、碧霞元君にささげられた玉印だけがほぼ無傷で取り出された。『泰安県志』巻十一、四三紙裏～四四紙裏［四四紙表］を参照。

［313］『泰安県志』巻十一「金石録」四三紙裏～四四紙表「郭詔銅鼓記。文曰。予寅長右轄熙台潘先生。政暇嘗登斯山。感献遺之物而惧其殄也。乃白諸巡撫大中丞。南皐王先生。鋳銅鼓四竅其心。置橐鑰焉。以象四時。鼓万物生長収蔵。又為之鼎附之瓶。以達絪縕之気。其知所謂。鼓之舞之以尽神者。与猶未也。（中略）旧在碧霞祠内。国朝乾隆五年祠災。与進香題名鉄碑。皆鑠為液」

銅鼓と玉印の罹災については以下にも記事がある。

『岱覧』巻九「岱頂九」二〇八頁「［碧霞元君祠］階前旧有銅鼓鼎及鉄碑。東廡有自玉女池移置之秦篆石。以庚申廟火。銅鉄融煉為液。而秦篆石乃毀于僵覈工役之手。惟玉印独完。玉印伝自祥符時。与玉像弁制。文篆天僊照鑒。螭紐紺色。従煨燼得之。一角少損。今棄邑庫矣」

同、二一〇頁「［宋玉印文］印方三寸五分。四辺闌各闊四分。毎字方一寸三分半。文類謬篆近符籙、相伝能辟邪。印者多亦漸漫漶矣」

(314) 玉印は神々に感謝するために奉献されたのではない。［刻まれた文字に言うとおり］女神が人々を照らしてくださるのだから、それを祈願するために奉献された。したがって玉印の銘文は祈願文として解すべきである。天にいます女神が「私たちを照らしてくださった」のではなく、［本文（一六一頁）のとおり］「私たちを照らしてくださるように」と訳すべきだろう。

(315) 一七七番［本訳書一〇三頁］参照。

(316) 本書「碑文」の章参照［本訳書では訳出しない］。

［316］ 大中祥符元年（一〇〇八）銘「謝天書述功徳銘」に「梁甫仙閭。五嶽之宗。万物之始」とある。シャヴァンヌの注記（原書三三八頁、注二）に言う。『漢書』巻六に、前一〇二年［太初三年］四月に武帝が泰山の頂きで封のまつりをおこない、石の居館（「石閭」）で禅のまつりをおこなったとある。応劭はこれに注して、「石閭の山は泰山の南側の麓にある。方術士はそれを仙人の居館（「仙人閭」）とする」とした。銘文中に梁甫とあるのがこの仙人閭にほかならない」。

『漢書』巻六「武帝紀」二〇一頁「［三年］夏四月。還修封泰山。禪石閭。応劭曰。石閭山在泰山下阯南方。方士言仙人閭也」

(317) 本書「碑文」の章であつかう［本訳書では訳出しない］。そこでは「群仙之府」ではなく「霊仙之府」と読む。

[317] 大中祥符元年（一〇〇八）銘「宋真宗広生帝君讃」に「節彼岱宗尊兹東土。生育之地。霊仙之府」とある。

(318) 著者［徐宗幹］は最初に表明した考えをここでくりかえしている。この玉璽は金印のように真宗の世の繁栄を祝したものではない。くだされた恩恵に感謝したのではなく、神々に祈願して恩恵のさずかることを期待したのである。

[318] 本文に訳出された「泰山玉印文」を〈図62〉から翻刻する。不明の箇所は『泰山石刻』第二巻、四六一頁掲載の写真から補った。ただし現状はシャヴァンヌが掲載した拓本にくらべて毀損が少なくない。

「山頂碧霞祠旧有玉印。印重六十一両。高二寸二分。上有獅紐。連座高四寸八分。［以下五字欠］乾隆庚申。祠毀於火。移貯県庫。道光辛巳。県署災。復出諸煨燼。終無磨滅。都人士［以下五字欠］以焉。可以辟邪。争鈐印焉。久将漫漶。不可識。爰摹勒于石。而系以銘」

「右印或以為秦時物。或以為宋真宗時物。文献通考云。玉女祠側有石像。真宗東封易以玉。此当為大中祥符時賜物。是則与玉像倶刻。必其曰天僊者何。以天神而兗冕像。之曰天尊曰上帝。以地祇而翟茀像。之曰元君曰天僊。東方主生。崇祀岱嶽。固其宜也。今玉像久毀。金石多残鐭。而斯印独存。題名記所謂。鉄碑銅鼓融為汁。而玉印独完。唯一角少欠者是也。宰斯士者。遞相授焉。当綜考図志而為之弁。並識於後。以質博古者」

「按照鑑乃告神之詢。非所以為賜也。以意度之。帝無侈陳天書。崇尚符瑞。其時侍従諸臣。必叓有為。群仙下降東岳見形之説。以献諛者。故御製謝天書銘云。梁父仙閭。又広生賛云。群仙之府。可知此印。必係当日祝告時所用。用畢倣金縄例。瘞于土中。為後人掘地得之耳。正昇用金鋳宝曰。天下同文。以封石礦。同一張皇夸大之意。若云賜物。則天書降于太山。正当用天下同文。金宝賜鎮太山。以示千古盛事。又何必別製一玉印故。是為弁。時道光戊子清和月。崇川徐宗幹書」

結論

(319) シャヴァンヌ『史記訳注』第三巻、一二一頁。『漢書』巻十六、一紙表を参照。

〔319〕 Chavannes, *Les mémoires historiques, op. cit.*, III, p.121.

『史記』第十八「高祖功臣侯者年表」一〇四九頁「封爵之誓曰。使河如帯。泰山若厲。国以永寧。爰及苗裔」

『漢書』巻十六「高恵高后文功臣表」五二七頁「封爵之誓曰。使黄河如帯。泰山若厲。国以永存。爰及苗裔」

シャヴァンヌは訳文のように解釈するが、原文に即すならば、「たとえ黄河が帯のように細くなり、泰山が砥石のように低くなっても、国はとこしえにあり、子孫がつづいていくように」と訳せるのではないか。

(320) ヴィクトル・ユゴー「祭司たち」『静観詩集』。

〔320〕 Victor Hugo, *Les contemplations*, Livre sixième, "Au bord de l'infini", XXIII, "Les mages", *Œuvres poétiques de Victor Hugo*, II, Bibliothèque de la Pléiade, Éditions Gallimard, 1967, p.790.

（321）注（5）参照。

（322）『論語』第三「八佾」六。

［322］『論語注疏』巻三「八佾」十三経注疏整理委員会編、北京大学出版社、二〇〇〇年、三三頁「季氏旅於泰山。子謂冉有曰。女弗能救与。対曰。不能。子曰。嗚呼。曾謂泰山不如林放乎」

解説

菊地章太

エドゥアール・シャヴァンヌの『泰山――中国人の信仰に関する試論』は、ギメ東洋美術館年報の研究叢書第二一冊として、一九一〇年にパリのエルネスト・ルルー書店から刊行された（Édouard Chavannes, *Le T'ai chan: Essai de monographie d'un culte chinois*, Annales du Musée Guimet, Bibliothèque d'études, XXI, Ernest Leroux, Paris, 1910）。八折判で総五九二ページ、図版六十二枚を付す。原書の図版番号は〈図61〉までだが、〈図54〉の後に一枚追補がある。この研究叢書は継続しておらず、出版社も今はない。復刻版が一九六九年に英国ファーンバラのグレッグ社（Gregg, Farnborough）から刊行され、一九七〇年に台北の成文出版社から刊行された。

原書の構成は以下のとおりである。第一章「泰山の信仰」は古代から近世にいたる、また皇帝から庶民におよぶ泰山信仰に関する総論である。第二章「泰山の史跡」は泰山とその周辺の史跡名勝二百五十二か所を記述する。第三章「封禅関係文献」は『後漢書』「祭祀志」と

『旧唐書』「礼儀志」と『宋史』「礼志」の封禅に関する記事の翻訳である。第四章「願文」は泰山にささげられた明清時代の願文三十三点の翻訳である。第五章「碑文」は泰山および岱廟にのこる金石文十一点の翻訳である。第六章「泰山の民俗」は泰山の民間信仰に関する稗史と小説の抜粋ないしは要約、ならびに五嶽真形図の概要、漢鏡銘文と玉印文の翻訳である。最後に「結論」がある。さらに補遺として一九〇一年執筆の論文「古代中国の社」を大幅に増補改訂して附載している。(1)

原書の半分近くは泰山にかかわる古文献と金石文の翻訳である。これは研究上の基礎作業だが、漢文からフランス語に訳されたものをさらに日本語に訳すことは積極的な意味がないので、本訳書では訳出していない。本論の理解に資する願文と碑文は訳注に示した。また、補遺の論文は泰山研究とは別に十分な注釈と解説を要するものであり、独立の訳書として刊行した。(2) 結局ここに訳出したのは頁数だけで見れば全体の半分に満たないが、以下に述べる原書の学術的価値は本訳書の訳出箇所にもっともよくあらわれている。

本書の価値はさまざまにあるが、まず中国宗教史研究における重要性をあげることができよう。シャヴァンヌはいくえにも積み重なった泰山信仰の種々相を理解するために、正史や典籍はもとより稗史や道書のたぐいまで、およそ入手し得るかぎりの文献を博捜してこれに厳密な史料批判を加える。そのうえで複雑きわまりない歴史的展開の過程を宗教学の基礎をふまえて再構築し、中国宗教史の大きな枠組みのなかに位置づけていく。二千年におよぶ歴史をもった宗教現象に対し、どのような権威にも屈さない強靭な批判精神と明晰な論理でこれを分析し、総体としての泰山信仰の把握をはじめて可能にした。これは刊行後百年以上をへてなお輝きをうしなっていない。

研究上の価値とともに見のがせないのは、清朝末期の聖地の姿を文章と写真によってあますところなく伝えた歴史記録としての価値である。旧中国の貴重な文化遺産は辛亥革命や文化大革命でいちじるしく変貌した。泰山のふもとには墓碑の林立する高里の丘があり、死者の霊魂の集まるところとして信仰されていた。高里の森羅殿には冥府の七十五司がならび、罪人を懲らしめる刑罰のさまを表現した塑像があった。シャヴァンヌが文章にとどめたこの迷信の権化のような施設は、一九二八年（民国十七年）までにことごとく破壊された[3]。十数年という年代の差がどれほど大きな変貌を近代の中国にもたらしたのか想像できるだろう。本書をひもとけば、参拝人でごったがえす聖地の喧噪が聞こえてきそうである。それは信仰が生きていた時代であった。

シャヴァンヌの伝記については、没後まもなく師のアンリ・コルディエが詳細な著作目録を附して追悼文に記している[4]。のちに弟子のアンリ・マスペロによって個々の研究の意義を評価した回想が書かれた[5]。同じく門下生のポール・ドゥミエヴィルはフランス中国学の沿革をたどったなかでシャヴァンヌの学問上の貢献について論じている。[6] ロシアの中国学者ヴァシリー・アレクセーエフはパリ留学中にシャヴァンヌに師事しており、没後ただちに追悼文をしたためた。[7] ヨーロッパの中国研究を師の業績を軸として概観した論文もある。[8] 歴史資料であれ文学作品であれテクストをあまさず翻訳して綿密な注釈をほどこし、自家薬籠中のものとしたうえで歴史的な位置づけをあたえていく。これはシャヴァンヌゆずりの方法である。アレクセーエフによって基礎が築かれたロシアの中国研究には、シャヴァンヌの理念や方法が基礎となって生きつづけている。[9] 日本では古くは石田幹之助によって研究業績の紹介がおこなわれた。[10] 池田温の評伝がこれにつづく。[11] 福井文雅は欧米の東洋学を論じたなかで、シャヴァンヌの学問上の位置をあきらかにした。[12] ここでは以上の先学の文章に学びつつ、その研究の足跡をたどったのち、泰山研究に多くの素材を提供した華北調査旅行をふりかえってみたい。

シャヴァンヌは一八六五年十月五日にフランス南東部の町リヨンに生まれた。パリの名門ルイ・ル・グラン高校をへて一八八五年に高等師範学校（エコール・ノルマル）に入学し、八八年に哲学の高等教員資格を取得した。はじめ中国哲学の研究をこころざしたが、国立東洋語学校（現フランス国立東洋言語文化学院）の教授であったコルディエのすすめで中国史の研究に方向を転じる。八九年からフランス公使館員として四年のあいだ北京に滞在し、そのおり司馬遷の『史記』全巻の翻訳に着手した。最初に訳したのは「封禅書」で、古代中国の宗教史について縦横無尽に論じた注釈をほどこしている。[13] ついで漢代画像石の研究を公刊した。[14] 帰国後の九三年に少壮二十八歳でコレージュ・ド・フランスの教授に就任し、アベル＝レミュザが一八一五年に創設した「中国・韃靼（タタール）・満洲の言語および文学」の講座を担当した。一九〇三年には碑文・文芸アカデミーの会員に推挙される。以来、一九一八年一月二十九日にパリ郊外のフォントネー・オ・ローズの自宅で五二歳の生涯を閉じるまで、中国研究のさまざまな分野にわたって研究をつづけた。

ライフワークとなった『史記』訳注は「本紀」「十表」「八書」を終え、「世家」のなかほどの「孔子世家」まで進んだ。完成にはいたらなかったものの、すべての巻に詳細をきわめた注釈がほどこされた。司馬遷の歴史叙述の可能性と限界を論じた序論を附して五巻にまとめられ、のちに補遺一巻が加えられる。[15] この作業と並行して東西交渉史の研究に欠かせない基本文献が訳出された。『大唐西域求法高僧伝』訳注は一八九四年の出版である。[16] 中央アジアから将来された漢文石刻資料の訳注は一九〇二年に碑文・文芸アカデミーの紀要に掲載された。[17] 碑文や古文献の考証はシャヴァンヌのもっとも得意とした分野であろう。『西突厥史料集成』は一九〇三年に帝政ロシアの科学アカデミーから出版された。[18]『スタイン収集の東トゥルキスタン将来漢文文書』は一九一三年の出版である。[19] 考古遺品と美術作品を対象とした

『華北古美術調査』は一九一五年までに二巻四冊を刊行した。[20] 宗教史の研究も広範な領域にわたっている。早くはネストリウス派キリスト教に関する論文が一八九七年に著された。[21] 漢訳大蔵経から訳出した『仏教説話五百選』三巻は一九一一年に完結した。[22] 敦煌写本をフランスにもたらしたポール・ペリオとの共編『中国伝来のマニ教残巻』は、一九一一年からフランス・アジア協会の機関誌に掲載がはじまる。[23] 道教研究の先駆をなした『投龍簡』は没後の一九一九年に出版された。[24]

シャヴァンヌは『史記』訳注を第五巻まで出したところで、かつて中国滞在中にはじめたいくつかの研究テーマについて再度の実地調査をこころみるため、また資料を補充して完璧を期すべく、十数年ぶりで中国を再訪する。一九〇七年三月二十七日にパリ北駅を出発してモスクワに向かい、ヤロスラフ駅からシベリア鉄道に乗車して極東をめざした。清国領内の手前で東清鉄道に乗りかえ、長春から先は南満洲鉄道株式会社（満鉄と略称される）に移管されたばかりの車輌にゆられ、四月十四日に奉天（現在の瀋陽）に到着した。中国は光緒三十三年にあたる。翌年に光緒帝が崩御し、ついで宣統帝が即位した。その三年後には辛亥革命が勃発する。清朝が終わろうとする時代であった。

このときの旅程は帰国後にパリのアジア協会でおこなわれた講演の筆録によって知ることができる。[25] 追悼文や回想で中国再訪にふれているものは、おおむねこの講演筆録をもとにしている。しかしそこには空白の部分が少なくない。シャヴァンヌの旅行にはアレクセーエフが同行した。ペテルスブルク大学東洋語学部を卒業したアレクセーエフは教授要員としてヨーロッパ留学を命ぜられ、一九〇四年にコレージュ・ド・フランスでシャヴァンヌの講義を受けている。翌々年から中国に留学し、師の調査にしたがった。そのおりに手記を残していた。[26] 全文がロシアで公刊されたのはずっと遅れて一九五八年だが、これをシャヴァンヌの講演筆録とあわせて読めば、旅程の空白部分をおぎなうことができる。[27]

奉天に到着したシャヴァンヌは、四月二十二日までここに滞在し、清朝太祖の故宮と太宗の陵墓である北陵をたずねた。二十三日に奉天を発って鴨緑江をさかのぼり、洞溝にいたって広開土王碑を調査した。帰途は舟で安東までくだり、そこから安奉線に乗車し五月十四日に奉天にもどっている。アレクセーエフの手記によれば、シャヴァンヌとは五月十六日に北京で合流した。師弟は再会を祝したあと、二十五日に北京大学の前身である京師大学堂で服部宇之吉と桑原隲蔵に面会している。[28] このとき服部は大学堂の師範館総教習をつとめていた。今ならば教育学部長にあたる。桑原は京都帝国大学文科大学の創設をひかえた清国留学で、北京に到着したばかりだった。

シャヴァンヌとアレクセーエフは二十九日に北京を発った。大運河を天津から徳州まで南下し、馬車に乗りかえて山東済南府にいたった。ここで千仏山石窟を調査し、さらに武梁祠・孝堂山・劉家村・南武陽などの漢代画像石の調査にもたずさわった。六月十七日から二十五日まで泰安府に滞在し、二十一日に泰山に登っている。山麓から山頂まで史跡や寺廟をくまなくめぐったのち、曲阜の孔子廟に詣でた。ついで開封府をへて鞏県石窟寺で調査をおこない、かたがた北宋の仁宗の永昭陵と徽宗の永佑陵におもむいた。登封県では太室闕・開母室・少室闕などを調査し、漢代画像石の拓本を採取している。さらに少林寺の造像碑を調査してから河南府を通過し、七月二十四日から八月四日まで龍門石窟にこもって調査に従事した。十日あまりのあいだに五百題もの造像銘記を筆写している。八月三十日に長安の都があった西安府に到着し、石碑の林立する碑林をたずねた。九月六日に西安を発って、徒歩で三日かけて乾州に向かい、唐王朝の歴代皇帝の陵墓をめぐった。醴泉では太宗の昭陵を調査し、蒲城県では睿宗の橋陵と玄宗の泰陵を調査した。つづいて韓城県に向かい司馬遷の生地をたずねたあと、黄河をわたって太原府にいたった。十月十日にここでアレクセーエフと別れている。それからシャヴァンヌは五台山に登り、大同府で雲崗石窟の調査にたずさわり、万里の長城の関門にあたる張家口をへて十一月四日に北京にもどった。

以上が一九〇七年、光緒三十三年の華北調査旅行の全容である。アレクセーエフの記すところでは、ふたりは平野部であれば小車子という轎車に乗り、ときには徒歩で進むこともあった。はなはだ骨の折れる行程だったが、いつもシャヴァンヌは中国の歴史や宗教、文学や美術への思いを倦まずに語った。それはアレクセーエフにとって何ものにも代えがたい「教室」であった。師の資料収集への情熱は中国学全般に対する旺盛な学術的関心にもとづくものである。手持ち無沙汰で車上にいるときなど、今すぐ研究に着手できないのを惜しむほどだったという[29]。

この調査旅行はフランス政府文部省と碑文・文芸アカデミーと国立極東研究院からの援助によって実現した。遺跡・考古遺品・画像石・仏像・石刻彫刻について詳細な記録が取られ、拓本の採取や銘文の筆写が精力的におこなわれた。中国人の技師をやとって大型写真を撮影させ、シャヴァンヌ自身も小型カメラで撮影している。一九〇〇年代のはじめだから、それほど写真が普及していたわけではなかろうが、清朝最末期の貴重な文物をさかんにカメラにおさめた。その数は千八百点におよぶという[30]。一部は『華北古美術調査』図版編三冊に掲載され、本書『泰山』をも飾っている。

シャヴァンヌによれば調査旅行の主要な目的は三つあった[31]。一は漢代画像石の研究である。すでに一八九三年に同じ主題を扱った書物を出版しているが、新たな史料をくわえて研究を一層精緻なものにし、古代中国の石刻芸術をより体系的に把握することをめざした。二は北魏仏教石窟の研究である。龍門石窟で筆写した大量の造像銘記をもとに、そこに現れたさまざまな階層の信仰について考察をこころみた[32]。今でこそ名高い龍門造像記だが、当時の清国では『金石萃編』に二十数題をおさめるのみだった。また雲崗石窟における仏像の様式を観察し、仏教芸術が中央アジアから中国に導入された経緯をたどろうとした。三は唐代陵墓彫刻の研究である。墓域をとりまく人物像や動物像の造形が宋代以降の壮大な陵墓芸術の先駆をなすことをあきらかにしようとした。以上の研究成果の一部は『華北古美術調査』にまとめられたが、なお未完に終わった主題も少なくなかった。

みずから抱負をもって語ったこの主要な目的のなかに泰山の研究は数えられていない。しかしここはシャヴァンヌにとって格別な場所だったにちがいない。『史記』訳注のうち最初にとりくんだ「封禅書」は、泰山でおこなわれた天地のまつりを論じたものである。フランス公使館員として北京に滞在した一八九一年にも登攀している。おそらく泰山の信仰というる主題は若いときから芽生えていたであろう。二度の実地踏査を踏まえ、泰山の史跡を記述するシャヴァンヌの筆は冴えわたる。正史はもとより民間に伝わる道書のたぐいまで、およそ入手し得るかぎりの資料を駆使し、その信仰を縦横に論じた文章は揺るぎない自信に満ちている。こうして泰山信仰の考察は、漢代画像石や北魏仏教石窟や唐代陵墓彫刻の考察に先駆け、堂々たる研究書として完成したのであった。

（1）ギメ東洋美術館発行の『宗教史研究』第四三号に掲載されたこの論文は、一九〇〇年のパリ万国博覧会を記念して開催された第一回国際宗教史会議における報告がもとになっている。会議の報告論文集は一九〇二年に刊行され、『宗教史研究』の論文がそのまま掲載された。本書『泰山』に補遺として附載するにあたり、後述する一九〇七年の中国再訪のおりの観察を加え、引用文献を大量に補充した。Édouard Chavannes, "Le dieu du sol dans l'ancienne religion chinoise", *Revue de l'histoire des religions*, XLIII, Paris, 1901, pp.125–146; id., "Le dieu du sol dans l'ancienne religion chinoise", *Actes du premier Congrès international d'Histoire des Religions*, 2e partie, séance des sections, fasc. I, Paris, 1902, pp.27–48; id., *Le T'ai chan, op. cit.*, pp.437–525.

（2） 拙訳『古代中国の社——土地神信仰成立史』平凡社東洋文庫、二〇一八年。

（3） 澤田瑞穂『中国の泰山』世界の聖域別巻一、講談社、一九八二年、七二頁。再録『修訂地獄変——中国の冥界説』平河出版社、一九九一年、二六二頁。

（4） Henri Cordier, "Nécrologie: Édouard Chavannes", *T'oung pao*, XVIII, Leiden, 1917, pp.114–147.

（5） Henri Maspero, "Édouard Chavannes", *T'oung pao*, XXI, Leiden, 1922, pp.43–56.

（6） Paul Demiéville, "Aperçu historique des études sinologiques en France", *Acta asiatica*, XI, Tokyo, 1966, pp.95–98; id., *Choix d'études sinologiques (1921–1970)*, E. J. Brill, Leiden, 1973, pp.472–475. 邦訳は以下のものがある。大橋保夫・川勝義雄・興膳宏訳「フランスにおけるシナ学研究の歴史的展望」『東方学』三三〜三四輯、一九六七年。

（7） Василий Михайлович Алексеев, «Памяти профессора Эдуарда Шаванна», *Наука о Востоке, Статьи и документы*, Главная редакция восточной литературы издательства Наука, Москва, 1982, стр.68–77.

（8） Алексеев, «Европейская синопогия у гроба Эдуарда Шаванна», *Наука о Востоке, там же*, стр.82–85.

（9） Изольда Эмильевна Циперович, «Академики-востоковеды Эдуард Шаванн（1865–1918）и Поль Пеллио（1878–1945）», *Петербургское Востоковедение*, вып.IX, Санкт-Петербург, 1997, стр.448.

（10） 石田幹之助「シャヴァンヌ博士小伝」『故シャヴァンヌ博士記念展観書目』東洋文庫、一九二八年。再録『欧米に於ける支那研究』創元社、一九四二年、三三五～三六一頁。

（11） 池田温「シャヴァンヌ」『しにか』一九九四年五月号、大修館書店。再録、高田時雄編『東洋学の系譜［欧米篇］』大修館書店、一九九六年、一〇三～一一三頁。

（12） 福井文雅『欧米の東洋学と比較論』隆文館、一九九一年、二五～二八頁。

（13） Chavannes, "Le traité sur les sacrifices *fong* et *chan* de Se-ma Ts'ien", *Journal of the Peking Oriental Society*, III/1, Peking, 1890, pp.1–95.

（14） Chavannes, *La sculpture sur pierre en Chine au temps des deux dynasties Han*, Ernest Leroux, Paris, 1893.

（15） Chavannes, *Les mémoires historiques de Se-ma Ts'ien*, Ernest Leroux, I, Paris, 1895; II, 1897;

III/1, 1898; III/2, 1899; IV, 1901; V, 1905; VI, Adrien-Maisonneuve, Paris, 1969. 第1巻「序論」は以下の邦訳がある。岩村忍訳『史記著作考』文求堂書店、一九三九年。同『司馬遷と史記』新潮社、一九七四年。

(16) Chavannes, *Voyages des pèlerins bouddhistes: Les religieux éminents qui allèrent chercher la Loi dans les pays d'Occident, Mémoire composé à l'époque de la grande dynasitie T'ang par I-tsing*, Ernest Leroux, Paris, 1894.

(17) Chavannes, "Dix inscriptions chinoises de l'Asie centrale d'après les estampages de M. Ch.-E. Bonin", *Mémoires présentés par divers savants à l'Académie des Inscriptions et Belles-lettres*, XI, Paris, 1902, pp.193–295.

(18) Chavannes, *Documents sur les Tou-kiue (Turcs) occidentaux, Recueillis et commentés*, Сболник трудов Орхонской зкспедиции, VI, Императорская Академия наук, Санкт-Петербург, 1903.

(19) Chavannes, *Les documents chinois découverts par Aurel Stein dans les sables du Turkestan oriental*, Clarendon Press, Oxford, 1913.

(20) Chavannes, *Mission archéologique dans la Chine septentrional*, Publications de l'École Française d'Extrême-Orient, XIII, Ernest Leroux, I/1, Paris, 1913; I/2, 1915; pl.I/1–2, 1909.

(21) Chavannes, "Le nestorianisme et l'inscription de Kara-balgassoun", *Journal asiatique*, IXe sér. IX, Paris, 1897, pp.43–85.

(22) Chavannes, *Cinq cents contes et apologues, extraits du Tripiṭaka chinois*, 3vol., Ernest Leroux, Paris, 1910–11.

(23) Paul Pelliot et Chavannes, "Un traité manichéen retrouvé en Chine", *Journal asiatique*, X[e] sér. XVIII, Paris, 1911, pp.499–617; XIe sér. I, 1913, pp.99–199, 261–394.

(24) Chavannes, "Le jet des dragons", *Mémoires concernant l'Asie orientale*, III, Académie des Inscriptions et Belles-lettres, Paris, 1919, pp.53–220.

(25) Chavannes, "Voyage archéologique dans la Mandchourie et dans la Chine septentrionale: Conférence faite le 27 mars 1908 au Comité de l'Asie Française", *T'oung pao*, IIe sér. IX, Leiden, 1908, pp.503–528.

(26) Алексеев, «Три отчета о пребывании в Китае в 1906–1909 гг.», *Наука о Востоке, там же*, стр.271–275.

(27) Алексеев, *В старом Китае, Дневники путешествия 1907 года*, Русские путешественники в странах Востока, Академия Наук СССР, Институт Китаеведения, Издательство Восточной литературы, Москва, 1958.

(28) 桑原隲蔵の清国滞在記は生前には出版されず、一九四二年に『考史遊記』と題して弘文堂書房から出版された（再録『桑原隲蔵全集』第五巻、岩波書店、一九六八年。同『考史遊記』岩波文庫、二〇〇一年）。シャヴァンヌとの会見については、桑原家から日記を借覧した森鹿三が五月二十五日の記事のなかで確認し、弘文堂書房版『考史遊記』の跋文（三〇八頁）にこれを記している。

（29）Алексеев, *В старом Китае, там же*, стр.124.

（30）Chavannes, *Mission archéologique, op. cit.*, I/1, p.1.

（31）Chavannes, "Voyage archéologique", *op. cit.*, pp.527–528.

（32）造像銘の記述をもとに仏教信仰の諸相を考察するシャヴァンヌの手法は、のちの東方文化学院京都研究所（京都大学人文科学研究所の前身）による石窟研究の先駆となった。以下を参照されたい。拙著『義和団事件風雲録——ペリオの見た北京』大修館書店、二〇一一年、一七三頁。

（附記）二ノ宮聡が二〇一四年に関西大学に提出した博士学位論文「泰山諸神の展開——泰山、北京、旧満州を中心に」は、文献考証と現地調査をもとに泰山諸神の信仰動態を明らかにした貴重な研究成果である。現在は関西大学学術リポジトリによる閲覧が可能だが、その刊行が待たれる。

訳者あとがき

最初の中国滞在から十数年をへてシャヴァンヌはふたたび中国を訪れ、あたためつづけたいくつかの主題について実地踏査をこころみた。その成果は帰国後に続々とまとめられたが、早すぎる死によってそのほとんどは未完のままで終わった。本書『泰山』は完成にいたった最後の書物となったのである。

二度の中国、二度の泰山をふまえて本書は執筆された。清朝末年の人々でごったがえす聖地がそこには描かれている。そのころの文物は失われてひさしい。本書をひもとけば、シャヴァンヌみずからいく枚かを撮影した写真とともに、信仰の生きていたときがよみがえってくるであろう。

二〇〇一年に本書の抄訳を勉誠出版から刊行したが、すでに絶版になっている。その後シャヴァンヌが参照したほぼすべての文献に目を通すことができたので改訳をこころみた。訳注を大幅に増補し、初版以後に知り得た内外の研究成果を加えた。このたび『古代中国の社』につづいて東洋文庫から出版できるのは、ひとえに編集長直井祐二氏のおかげである。心から感謝申しあげたい。

二〇一九年三月

菊地章太

ら行・わ行

ま行

や行

な行

た行

さ行

索引

＊本文中の語はページ番号を記し、訳注の引用文献は注番号を記した。

あ行

菊地章太（きくち のりたか）

1959年横浜市生まれ。筑波大学大学院博士課程中退後、トゥールーズ神学大学高等研究院留学。東洋大学教授。文学博士。比較宗教史専攻。著書、『神呪経研究』（研文出版）、『弥勒信仰のアジア』（大修館書店）、『老子神化』（春秋社）、『儒教・仏教・道教』（講談社選書メチエ）、『葬儀と日本人』（ちくま新書）、『位牌の成立』（東洋大学出版会）ほか。訳書、シャヴァンヌ『古代中国の社――土地神信仰成立史』（平凡社東洋文庫）。

泰山――中国人の信仰　　東洋文庫895

2019年6月10日　初版第1刷発行

訳注者　菊地章太
発行者　下中美都
印刷　創栄図書印刷株式会社
製本　大口製本印刷株式会社

発行所　電話編集 03-3230-6579　〒101-0051
営業 03-3230-6573　東京都千代田区神田神保町3-29
振替 00180-0-29639　株式会社 平凡社
平凡社ホームページ https://www.heibonsha.co.jp/

ISBN 978-4-582-80895-7
NDC 分類番号163.1　全書判（17.5 cm）　総ページ320

乱丁・落丁本は直接読者サービス係でお取替えします（送料小社負担）

《東洋文庫の関連書》

- **10** 捜神記（そうじんき）　干宝 著／竹田晃 訳
- **184** 金文（きんぶん）の世界〈殷周社会史〉　白川静 著
- **204** 甲骨文（こうこつぶん）の世界〈古代殷王朝の構造〉　白川静 著
- **324** 荊楚（けいそ）歳時記　宗懍 著／守屋美都雄 訳注／布目潮渢・中村裕一 補訂
- **329** 道教　H・マスペロ 著／川勝義雄 訳
- **460** 漢書五行志（かんじょごぎょうし）　班固 撰／冨谷至・吉川忠夫 訳注
- **485** 東洋文明史論　桑原隲蔵 著／宮崎市定 解説
- **493** 古代中国研究　小島祐馬 著／本田濟 解題
- **497** 中国神話　聞一多 著／中島みどり 訳注
- **500** 中国古代の祭礼と歌謡　M・グラネ 著／内田智雄 訳
- **508** 東洋における素朴主義の民族と文明主義の社会　宮崎市定 著／礪波護 解説
- **515** 魏書釈老志（ぎしょしゃくろうし）　魏収 撰／塚本善隆 訳注／竺沙雅章 解説
- **517** 洛陽伽藍記　楊衒之 著／入矢義高 訳注
- **518** 詩経国風（しきょうこくふう）　白川静 訳注
- **557 559** 支那史学史　全二巻　内藤湖南 著／吉川忠夫 解説
- **618 619** 中国小説史略　全二巻　魯迅 著／中島長文 訳注
- **635 636** 詩経雅頌（しきょうがしょう）　全二巻　白川静 訳注
- **661** 中国人の宗教　M・グラネ 著／栗本一男 訳
- **686 688 689** 列女伝　全三巻　劉向 著／中島みどり 訳注
- **775** 古書通例〈中国文献学入門〉　余嘉錫 著／古勝隆一・嘉瀬達男・内山直樹 訳注
- **830 835** シャマニズム〈アルタイ系諸民族の世界像〉　ウノ・ハルヴァ 著／田中克彦 訳
- **873** 呉越春秋〈呉越興亡の歴史物語〉　趙曄 著／佐藤武敏 訳注
- **887** 古代中国の社〈土地神信仰成立史〉　E・シャヴァンヌ 著／菊地章太 訳注